21世纪高等院校教材

旅游规划教程

赵黎明　黄安民　编著

科学出版社
北京

内 容 简 介

本书通过对国内外旅游规划理论的系统研究和作者多年来从事旅游规划实践的总结，提出了旅游规划的组织结构、框架体系和工作模式，以及一套旅游规划的规范化的操作程序，对我国旅游规划的理论研究有重要参考价值，对旅游规划的实践有较大的指导作用。本书按照旅游规划的主要内容和工作程序编辑章节顺序，在理论分析的同时引用了大量的规划案例，便于读者理解。本书具有创新性、理论性、科学性、系统性、实用性的明显特点。

本书可作为旅游学、景区规划与管理、地理学、城市规划、园林设计、资源学、国土规划与土地管理、生态学、经济学等专业的本科生教材，以及研究生的参考教材，亦可供相关专业的教学人员、研究人员、决策与管理人员参考使用。

图书在版编目(CIP)数据

旅游规划教程/赵黎明，黄安民编著.—北京：科学出版社，2005
(21世纪高等院校教材)
ISBN 978-7-03-015684-6

Ⅰ.①旅… Ⅱ.①赵…②黄… Ⅲ.①旅游业-经济规划-教材 Ⅳ.①F590.1

中国版本图书馆CIP数据核字(2005)第062502号

责任编辑：陈 亮 李 扬／责任校对：宋玲玲
责任印制：张 伟／封面设计：陈 敬

科学出版社出版
北京东黄城根北街16号
邮政编码：100717
http://www.sciencep.com
北京凌奇印刷有限责任公司印刷
科学出版社发行 各地新华书店经销
*
2005年8月第 一 版 开本：B5(720×1000)
2025年8月第十一次印刷 印张：17
字数：334 000

定价：45.00元

(如有印装质量问题，我社负责调换)

前　言

20 世纪科学对人类作出的重要的贡献之一，就是将人类从繁重的体力劳动中解放出来，使人们有了充裕的休闲时间并创造出各种休闲和旅游方式。目前，全世界 140 余个国家和地区实行了 5 天工作制，很多国家实行带薪年休假期制度。我国 1999 年 10 月实行“五一”、“十一”和春节三个长假以后，每年有 114 天假期，意味着人们有三分之一的时间在休闲中度过。人类已从权贵旅游时代进入到了大众旅游时代，并正在迈向休闲旅游时代。

旅游业正在全球得到快速发展。据世界旅游组织（World Tourism Organization，WTO）预测，到 2020 年国际旅游者将达到 16 亿人次，他们每年的花费将超过 2 万亿美元，平均每天的旅游花费将为 50 亿美元。2003 年 10 月 13 日，世界旅游及旅行理事会在北京宣布，该组织已向中国政府及中国国家旅游局呈递一份关于中国旅游及旅行业的报告，指出中国旅游业正经历着快速的成长期，在未来的 10 年间，预计中国旅游及旅行需求地总量将以每年 10.4 个百分点的速度增长。世界旅游及旅行理事会表示：中国将成为全世界从未有过的旅游经济大国。据世界旅游组织预测，2020 年我国将可能成为全球第一大旅游目的地和第四大旅游客源地。

旅游业的文化上的先导效应和强大的产业关联效应已为越来越多的地方领导所认识，目前，全国已有 24 省（直辖市、自治区）将旅游业确定为支柱产业、重点发展产业或第三产业的龙头产业。大部分省、直辖市、自治区政府制定了当地的《旅游业管理条例》，出台了《关于加快旅游业发展的决定》，一些地方政府纷纷聘请专家为本地编制旅游规划。共同描绘当地 21 世纪的旅游业发展的宏伟蓝图。旅游规划的编制，对于明确旅游产业在区域经济和社会发展中的地位、确定旅游产业和相关产业的联系、制定旅游业发展的总体思路和发展战略有十分重要的意义；为区域旅游资源开发和保护、旅游产品开发、旅游市场营销、旅游服务水平提高、旅游设施建设提供理论依据；对于正确确定区域旅游业发展速度、规模，合理安排旅游投资，使旅游业步入可持续发展轨道，也具有直接的指导作用。通过旅游规划的实施，可有效防止旅游资源的低层次开发、旅游项目的盲目投资和重复建设，能实现旅游业的高标准、高起点、高水平发展。

旅游规划涉及多学科、多产业，是一项复杂的系统工程。在规划的制定中应以区域经济的可持续发展为基本原则，坚持动态的观点，根据事物的内在联系进行系统研究。

本书通过对国内外旅游规划理论的系统研究并根据我们多年来从事旅游规划的经验总结，提出了旅游规划的组织结构、框架体系和工作模式，提出了一套旅游规划的规范化的操作程序，对我国旅游规划的理论研究具有重要参考价值，对旅游规划的实践有较大的指导作用。本书按照旅游规划的主要内容和工作程序来安排篇章结构，在理论分析的同时引用了大量的规划案例，便于读者理解。本书具有创新性、理论性、科学性、系统性、实用性的特点，真诚希望本书的出版能对我国旅游规划的良性发展起到一定的促进作用。

本书由赵黎明、黄安民共同编著。黄安民是我指导的博士研究生，是我国旅游管理学术领域的优秀中青年学者，具有较深的学术造诣，在本书编写中做了大量卓有成效的工作。黄远水参与第五章、第十一章部分内容的撰写。研究生程华宁、陈建平同学对本书全文进行了文字校对。

值本书出版之际，特表示如下感谢：感谢在旅游理论研究领域辛勤耕耘的各位专家、学者，是他们的学术著作给了我们重要的启示。感谢书中案例所取自的旅游规划研究课题的研究人员，是他们富有创意的工作给我们提供了宝贵的资料。感谢天津大学管理学院、华侨大学旅游学院、南开大学旅游规划设计研究院给予的大力支持与帮助。

赵黎明

2005 年 3 月于天津大学

目　　录

第一章　旅游规划概述

学习目的：通过本章的学习，了解规划、旅游规划、区域规划的概念及其相互之间的关系；了解旅游规划的类型、旅游规划的理论基础；掌握旅游规划的主要内容；了解我国旅游规划的发展历程、我国旅游规划中存在问题及未来的发展趋势；了解旅游规划的重要意义。

第一节　旅游规划的概念

一、规划、区域规划与旅游规划

1. 规划

规划（planning）是制定或实施计划的过程，是为一个社会或经济单元（企业、社区等）确立目标、政策与程序的过程，是对一个系统内或组织内的资源开发、利用、治理、保护等各环节进行整合协调，使得系统或组织协调发展的过程。

规划是人们以思考为依据，安排其行为的过程，通常兼有两层含义：一是对某种目标的追求或某种状态的设想；二是实现某种目标或达到某种状态的行动顺序和步骤。现在，“规划”一词广泛应用于各种社会、经济、文化活动中，如区域规划、城市规划、乡村规划、经济规划、教育规划、社会发展规划等。

2. 区域规划

区域规划这一术语迄今尚无公认的定义。我国学者普遍认为：区域规划是一定地域范围内的国民经济建设和社会发展的总体部署，有综合规划和专项规划两种基本形式。由于总体规划是整体性的、全局性的规划，专项规划是部门性的、某一方面的规划，故二者有从属关系，即专项规划必须服从于总体规划。

3. 旅游规划

旅游规划是从区域规划理论中衍生而来的，应属于区域规划中的专项规划。因此，旅游规划应服从于区域总体规划的要求。

旅游规划是一种经济技术行为，即运用适当的经济、技术资源特别是智力资源，使旅游资源由资源优势产生经济效益、社会效益和生态效益的过程。

英国建筑学家和旅游学家劳森（Lawson）和鲍德·鲍威（Baud Bovy）所著《旅游与消闲开发——实体规划手册》（1977 年）中较早地对旅游规划的理论、一般规划的技术和标准进行了初步的探讨；旅游规划专家岗恩（Gunn）、盖茨（Getz）、墨菲（Murphy）等人更深入地揭示了旅游规划的内涵。墨菲 1985 年的定义是：旅游规划是在预测和调节系统内的变化，以促进有秩序的开发，从而扩大开放过程的社会、经济与环境效益。因此，旅游规划是一个连续的操作过程，可以达到某一目标或平衡几个目标。盖茨 1987 年对旅游规划的定义是：在调查研究与评价的基础上来寻求旅游业对人类福利及环境质量的最优贡献的过程。岗恩 1988 年指出，旅游规划是经过一系列选择决定合适的未来行动的动态的、反馈的过程，未来的行动不仅指政策的制定，而且主要是目标的实现。

旅游规划按规划内容的详略程度可分为总体规划和详细规划；按照内容性质可分为开发建设性规划和调整保护性规划；按实施阶段可分为旅游规划和旅游地或旅游项目开发建设性规划；按空间层次可分为跨区域规划、国家级规划、区域级规划和地方级规划。

旅游规划是一个系统工程，旅游规划的制定从其目标的确定到实现目标的措施和步骤的选择，要处理好其各子系统内部及其整体与外部环境之间的相互关系。而这其中有众多因素是发展变化的，因此，旅游规划的研究方法、预测手段也必须不断更新，以适应旅游发展的需要。

二、旅游规划的类型

我国旅游规划的实践历史不长，旅游规划机构不规范，旅游规划的名称也不统一，不同学科对旅游规划的类型的认识不一。从旅游规划的对象、任务、范围及规划的任务等方面来区分、旅游规划可分为以下几个类型（见图 1.1、表 1.1）（内容详见第二章）。

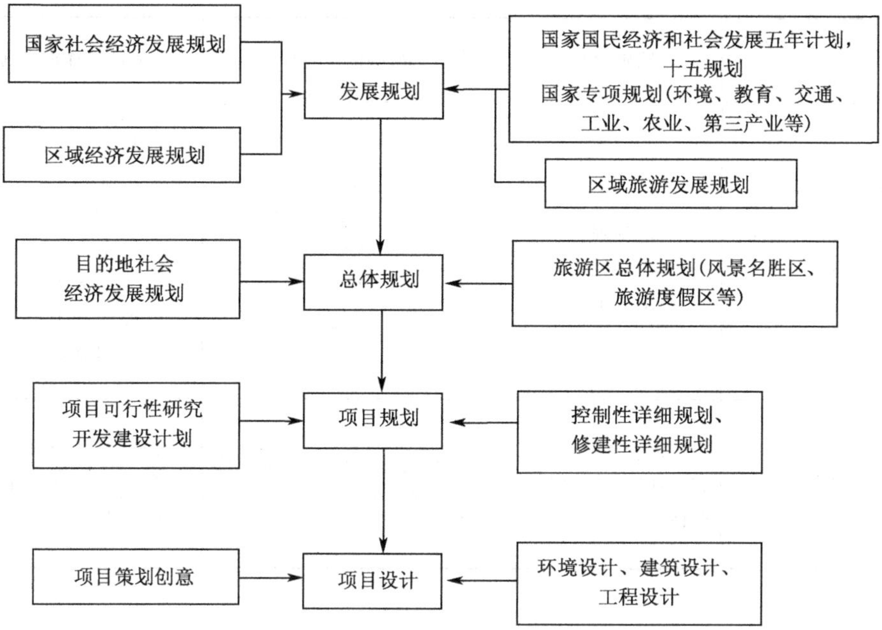

图 1.1　旅游规划的类型

表 1.1　旅游规划的分类

规划类型 / 特征	区域旅游发展规划	旅游区总体规划	旅游区详细规划
空间层次	区域	旅游区	旅游景区
行政范围	乡镇行政区域以上	乡镇行政区域以下	范围较小
图纸比例	一般小于 1∶50 000	1∶5000～1∶10 000	1∶2000～1∶500
图纸数量	5～7 幅	5～10 幅	5～10 幅
规划性质	战略规划	总体规划	详细规划
规划主要依据	国家政策与法规，区域经济和社会发展计划和规划，国土规划、区域有关部门规划	区域旅游规划	旅游区总体规划
主要特征	结构性、客观性、指导性、战略性	综合性、指导性和操作性	具体性、可操作性

续表

规划类型 特征	区域旅游发展规划	旅游区总体规划	旅游区详细规划
规划主要技术人员组成	1. 社会经济类 2. 地理类 3. 环境建设类 4. 其他	1. 地理类 2. 环境建设类 3. 工程类 4. 社会经济类 5. 其他类	1. 环境建设类 2. 工程类 3. 地理类 4. 管理类 5. 艺术类 6. 文化类 7. 其他类
规划整合关系	以社会经济发展为主兼顾物质环境建设及其发展承受性	社会经济发展与物质环境发展并重	在旅游学指导下的旅游项目开发规划或经营管理与服务计划

第二节　旅游规划的理论基础

一、经济发展理论

旅游业作为一项产业已列入国民经济和社会发展计划之中，很多地区和城市都将旅游业作为当地经济发展的支柱产业、主导产业、重点产业或第三产业中的龙头产业。旅游业具有明显的经济收入和创汇能力，能提供大量的就业机会，具有很强的乘数效应，尤其是对第三产业的带动作用（见图 1.2）强大，从而能够促进区域经济结构的调整。同时，旅游业又是依赖性很强的产业，与国家政治社会稳定和区域经济形势密切相关，需要其他产业和部门的支持与协调，才能提高旅游业在地区经济中的乘数。因此，在旅游规划中不仅要注重旅游业内部各要素的协调，还要注重与旅游发展的外部产业环境和条件相联系。

二、市场学理论

旅游的开发必须面向市场。现在我们生活在一个“注意力经济”的时代，只有市场的关注，地方旅游开发才会产生经济效益，所以旅游规划中要遵循旅游开

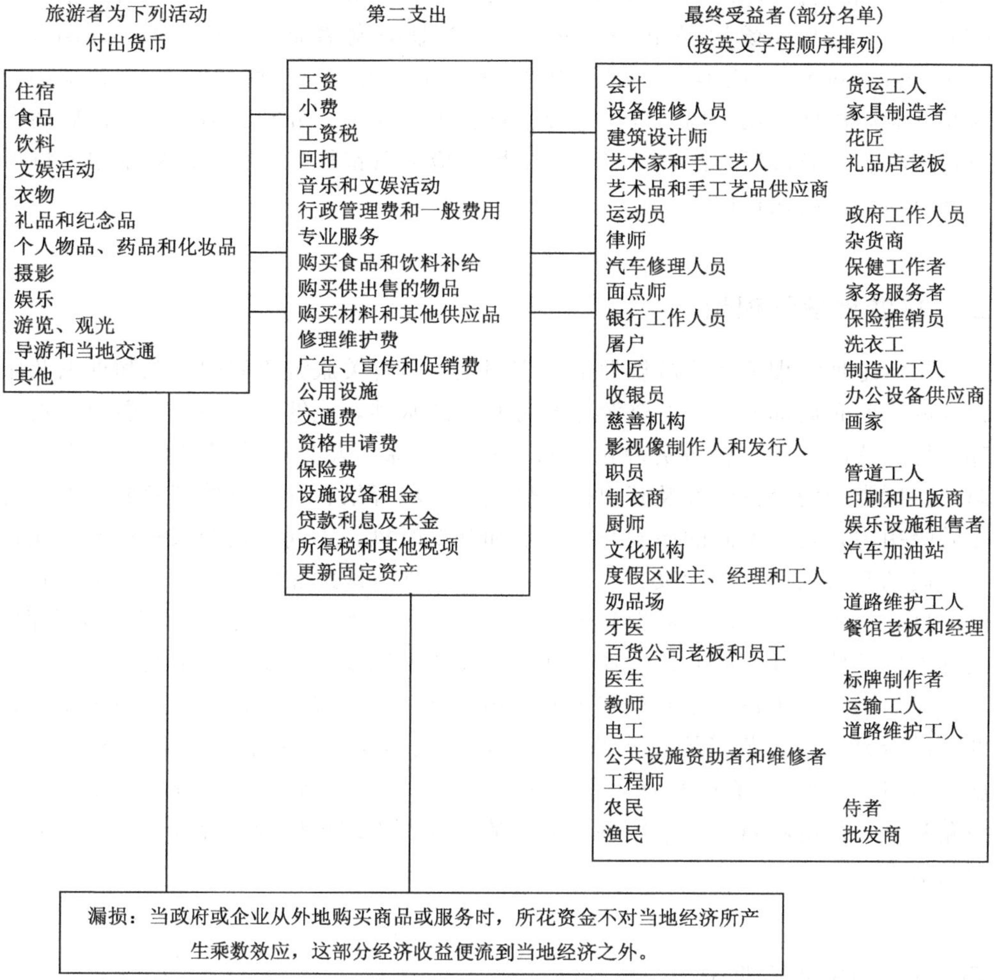

图 1.2　旅游乘数效应的机理

资料来源：世界旅游组织

发以市场为导向的原则，要站在市场竞争的角度来评价旅游资源，要对旅游市场进行深入分析和科学预测。在旅游规划中要进行两方面的市场分析：一方面是要分析客源市场的现状、偏好和发展趋势，另一方面要分析产品市场的现状、特征及发展趋势。

市场营销学理论的核心概念是4Ps，即产品（product）、价格（price）、渠道（place）、促销（promotion），后又有西方学者提出10Ps的概念，即在以上传统的4Ps的基础上加上市场探察（probing）、分割（partitioning）、优先（prioritizing）和定位（positioning），以及政治权力（power）和公共关系（public relation）。现代市场学提出 4Cs 理论，4C 即消费者需求与欲望（consumer wants and needs）、成本（cost）、方便（convenience）、沟通（communication）。因此，旅游规划要在市场学理论指导下进行市场探查、分割、细分、定位后确定一级市场、二级市场和潜在市场，并采取相应的营销战略。在旅游规划中要将市场分析与定位放在首位。

三、旅游地理学理论

旅游地理学理论在旅游规划中的应用主要是有关旅游资源的概念和理论及旅游区的空间布局部分。旅游资源是旅游开发的基础，能够产生旅游吸引力的资源都可称为旅游资源。旅游资源包括自然旅游资源、人文旅游资源和社会旅游资源。不同类型的旅游资源及其规模、性质、区域背景、开发条件等形成了不同的旅游吸引力，具有不同的旅游开发价值和开发时机，不同级别的旅游资源往往具有不同的吸引向性，国际级、国家级、省级、地方级的旅游资源一般分别具有国际向性，全国向性、区域向性和地方向性。不同类型、级别、规模的旅游资源，其开发的价值，开发的时机选择，开发的模式不同及其环境容量不同。

旅游地理学理论在旅游规划中的应用还有关于旅游流的研究，目前主要研究的旅游流是旅游客源流的流动模式。游客的流动模式是一种空间的流动，其流向、流量（规模）、流速及波动规律（节律性）对旅游基础设施布局、旅游交通线路规划、旅游项目布局、旅游功能区的划分及旅游环境管理等方向有着十分重要的意义。

四、旅游心理学理论

旅游心理学理论在旅游规划中的应用主要表现在旅游市场分析、旅游产品的设计及旅游形象的塑造等方面。

旅游者构成旅游客源市场。旅游者有不同的背景，其需求自然不一样，如年轻人喜欢刺激的旅游活动，老年人喜欢悠闲的旅游活动，年轻女性喜欢浪漫之地等等。

根据旅游者的人口社会文化学特征可细分旅游市场和找出各细分市场的偏好特征。

北京大学陈传康教授（1989 年）根据旅游者的动机和类型建立了旅游活动行为框架图（见图 1.3），明确旅游产品开发方向和市场行销目标。

保继刚、陈健昌等（1995 年）在对旅游者行为进行研究的基础上提出了旅

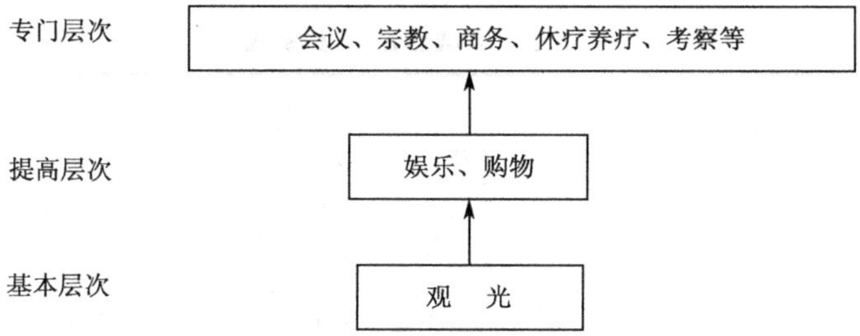

图 1.3 旅游活动行为层次框架图

游者大尺度、中尺度和小尺度空间中旅游活动行为的规律，提出旅游者在单位时间和金钱的约束下尽可能地游览更多的高级别、高知名度的旅游景点。

吴必虎、李蕾蕾等（1999 年）将社会心理学中“第一印象”和“光环效应”的概念引入到旅游规划中，设计地方旅游发展中第一印象区和光环效应区。第一印象区是指旅游者最先到达（进入）旅游目的地的场所，主要指机场、火车站、汽车站、旅游区的门景区等，光环效应区是指对地方整体形象具有决定性意义的地方。

五、旅游区位论

区位论是产业布局和区域的空间组织优化理论，旅游规划中旅游资源的评价，旅游业空间布局与项目选址，旅游线路安排等均存在区位优化问题。

区位论在旅游规划中主要是市场区位，旅游资源的开发、项目的布局都要选择区位条件好的区域。区位条件主要与距离、交通条件以及经济发展水平有关。

居民出游都存在一个门槛距离。一般而言客源地出游能力随离旅游目的地的距离的增加而减少，出游能力递增与递减的节点离客源地的距离即门槛距离。

市场区位条件还与旅游目的地和客源地之间的交通状况有关。交通状况好，可以节省游客的旅行时间。

北京大学陈传康教授（1990 年）提出了区域旅游开发的六种模式也是区位理论在旅游规划中的运用，如表 1.2 所示。

六、区域形象理论

90 年代企业形象设计（CI）理论在我国流行起来，旅游企业在进行企业形象设计的同时，一些学者开始探讨地区形象建设理论，学术界也开始了城市形象建设的讨论。罗治英先后出版了专著《地区形象理论及其应用》（1994年）、

表 1.2　区域旅游开发模式

模式	风景资源	区位条件	主要开发措施	案例
1	＋＋＋＋	＋＋＋＋	完善旅游活动行为结构	北京
2	＋＋	＋＋＋＋	人工整修重点风景资源和完善旅游活动行为结构	上海
3	＋＋＋＋	＋＋	配备接待服务措施和解决进出交通条件	敦煌
4	＋＋＋	＋＋＋	加强旅游形象宣传、分层次重点开发相应风景资源、改善进出交通条件	韶关
5	＋＋	＋＋	重点解决进出交通条件，开展相应的旅游活动行为，重点整修和新建有旅游吸引力的风景资源	汕头
6	特殊性风景资源	不定	配备接待服务措施，开展相应的特殊旅游	

注：＋＋＋＋佳；＋＋＋中；＋＋一般

《DIS：地区形象论》（1997 年），于光远、朱厚泽等学者也提出了他们的观点。一些城市由推销产品到推销城市，由宣传产品到宣传城市，着力进行区域形象的建设，专家学者开始进行区域旅游形象的系统研究。

陈传康、李蕾蕾是最早将企业形象战略（CI）和区域形象建设引入旅游规划的学者。陈传康（1997 年）认为旅游开发中，目的地形象由理念识别（MI）、行为识别（BI）和视觉识别（VI）三部分组成，通过客源市场大众识别、旅游形象定位方法、大众广告传媒、市场行销渠道、社会公关等活动途径，为旅游点导入 CI，实现旅游 CI 战略，建立具有知名度、美誉度、信任度、重游期望以及具有较强市场竞争力的旅游品牌和名牌。

区域旅游形象设计，是在地方文脉分析和市场分析的基础上确定区域旅游形象并提出区域旅游形象的推广口号。

吴必虎等在其《地方旅游开发与管理》（2000 年）的专著中提出了旅游形象的系统设计——人地感应系统，并将形象理论具体应用到了旅游规划的实践。人地感应系统包括第一印象区、光环效应区、地标区、典型镜头区、视觉识别符号、应用识别符号等。

七、系统理论

系统论认为系统是由要素组成的，系统的结构决定系统的功能，系统的功能是系统的结构的体现。系统是由各要素相互联系而组成的整体，系统整体大于局部之和。

旅游规划就是要使整个旅游系统协调、有序、高效地运转，从而通过旅游系

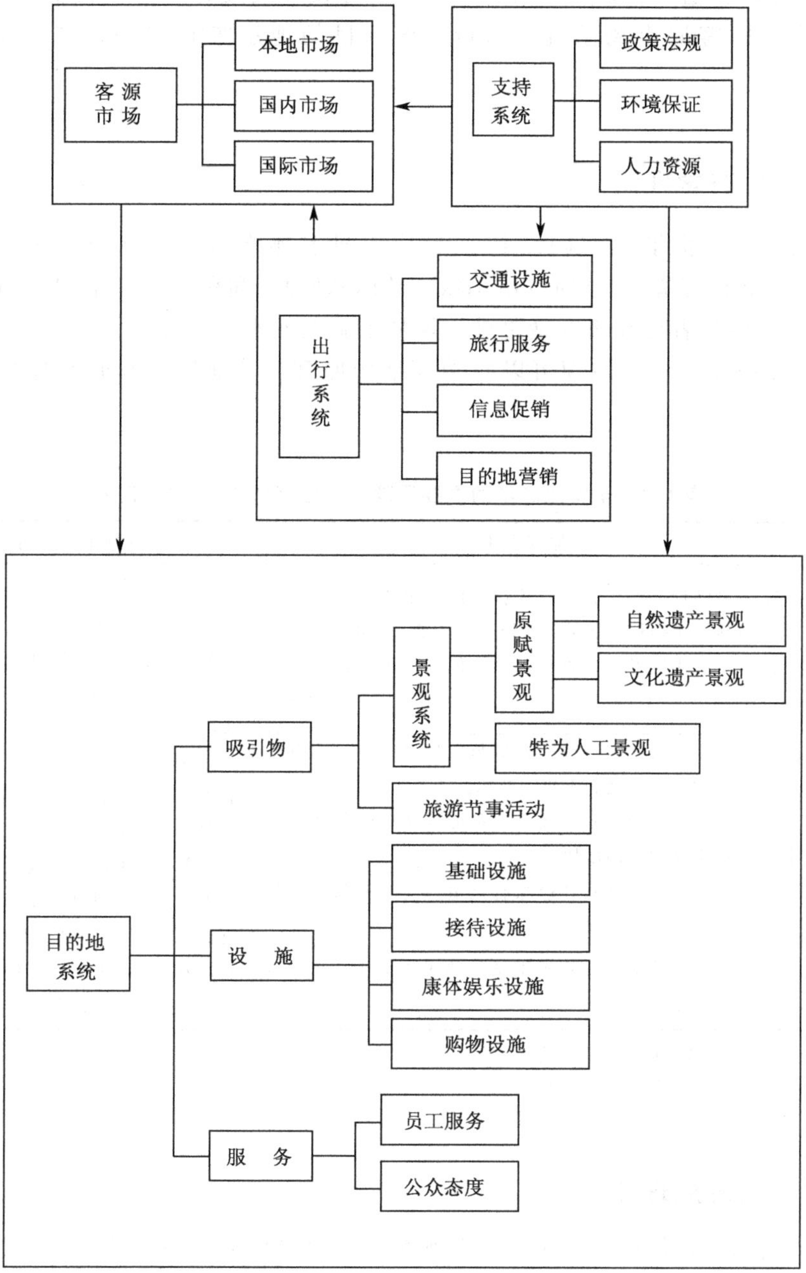

图 1.4 旅游系统

资料来源：吴必虎，1998 年

统内各要素的配置，使旅游系统达到最优的建设和最大的效益。旅游系统可包括四个部分，即客源市场系统、出行系统、目的地系统和支持系统，如图 1.4 所示。

八、景观生态学理论

景观生态学将景观空间结构抽象成三种基本单元：斑块（patch）、廊道（corridor，又称廊道）、基质（matrix，又称基底），简称斑廊基结构。（肖笃宁，1991 年）一些作者还在斑廊基之外，增加了新的元素——缘。

景观生态学的主要原理可以归纳为结构原理、功能原理和时间原理，如表 1.3 所示。

表 1.3　景观生态学的主要原理及其在旅游规划中的应用

<table>
<tr><th>主要原理</th><th>原理表述</th><th>规划中的应用</th></tr>
<tr><td>结构原理</td><td>1. 景观结构，即斑、廊、基及其比例组成的不同，将直接影响物种、能量、物质流等功能特征的变化。
2. 景观异质性可强化物种共生，但减少稀有边缘物种和种类。</td><td rowspan="3">景观元素的结构复杂性决定其生态价值；斑间可接近性影响景观丰度；维持异质性促进多样性；其规划设计目标是获得最大的关联性；廊的宽度即环。
景观规划主要是适应地方物种个体生态需求而对斑和廊的设计；考虑景观美学。
主要在中观及宏观规划中起重要作用；为景观单元提供并接受景观单元的能量、物质及信息的环境；为规划师提供一系列方法、工具、数据及经验；分形学。</td></tr>
<tr><td>功能原理</td><td>3. 景观空间元素间物种的扩散与集聚对景观结构有重要影响，同时受制于景观结构。
4. 景观元素间物质营养成分的再分配速率随其所受干扰的强度加大而增加。
5. 穿越斑、廊、基及其边缘有能量与生物流随景观异质性的增大而增强。</td></tr>
<tr><td>时间原理</td><td>6. 无任何干扰时，景观水平结构趋于均值化，而垂直结构异质性加强。</td></tr>
</table>

资料来源：王仰麟，1998；吴必虎，2001

九、可持续发展理论

世界公认的可持续发展定义可归纳为：满足当代的发展需求，应该以不损害不掠夺后代的发展需求作为前提。它意味着我们在空间上应遵循互利互补的原则，不能以邻为壑；在时间上遵循合理分配的原则，不能在赤字状态下发展运行；在伦理上应遵守“只有一个地球”、“人与自然平衡”、“平等发展权利”、“互惠互济”、“共建共享”等原则。决定可持续发展的水平可由以下五个基本要素及其间的复杂关系去衡量：

1）资源的承载能力——基础支持系统

2）区域的生产能力——供给支持系统

3）环境的缓冲能力——容量支持系统

4）进程的稳定能力——过程支持系统

5）管理的调节能力——智力支持系统

当前学术界比较流行的生态旅游、绿色旅游理论均可归纳在可持续发展理论的框架下。可持续发展理论在旅游规划上的应用是通过规划要促进区域旅游的可持续发展，其在旅游规划中的应用包括三个层次：在旅游规划中要树立可持续发展的思想；在旅游服务中树立可持续发展的思想；在旅游功能分区、旅游项目的设置等方面要体现可持续发展的原则。

十、利益主体理论①

利益主体理论的基本思想起源于19世纪，当时盛行一种协作或合作的观念。从此以后，这种思潮一直没有受到重视，甚至被人遗忘，直到斯坦福研究所（Stanford Research Institute）于1963年首次使用了利益主体理论这个术语。这主要是为了适应变化了的经济环境对一种业务的所有游戏者更加密切合作的要求。弗瑞曼（Freeman）是把利益主体理论应用于美国的先行者，他认为“（一个组织的）利益主体是指任何可以影响该组织目标的或被该目标影响的群体或个人”。如何确定谁是一个恰当的利益主体，并确定其合理的代表人数是一件需要仔细思量的问题，绝非“草率地找几个显而易见的主要利益主体”（Sautter& Leisen，1999年）就万事大吉了。基于所有的利益主体都具有本质上相同的价值的理念，索特（Sautter）和莱森（Leisen）两人在利益主体谱系图的基础上，绘制了一幅旅游业利益主体图（见图1.5）。与此同时，他们提醒人们由于利益主体参与的动态性特点，在考虑一个具体的旅游业发展问题的时候，不能刻意地照搬他们所绘的这张结构图。

召集利益主体参与旅游规划有很多技术路线和方法，例如提名代表技术程序法（nominal group technique sessions）、市民调查法（citizen surveys）、焦点小组法（focus groups）、随机抽样法（drop-in centers）、市民调查组法（citizen task forces）和求同会议法（consensus-building meeting）等。但是有很多因素会影响利益主体参与一个具体的旅游发展问题的途径。例如，于克斯等人

① 本部分内容参考了张伟、吴必虎的《利益主体（Stakeholder）理论在区域旅游规划中的应用》（旅游学刊，2002，17（4））一文

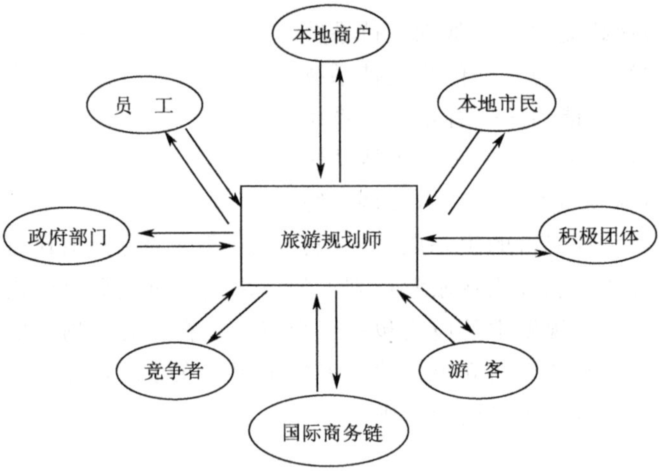

图 1.5　旅游业利益主体图

Sautter&Leisen，1999 年

(Yuksel et al，1999 年）讨论指出，在 7 个方面的因素会影响针对利益主体的访谈（stakeholder interview）这种技术方法的应用。因此，在一个特定的场合选择一个切实可行的技术方法是非常重要的。例如，西蒙斯（Simmons，1994 年）认为，当有很多外在的限制因素使得一些利益主体直接参与有困难或不可行的时候，利用问卷调查的方式辅助市民调查组法在优先政策就显得极为必要。不同的利益主体在旅游发展问题上所关注的关键问题不同，如表 1.4 所示。

表 1.4　利益主体关注的旅游发展的关键问题

关键问题	主要观点
旅游产品	怎么开发 开发什么新产品
景区管理	旅游安全管理，标准化 景区规划和门票价格
旅游政策	竞争、投资和人力资源 佛事活动是否可以进入旅游景区
旅游教育	市民整体素质的提高，专业人才，尤其是导游人员的教育和培训佛文化课程
旅游环境保护	文化遗产保护 自然资源保护，尤其是水资源

第三节　旅游规划的主要内容

一、对旅游规划内容的几种表述

1. 吴必虎的“1231 工程”和“规划之鹰”

吴必虎（1999 年）将区域旅游的规划的基本内容（结构）和编制过程（程序）使用“一个目标、两个分析、三个步骤和一个支持系统”的简单描述表达出来，即区域旅游规划的 1231 工程。

一个目标。就是通过预可行性研究和若干分析，提出规划的总体目标，它是整个规划的最终目的之所在。

两个分析。一是指客源市场和产品市场的调查和分析；二是指旅游资源的调查和评价，它们是其后调查研究的基础。

三个步骤。是规划的核心部分，即定调子（确定区域形象并实施整体促销）、定盘子（规划空间布局和线路设计）、定路子（对旅游吸引物、项目、设施和服务进行规划）。

一个支持系统。指影响旅游规划是否能够得到实施和有效管理的主要因素。包括政策、环境、资金、人才等这些要素也可以从旅游开发实施后其经济、社会、环境、政治影响角度来讨论。

对上述“1231 工程”吴必虎（2000 年）用一只鹰图来形象表示，即“规划之鹰”[①]。他把旅游目的地的起飞视为雄鹰之飞翔，鹰头就指旅游吸引物和对旅游者具有吸引意义的活动；鹰要飞翔，要靠左右两只翅膀，左翼就是交通条件和其他基础设施，右翼就是住宿设施和其他旅游设施和服务，当地的社会经济因素相当于鹰尾，影响着它的飞翔速度和方向。在鹰的前方，是客源市场的指向作用，鹰会朝着那个方向飞翔。最后，在鹰的上下左右围绕着它的大气就是旅游目的地要起飞或翱翔的自然、文化和社会经济环境。

2. 本书的 364 要素

旅游规划的内容也可以通过分析旅游规划的要素来分析，旅游规划的要求可通过 364 要素来分析，如图 1.6 所示。

三大基础要素　资源＋市场＋背景

---

① 吴必虎．2000．地方旅游开发与管理．北京：科学出版社

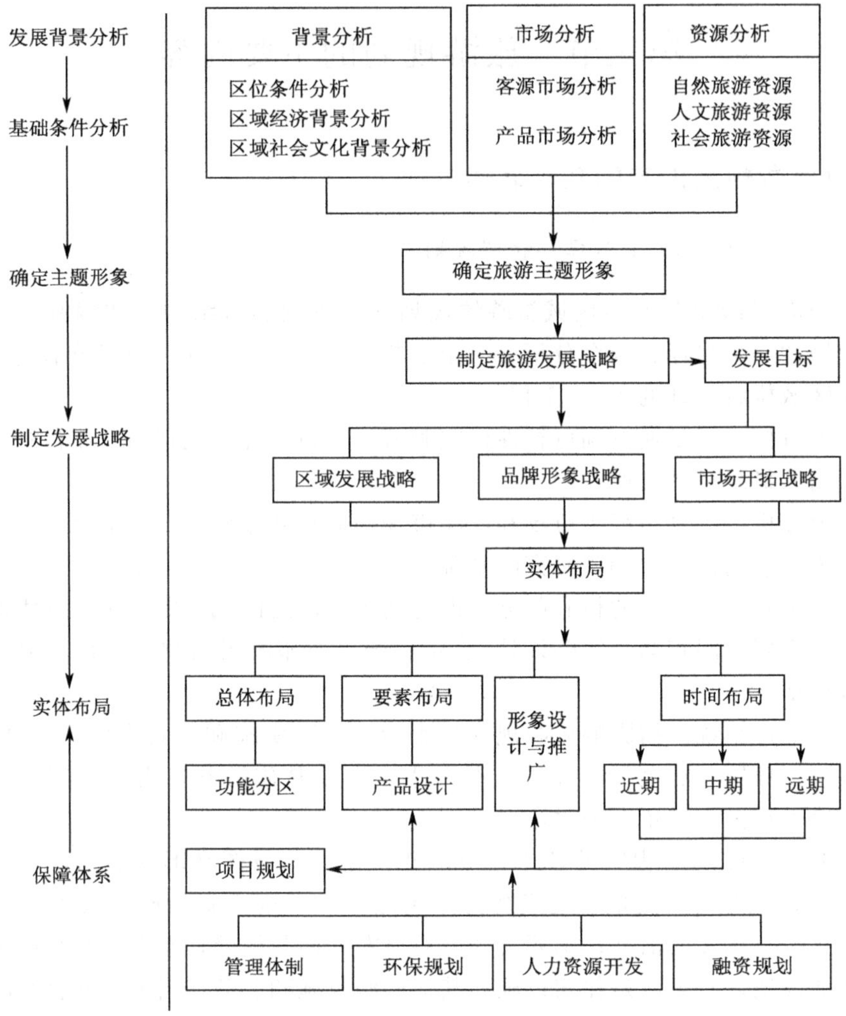

图 1.6　旅游规划主要内容逻辑框图

六大活动要素　食＋住＋行＋游＋购＋娱
四大支撑要素　体制＋环境＋人员＋资金

二、旅游规划的主要内容

1. 旅游规划的背景分析

旅游规划的编制必须在一定的区域经济、区域社会和区域文化背景之下来进行，区域旅游的主题形象的选择、区域发展战略的选择、旅游产业结构的调整都必须考虑区域经济、社会文化背景。旅游活动涉及与食、住、行、游、购、娱等要素相关的产业和部门，所以要制定旅游规划必须要充分分析和透彻研究区域内的经济、社会、文化背景，这样才能正确地确定旅游发展的主题，合理选择旅游发展战略。

（1）时代背景①

旅游业具有很强的产业上的关联效应。区域经济背景对旅游业的发展有很大的影响。区域经济基础实力是否雄厚，能否提供区域旅游开发的前期资金和启动资金，区域产业结构现状调整及发展方向等都将对旅游业的发展产生重要影响。因此，旅游规划的制定必须在区域经济发展的背景之下确定旅游业在区域经济中的地位和作用，进行正确的产业定位。

旅游开发必须注意时代背景。关注时代背景能使旅游规划从指导思想、规划方法、发展模式选择等方面符合时代的要求。目前我国旅游业发展的时代背景有以下几个方面：①市场化时代。市场经济体制框架的树立和发展要求旅游规划要注重市场导向。②旅游消费化时代。随着经济的发展，人们生活水平提高，旅游消费逐年排浪式地增长，城市居民面临消费升级的问题，农村居民面临着消费换代的问题，这是旅游发展的好时机。旅游规划中要为城乡居民设计出合适的旅游产品。③技术化时代。技术化时代对旅游产生重要影响，一方面技术的进步对旅游产品的设计、旅游营销的技术和方式等都将发生新的变化，另一方面高度技术化使人们的追求发生变化。旅游规划要体现出现代技术文明。④生态化时代。生态化时代人们对自然加倍地需求，高度技术化和高度城市化的生活使人们对自然的需求超出了任何一个时代，适应自然、亲近自然、走向自然是时代的要求之一。⑤个性化时代。经过市场化时代的发展，消费者已相应成熟，消费者权益至上的观念越来越重要。个性化要求日趋突出，为旅游产品设计和旅游服务提出了新的要求。

（2）我国旅游业发展的大趋势

魏小安等（2000年）根据国际国内的社会经济发展趋势的分析总结出我国旅游业发展的十大趋势，即确定支柱产业地位，树立可持续发展战略，形成完善的旅游产业结构，促进协调的区域发展，完成集约型增长方式的转变，开拓知识化管理之路，突出文化性竞争，开创国际化发展模式，建立规范的法治体系，大中华旅游圈的兴起。这十大趋势可以说是我国地方旅游规划的大背景。我国旅游

① 魏小安等．中国旅游业新世纪发展大趋势．广州：广东旅游出版社

发展经历了三个阶段，每一个阶段其旅游发展的特征不一，如表 1.5 所示。

表 1.5　我国旅游发展的阶段

旅游发展特征＼旅游阶段	第一阶段	第二阶段	第三阶段
旅游产业功能	经济功能	以经济功能为主、多功能共同发展	注重生活质量
旅游市场	贵族化旅游	大众化旅游	细分化旅游
旅游增长方式	自然增长	竞争性增长	共赢性增长
区域发展	重点景区	重点旅游地带	重点旅游区域
旅游资源开发	普遍开发	重点开发	创新开发
产品开发	资源导向	深化开发	市场导向开发
旅游企业竞争	价格竞争	质量竞争	文化竞争
旅游管理	重点管理	全面管理	法制管理
产品成长	陈列式观光游览	表演式展示	参与式体验
旅游类型	人文自然景观型旅游	人造景观型	科技参与型

资料来源：魏小安，2000

旅游规划中应根据所规划区域的发展状况，选取上述各发展阶段中的相应阶段，同时旅游规划必须要符合国家旅游业发展的宏观产业政策。

(3) 旅游发展战略

旅游规划必须符合区域旅游发展方向，符合区域国民经济和社会发展十五规划和 2020 年远景目标及区域旅游业发展十五规划等。

(4) 区域社会经济发展背景

旅游发展必须要充分透彻地分析区域国民经济和社会发展的背景，旅游发展的战略目标、战略重点和战略步骤的制定都应符合国民经济和社会发展规划的目标，旅游产业在区域国民经济中的产业定位、功能定位都要通过分析整个区域的社会经济发展背景来确定。

区域社会经济背景分析是分析区域经济的基础。旅游的发展需要区域经济基础作后盾。区域旅游的发展离不开区域社会经济背景，旅游的发展主题与方向要与区域经济发展的大背景相结合，同时旅游的发展方向要考虑区域经济基础，旅游的主题方向要考虑区域社会文化环境。区域社会经济背景与资源分析和市场分析共同决定区域旅游开发的规模和速度。社会经济条件分析还包括区位与交通条件分析，旅游地离市场的区位条件和进入的交通条件，往往决定着旅游资源价值的大小。

(5) 旅游业内部结构

旅游业内部结构指旅游食、住、行、游、购、娱六要素的形成的内部产业结构。具体讲就是饭店、旅行社、旅游景点、旅游娱乐、旅游购物、旅游交通、餐饮馆等方面的构成与比例，通过上述构成与比例来分析内部产业之间的结构是否协调，从而确定旅游发展战略中的产业结构的调整战略。

2. 旅游开发的基础条件与市场条件分析

区域旅游规划首先要分析旅游开发的基础条件和市场条件，这是旅游开发的基础，也是旅游规划中旅游发展战略选择的基础，包括旅游资源的调查与评价、旅游市场分析、旅游区域社会经济文化背景分析。

(1) 旅游资源的调查与评价

旅游资源是发展旅游业的物质基础。因此，在旅游开发之前要考察旅游资源的质量水平、层次结构、旅游地性质、规模容量、艺术价值、科学价值、文化价值，以及开发条件（包括可进入性等）。

(2) 市场调查与分析

市场调查与分析主要是指客源市场调查与分析和产品市场调查与分析，客源市场分析主是研究客源市场结构。现代旅游开发必须以资源为基础，以市场为导向，客源市场结构决定旅游开发的主题和方向。由于旅游产品具有可替代性，因此旅游规划中还必须进行产品市场分析，对产品市场进行竞争分析找出其优势市场。

(3) 确定主题形象

在充分进行资源调查与评价，市场分析和社会经济条件分析的基础上确定区域旅游发展主题形象。确定旅游发展的主题，也就确定了旅游发展的方向，确定了旅游的主题形象。主题形象也是旅游者对旅游目的地的总体认识和评价，是当今商业与信息传播时代地区旅游业发展新的重要显性因子。旅游主题形象可使旅游地政府和公众对本地旅游的资源核心、产品定位和发展目标有更清楚、直观的认识，使旅游地在众多的同类旅游地中以鲜明的姿态出现在旅游者面前，纵观世界及中国旅游业莫不如此。大凡万众神往、游人如织的旅游胜地，均具有鲜明而独特的旅游形象。主题形象的确定要分析当地自然资源（即景观），地区的人文历史传统（即文脉）的本地特色及区位市场状况后提出。

3. 制定区域发展战略

区域旅游发展战略包括旅游发展的区域战略、规划指导思想、市场定位、产品战略、旅游业发展的规模和速度等。

制定市场战略要对旅游市场进行 SWOT 分析即分析优势（strength）、劣势（weakness）、机会（opportunity）、威胁（threat），进行旅游市场细分和目标市场的选择和定位，并制定旅游市场开拓战略，如图 1.7 所示。

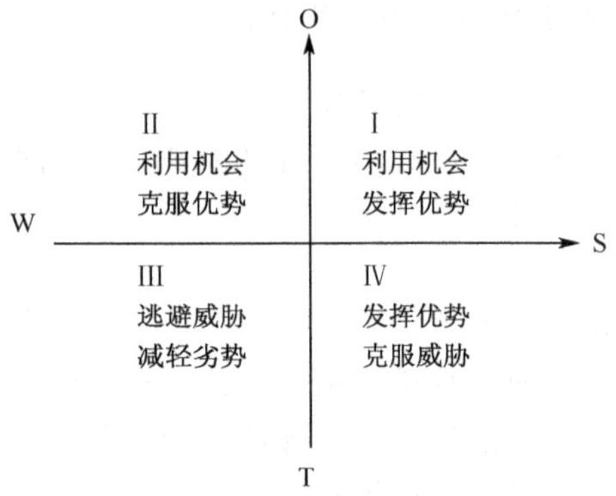

图 1.7　旅游发展战略 SWOT 分析图

4. 实体布局

作为旅游规划，本部分内容是核心内容，是旅游规划可操作性的重要表现。旅游规划要“虚实结合”，“虚”是指针对该区域提出的一系列总体发展战略思路，“实”是指围绕战略目标设计的具体可见的项目，只有二者紧密结合，才能使规划既能充当政府的决策咨文，又能充当企业的投资指南。实体布局主要是对区域进行旅游功能分区、旅游要素食、住、行、游、购、物等的布局及策划。

（1）总体布局

根据区域旅游主体和总体发展战略，对所规划区域旅游发展的进行总体的功能划分。根据旅游功能区域范围、级别等进行由上至下的旅游功能区域划分，可分为旅游区→旅游景区→旅游点。例如，《漳平市旅游发展规划（2000～2020）》中将漳平市划为三个旅游功能分区，即西部城市综合旅游区、南部特色农业观光旅游区、北部自然生态旅游区；将西部又分为三个旅游景区：九龙江休闲娱乐观光区、市区旅游综合服务区、北郊观光度假区；北郊观光度假区又分为四个旅游点：长白坑现代农业创汇观光园、鸳鸯湘观光休闲度假区、仙鹤潭瀑布景区、水坑温泉休闲疗养区。

（2）旅游产业要素规划

旅游活动六大要素食、住、行、游、购、娱之间存在一定的内在规律和比例，旅游发展规划就是要对区域内旅游活动的要素进行统筹规划，合理布局，确定好六大要素内的合理的比例关系。六大要素构成区域内旅游业的内部产业结构，它们的合理规划能使得内部结构合理，旅游系统的效益增加。

在旅游规划中主要是对旅游服务设施、旅游基础设施进行规划和布局。

（3）旅游产品设计

根据功能分区和旅游景区设计旅游线路，组合成旅游产品，使旅游六要素协调发展，使游客有一个美好的旅游体验。

（4）项目规划

旅游规划既要成为地方政府的决策依据，又要成为地方的投资指南，项目的创意与规划是十分必要的，这一部分往往会给地方政府带来更大的兴趣。当然项目的创意规划要在充分论证的基础上提出项目，项目提出不宜过多、过细，要富有弹性，否则可能不利于适应旅游市场的发展，不利于地方旅游业市场化操作，限制开发商、投资商的思维。

（5）时空布局

统筹安排区域内旅游业发展的时序，按近期（3～5年），中期（5～10年），远期（10～20年）进行规划，指出重点开发的地区、近、中、远三期项目的设置及近、中、远三期中重点项目的选择，这样使得旅游规划既有可操作性，又有前瞻性和指导性。

（6）旅游形象设计与推广

旅游形象的设计包括旅游主题形象、旅游功能区形象、旅游产品形象、旅游环境形象、旅游组织形象、旅游服务形象等的理念设计和形象项目、形象标志的设计。旅游形象推广就是要针对目标市场选取有效的方式和手段，扩大旅游的形象，激发旅游者动机。

（7）投入产出分析

旅游规划作为一种区域旅游发展战略规划，同时又可以说是一种产业规划，因此必须对整个地方旅游业的投入产出进行分析，包括整个产业的投入产出分析和重点景区、重点项目的投入产业分析。

（8）旅游保障体系规划

旅游规划的顺利实施必须要有一个强有力的保障体系，包括旅游管理体制、旅游产业政策、旅游环境管理、旅游人力资源开发。

旅游业涉及多部门、多行业，涉及面广，管理难度大，必须遵循"政府主导，部门支持，社会参与，市场动作"的保护开发思路，坚持以游客满意为宗旨，以拓宽客源市场为重点，以景点规划建设为突破口，着力抓好资源规划、景区建设、市场营销、规范管理、组织领导等重点工作。

第四节　我国旅游规划中存在的问题及发展趋势

一、我国地方旅游规划中存在的问题

1. 旅游规划的性质

目前，我国旅游理论界尚存在一些概念模糊的问题，"旅游规划"、"旅游总体规划"、"旅游业发展规划"、"旅游业发展总体规划"、"旅游发展总体规划"等等，林林总总，可谓"百花齐放"。由于这些概念模糊不清，使得旅游规划的性质不明、内容不清，因而在规划成果的鉴定会上，不同的专家往往意见不一。国家旅游局的《旅游规划管理办法》中所指的实际就是旅游业的发展规划，也是一种旅游业的总体规划，并说明旅游规划一般为期限五年以上的中长期规划。这就确定了旅游规划为一种中长期产业发展的战略规划。

2. 旅游规划的内容

由于长期以来旅游规划中的有关概念模糊不清，没有明确的界定，使得在我国的区域旅游规划的实践中，旅游规划的内容一直没有基本的统一的标准，各规划单位所做的地方旅游规划中所包含的内容不一，根据规划编制单位的学术专长各有侧重。大多数旅游规划中的对旅游业中的各产业要素之间的关联分析、旅游业的投入产出分析采取回避态度，或者对项目投资进行的概算缺乏科学的依据。

3. 旅游资源的评价

在一些地方旅游规划中，一些规划编制单位为了迎合地方政府的需要，也为

了鼓起地方政府发展旅游业的信心，过分夸大了旅游资源的价值。另外，有些专家过分夸大了文物古迹的旅游作用，没有分清文物古迹的学术价值和旅游价值之间的区别，或是在潜意识中夸大了文物古迹的旅游作用。对地方旅游资源缺乏全面的分析，特别是缺乏对旅游市场的竞争分析和区位分析导致对地方旅游的产业定位、目标定位过高，不切合当地实际，无法实现。

4. 对旅游业开发条件的分析

在规划中往往对达到地方旅游业发展的有利条件分析得较多，对优势分析得较多，对存在的问题分析得较少；对可能存在的静态问题分析多、动态问题分析少，特别是对未来可能出现的问题分析得更少。

5. 旅游客源市场分析

旅游客源市场有一定的时空规律性，游客的地域构成、人口文化学特征、旅游的偏好等方面都需要市场抽样调查，大多数地方没有进行这些工作，甚至连基本的接待旅游者的人数的统计资料都没有或者有但很不准确，因此在地方旅游规划中，仅仅靠规划编制单位组织的一至几次的抽样调查无法准确把握客源的整体时空特征和消费特征。

6. 规划的可操作性和前瞻性

一些地方政府片面地强调规划的可操作性，对规划编制单位在规划上要求过细。一些规划编制单位为了迎合地方政府的这种需要，在规划的编制中对细节问题涉及过多，规划文本洋洋洒洒 10 余万言，一方面使规划重点不突出，另一方面旅游规划做得过细，限制了景区的详细规划，也不利于旅游发展灵活地顺应市场的变化，更不利于投资商的市场化操作。这样的规划既失去了作为战略规划的前瞻性和指导意义，也会因为过于详细而失去对市场的应变，缺乏可操作性，其结果是要么限制了发展，要么是对规划进行过多的修编而使规划失去其严肃性。

7. 规划编制单位学术结构

目前，我国的一些规划单位按其学术背景大致分为以下几类：地理类、建筑设计类、园林设计类、经济类、旅游类。由于旅游学科在我国发展较晚，学科发展尚不成熟，所以大多数的研究人员其学术背景亦为前述几类，由于旅游发展旅游规划涉及的面很广泛，很复杂，需要地理、经济、建筑、环境、规划、设计、城市规划、国土规划、土地规划、文化、历史、美学等诸多方面的共同合作，然而很少有一个规划单位同时具有上述人员，因而造成规划编制单位学术结构不合理，所做的旅游规划必然存在偏差。

二、旅游规划的发展趋势

1. 由产业规划向系统规划发展

由于旅游活动的复杂性，涉及多个学科领域，所以，旅游规划从严格的意义上讲并非仅仅是一种产业规划，国家旅游局颁发的《旅游规划管理办法》中也称为“旅游规划”而不称为“旅游业发展规划”。旅游涉及政治、经济、社会、文化、环境、心理、审美活动等诸多方面，是一个复杂的系统，所以旅游规划应是旅游系统的发展规划。旅游规划就是对旅游系统进行全面的分析，找出旅游系统内部各个要素间的相互影响、相互制约的反馈关系，遵行系统的发展规律，对各要素进行合理的干预，以增强系统的功能，促进系统的良性循环，因此，旅游规划应是对旅游系统的整体规划，应是“整合规划”(integrated planning) 或“综合规划”(comprehensive planning)。旅游规划要考虑自然、生态、经济、社会文化和社会管理等因素，因此在旅游规划的实践中，必须将旅游规划与交通规划、城市规划、环境规划、绿化规划、国土规划、土地利用规划等专业规划和综合规划相结合，遵行上述有关规划成果，或将旅游规划的成果纳入上述规划之中。

2. 由领导规划、专家规划向参与性规划发展

目前，我国地方旅游规划主要是由专家队伍组成的规划编制组和由地方政府有关部门领导组成的规划领导小组或协调小组。以地方政府为主的规划领导小组或协调小组主要的职责是协调地方各部门之间的关系，以便能为规划编制的专家小组提供更多的资料和考察上的方便以及当地的一些实际情况；规划编制小组主要是进行规划的编制工作。由于未来的旅游规划将更多的是一种旅游的系统规划，可持续发展的旅游规划也必须考虑到企业、政府和目的地社区三方面的利益，因此，未来的旅游规划更应是一种有广泛人员参加的参与性规划，参与的人员中除规划编制专家组和政府有关的部门以外，还应有本地的专家、政府有关的部门、当地的社会文化名人、当地的社区居民代表和企业家、投资商等方面的人员，在规划编制小组的人员构成中还应增加公路交通、市场营销、形象策划、文化、历史、美学、摄影、网络的方面的专家，以体现旅游规划是一种整合规划和系统规划的性质。国家旅游局在其制定的《旅游规划设计单位资质评定暂行办法》(讨论稿) 中就对旅游规划设计单位的技术力量进行了限定，但这一限定只是最基本的要求。

参与性旅游规划的过程既是一种充分考虑当地实际情况、充分挖掘地方文化内涵、集思广益的过程，也是一种交流思想、统一思想、提高当地对发展旅游的认识、调动各方面积极性的过程。同时也是一种宣传的过程。在这一过程中，也使得规划编制的专家组对当地有了更为深刻的认识和了解，便于旅游规划的各种准确的定位。目前国家旅游局在中国旅游网上公布我国旅游发展的“十五”规划（征求意见稿）就是一种社会参与性的规划过程。

3. 规划由规范化向多样化发展

国家标准（GB/T 18971-2003）《旅游规划通则》中对旅游规划进行了规范，这是近期内我国地方旅游规划的发展方向。但由于旅游系统的复杂性，以及旅游规划的自身的特点，旅游规划在某些方面的规范化之外，多样化的方面仍然存在。

在规划的内容上，旅游规划应是以旅游业为主体的旅游系统规划。旅游规划也是一种区域旅游系统的可持续发展规划，其中既有经济效益目标，也有环境效益和社会效益目标。其目标是既要有经济效益，又要使本地社会和文化得到全面的发展，使人们的生活环境更加美好。由于旅游系统要素复杂，涉及面广，所以近期内旅游规划内容将逐步走向规范化。但随着旅游的发展，未来的旅游规划除了规范的内容外还将根据各地的实际，形成规划中的特色内容，如地方旅游业的形象策划与定位，地方旅游业的 CIS 导入，地方旅游业发展中的人地感应系统①规划及其感应系统中的第一印象区、光环效应区、地标区、典型镜头区等的规划设计。

在规划的语言上，根据所规划的旅游资源的特点，语言将更加生动形象。

规划成果也将多样化，除了传统的规划文本、规划的基础材料、规划的附件、规划的附图外还可能增加地方旅游网站的建设、地方宣传 VCD 用的风景光盘、地方旅游信息系统、地方旅游决策系统、重点区域、重点项目的创意策划方案等衍生成果。

规划成果的表现形式也更加多样化，更加生动活泼，更加直观形象，如既有印刷版，也有电子立体版；既有静态显示，也有动画等动态演示；既有平面展示，也有沙盘模型的立体表现；还有利用高科技的声、光、电等现代化的表现手段等。

4. 旅游规划由实体规划向形象规划发展

目前，在一定意义上我们已经进入了一个各地方由推销产品转向推广形象的

① 吴必虎. 1999. 地方旅游开发与管理. 北京：科学出版社

时代。旅游形象的定位与策划越来越受到地方政府的重视，各地方政府都在极力推广本地的良好形象。由企业形象战略系统（CIS）引入到地区形象系统（DIS）及区域旅游形象系统或旅游地形象系统[①]备受地方政府的欢迎，现在仍流行的各地在报纸上刊登广告公开征集区域旅游形象的标识、主题口号等也说明了这一点。旅游规划实践中，有关的地方形象的塑造与定位及旅游形象主题口号设计等内容往往受到地方政府的重视和欣赏。

因此，地方旅游规划实践将从注重项目规划到注重形象规划，包括地方旅游的总体形象、资源形象、产品形象、服务形象、旅游企业形象、城市形象、市场形象等等。未来的规划更注重区域的总体形象定位、区域内功能区的主题形象定位以及旅游形象的时间序列再定位，为地方旅游的发展描绘出一幅形象化的宏伟蓝图。这样的规划既便于地方有一个旅游业发展的长期奋斗目标，又便于地方旅游发展适应市场变化的需要，便于旅游功能区开发和旅游项目的市场化运作，以发挥投资商的积极性和创造性。所以，未来的旅游规划将由注重实体的规划转变为注重区域旅游形象的规划。

5. 旅游规划由规划文本向发展纲要发展

目前，我国的旅游规划的实践中，旅游规划的主体成果是规划文本。有些规划单位为了显示工作成果，或迎合被委托的地方政府的需求，片面追求短时间内的可操作性，常常规划得较细，文本中字数较多，有的规划文本中还有较多的逻辑推理甚至理论阐述，规划项目遍地开花，主题形象不鲜明，重点不突出，失去了规划应有的宏观指导作用。此外，地方旅游规划通过专家鉴定后应提交地方人大讨论，通过后将要赋予其地方法规的作用，文本太厚也不便于阅读。

旅游规划应该是一种宏观的、粗线条的战略性的规划，如果规划过于详细，反而限制旅游的项目规划，因为投资商在投资前还要进行项目的可行性研究和论证。此外，过于详细的旅游规划往往也不利于地方旅游业发展适应快速变化着的市场，其结果是要么规划被经常修订而失去其前瞻性、指导性和严肃性，要么规划被束之高阁而失去其严肃性、实用性。

因此，未来的旅游规划将是在充分的战略背景的分析、深入的实地调研、广泛的征求意见、反复的讨论论证的基础之上制定出的地方旅游规划的大纲，确定出地方旅游发展的各种形象定位、旅游发展的战略方向和战略体系、各种战略目标以及近中期的战略重点等。这样的旅游规划才能使地方政府统揽地方旅游发展的全局，把握地方旅游发展的方向，掌握地方旅游发展的重点，以指导地方各区域详细的旅游规划工作和有关项目的详细规划，同时又能调动和发挥投资商的积

① 黎洁，吕镇．1996．论旅游目的地形象与旅游目的地形象战略．商业经济与管理，(6)

极性和创造性，便于旅游项目的市场运作，便于通过项目的招商对市场做出快速的反应。

6. 旅游规划与城市规划的一体化发展

旅游规划是一种区域旅游的可持续发展规划。区域旅游发展要依托中心城市。城市往往是区域旅游的中心，它不仅仅是旅游的接待中心，而且优美的环境不但成为有吸引力的旅游吸引物，也是旅游发展的大环境。现在很多城市发展出休闲商务区（RBD），如北京的前门、王府井、西单一带；深圳将发展包括锦绣中华、中国民俗文化村、世界之窗等主题公园在内的华侨城为未来的RBD；还有很多城市中的步行街、旅游街、饮食文化街，如天津的和平路旅游步行街等。旅游活动是一种高品质、高质量的生活方式，也是人们的一种审美活动，因此，城市的建设要融入旅游的理念，从城市社会经济文化的整体发展的高度考虑旅游发展的要求，把旅游作为现代城市的一项基本的职能，把旅游开发融入到城市的整体建设之中。在硬件建设上要求将旅游意识融入到城市景观与市政建设之中，努力营造城市旅游环境，实现旅游开发与城市硬件建设一体化；在软件配套上，要致力于培养城市文化，形成区域城市文化特色，因此，在未来的旅游规划中，在城市区域将实现城市规划与旅游规划的一体化。

思考题：

1. 规划、区域规划、旅游规划之间有何区别与联系？
2. 简述利益主体理论在旅游规划中的作用。
3. 简述景观生态学原理在旅游规划中的应用。
4. 简述旅游规划的主要内容。
5. 试述在旅游规划中如何利用高科技技术和高科技手段。
6. 简述旅游规划的时代背景和发展趋势。

第二章　旅游规划的类型

学习目的： 通过本章的学习，了解旅游规划的基本类型、不同类型旅游规划的主要任务、主要内容、成果要求及其编制体例。

第一节　旅游发展规划

一、旅游发展规划的概念

旅游发展规划应是一种区域旅游发展战略规划，是一种中长期战略规划，一般以全国、省、市、县等行政单位或跨以上行政单位为规划范围，从宏观、长远的角度，在分析区域的发展背景、资源与市场条件之下，对旅游业在该地区经济地位、发展方向、市场定位、总体布局、发展期限、项目开发顺序、投入产出、政策和法规等重大问题方面做出明确计划，作为政府部门宏观调整和项目建设的依据。如《中国旅游业发展十五规划》、《福建省旅游业发展九五计划和2010年远景目标纲要》、《海南省旅游规划大纲》、《四川省旅游发展总体规划》、《漳平市旅游发展规划》、《赵县旅游发展规划》等。旅游发展规划的依据应是地方国民经济和社会发展计划和规划、国土规划、城市规划、环境与资源保护规划及其他国民经济部门的战略规划等，区域范围一般应是镇一级及以上行政区域范围。

旅游发展规划按规划的范围和政府管理层次分为全国旅游发展规划、区域旅游发展规划和地方旅游发展规划。地方旅游发展规划又可分为省级旅游发展规划、地市级旅游发展规划和县级旅游发展规划等。

地方各级旅游发展规划均依据上一级旅游发展规划，并结合本地区的实际情况进行编制。旅游发展规划包括近期发展规划（3～5年）、中期发展规划（5～10年）或远期发展规划（10～20年）。旅游发展规划的主要任务是明确旅游业在国民经济和社会发展中的地位与作用，提出旅游业发展目标，优化旅游业发展的要素结构与空间布局，安排旅游业发展优先项目，促进旅游业持续、健康、稳定发展。

二、旅游发展规划的主要内容

根据中华人民共和国国家标准（GB/T 18971-2003）《旅游规划通则》，旅游发展规划的主要内容有：①全面分析规划区旅游业发展历史与现状、优势与制约因素及与相关规划的衔接。②分析规划区的客源市场需求总量、地域结构、消费结构及其他结构，预测规划期内客源市场需求总量、地域结构、消费结构及其他

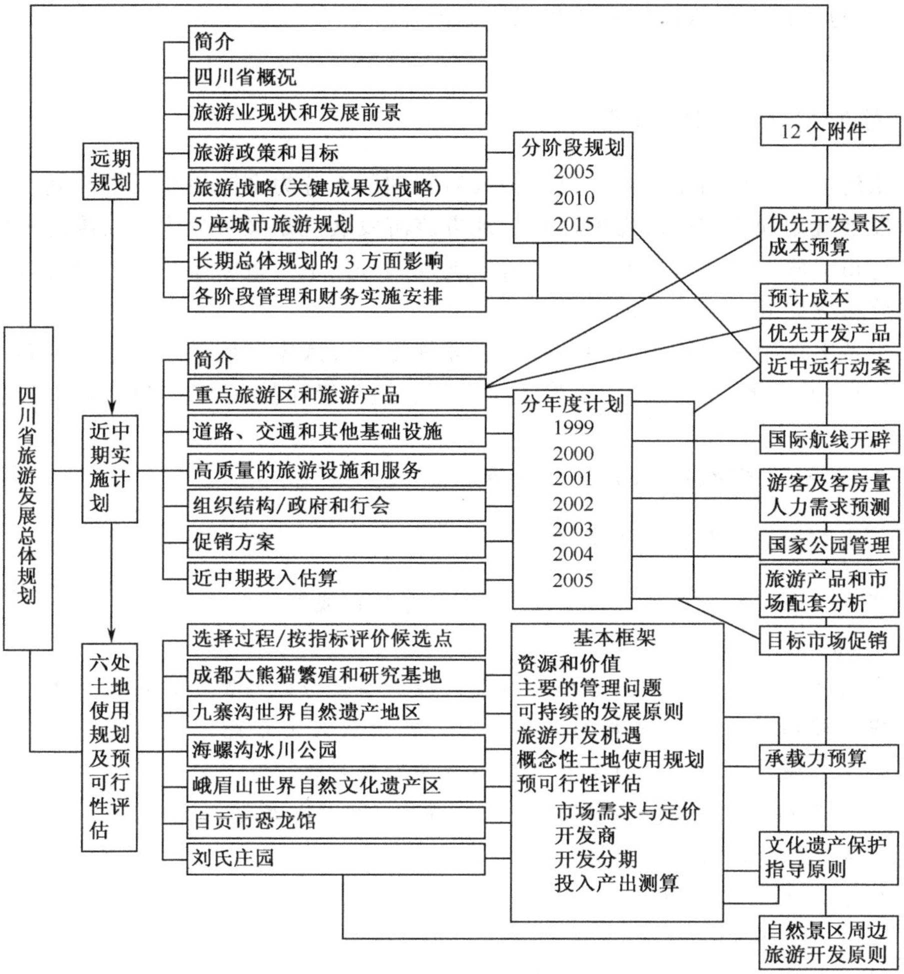

图 2.1　四川省旅游发展总体规划结构图

资料来源：吴必虎，2002

结构。③提出规划区的旅游主题形象和发展战略。④提出旅游业发展目标及其依据。⑤明确旅游产品开发的方向、特色与主要内容。⑥提出旅游发展重点项目，对其空间及时序做出安排。⑦提出要素结构、空间布局及供给要素的原则和办法。⑧按照可持续发展原则，注重保护和开发利用的关系，提出合理的措施。⑨提出规划实施的保障措施。⑩对规划实施的总体投资分析，主要包括旅游设施建设、配套基础设施建设、旅游市场开发、人力资源开发等方面的投入与产出方面的分析。

从世界旅游组织编制的《四川省旅游发展总体规划》的总体规划结构图（图2.1）中也可以看出旅游发展总体规划的内容。

三、旅游发展规划的类型

旅游业发展规划按规划的范围和政府管理层次分为全国旅游发展规划、区域旅游发展规划和地方旅游发展规划。地方旅游发展规划又可分为省级旅游发展规划、地市级旅游发展规划和县级旅游发展规划等。下一级的旅游规划应符合上一级的旅游发展规划所确定的方向。

本章案例中的《四川省旅游发展总体规划》、《咸宁市旅游发展总体规划》和《漳平市旅游发展总体规划》就代表了省级、地市级和县（市）级旅游发展规划。

案例 2-1　不同层次旅游发展规划大纲

（一）《山东省旅游发展总体规划》（目录）

第一部分　山东省旅游发展的 SWOT 分析与总体战略

1. 山东省概况

自然特征；山东省的社会经济情况；经济增长与消费需求；中国加入世界贸易组织（WTO）对山东省旅游业的影响；旅游业在山东经济中的地位；对山东省现有旅游规划的评价；山东省现有的旅游发展目标。

2. 山东旅游发展的 SWOT（优势、劣势、机遇和威胁）分析

优势；劣势；机遇；威胁。

3. 旅游发展政策因素

4. 旅游发展政策规划思路

战略指导思想；旅游发展战略。

第二部分　2001～2010 年中期发展规划

引言

1. 发展战略要点

战略要点综述；市场；产品；产品组合与市场营销；促销计划；旅游服务与设施；山东省交通状况（旅游基础设施和交通）；人力资源开发；旅游法规；机构问题。

2. 分区旅游发展战略

旅游区划分及其特点；一级旅游区的重要地位；一号旅游区：青岛；二号旅游区：烟台、威海；三号旅游区：济南/泰安/曲阜；四号旅游区：济南/淄博/潍坊/莱芜；五号旅游区：临沂/枣庄/微山湖；六号旅游区：日照；七号旅游区：水浒故事；八号旅游区：黄河入海口；旅游点的发展情况；山东省各市旅游发展战略小结；旅游线路与短程游览。

3. 旅游发展产生的影响

简介；经济影响；旅游业提供的就业机会；社会和文化影响；环境影响；经济分析。

4. 规划实施

简介；综述。

5. 出境旅游

山东省出境旅游现状；出境旅游发展方针。

第三部分　2001～2005年近期执行计划

简介

1. 发展战略要点

市场；产品；产品组合包装与市场营销；促销工作；旅游服务与设施；基础设施与交通；人力资源开发；旅游法规；旅游机构。

2. 旅游区的发展思路

3. 规划实施

2001～2005年规划实施——准备阶段与走向国际化。

4. 示范与优先发展项目

简介；薛家岛开发设想和土地利用规划；烟台市区开发设想与用地规划——滨海项目；威海市开发设想与土地规划——刘公岛项目；蓬莱市水城设想与土地利用地规划；济南市区开发设想与用地规划——城市旅游中心；泰安市区开发设想与用地规划——市区旅游中心；曲阜市区开发设想与用地规划——明故城项目；齐国故都开发设想与用地规划——齐文化项目；旅游村庄设想；沂蒙山生态旅游项目。

第四部分　2011～2020年远期发展规划

1. 2011～2020年山东省远期发展展望

2. 旅游发展总体策略

山东省旅游区位结构；战略转变；旅游资源利用；总体战略思路。

3. 具体发展战略

旅游区划结构；市场营销与促销；产品；人力资源与培训；基础设施。

4. 山东省未来游客接待情况预测

2011～2020年游客接待情况预测；国内市场；国际市场。

5. 2010～2020年山东省住宿设施需求预测

6. 2011～2020年旅游发展影响预测

经济影响；旅游业提供的就业机会；环境影响；社会文化影响。

第五部分　支持与保障体系规划

1. 市场营销

各国际客源市场分析；营销宣传资料的制作。

2. 中国以及山东省的旅游统计

简介；旅游统计的公布与资料来源；中国的国际旅游——入境统计；全国及山东省入境旅游——住宿统计；山东省旅游局统计的山东省国际国内旅游状况；国内游客抽样调查；对当前国内旅游水平的估计结论；对山东省未来旅游发展水平的预测。

3. 产品规划

重新界定文化产品；海滨规划；自然景区与文化景区的规划及管理方针；温泉开发规划方针；旅游规划中的城市空间规划。

4. 基础设施与交通

公路；公路交通；铁路；机场；航空服务；水上交通。

5. 人力资源开发

人力培训的重要性；国家及山东采取的措施；2001～2020年的人力需求。

（据世界旅游组织，2002）

（二）《咸宁市旅游发展规划》（2001～2020）（湖北大学旅游学院编制。项目主持人：张立明。项目参与人员：黄安民、涂建华、胡道华等）

前言；第一章，区域背景与旅游发展现状；第二章，咸宁市旅游资源综合评价；第三章，咸宁市旅游市场需求分析与预测；第四章，旅游发展战略和空间布局；第五章，咸宁市旅游总体形象创意与传播；第六章，旅游产品创新开发与主题活动规划；第七章，旅游市场营销推广；第八章，旅游产业要素及设施系统配置；第九章，中国优秀旅游城市和名牌旅游景区创建；第十章，重点旅游景区土地利用和环境保护规划；第十一章，旅游人力资源开发与科技创新；第十二章，旅游业投资估算与产出分析；第十三章，旅游信息咨询与解说系统；第十四章，规划实施的政策与保障措施。

规划图件：

咸宁市旅游区位关系图；咸宁市旅游资源分布；咸宁市旅游客源市场空间结构图；咸宁市区域旅游网络关联图；咸宁市旅游总体布局与分期建设图；咸宁市旅游产品规划与线路设计图。

（三）《泉州市丰泽区旅游发展总体规划（2002～2020）》（华侨大学旅游系编制。项目主持人：黄安民）

前　言

第一章　旅游资源条件与基础条件分析

旅游资源条件分析；旅游开发基础条件分析。

第二章　旅游客源市场分析与定位

旅游客源市场现状分析；旅游客源市场细分与定位。

第三章　规划的指导思想、原则与目标

规划编制的依据；规划指导思想；总体发展思路；规划原则；规划期限；分期规划目标。

第四章　总体布局与分区项目规划

总体布局；刺桐观光游览区；清源生态休闲度假区；城区历史文化旅游综合服务区。

第五章　近中期开发重点

近、中期重点发展区域；近、中期重点开发项目与投资估算；重点旅游线路；重点开发商品。

第六章　旅游产品与商品开发

旅游产品开发；旅游商品开发。

第七章　旅游专项规划

旅游交通规划；旅游接待服务规划。

第八章　旅游形象设计与推广策略

旅游形象定位；旅游形象塑造；旅游形象口号；旅游形象传播。

第九章　规划实施的对策与措施

管理机构；人力资源；政策与资金；旅游安全保障；旅游环境保护措施。

附录1　丰泽区概况

附录2　丰泽区旅游资源基本类型一览表

附录3　《丰泽区旅游客源市场调查问卷》信息报告

规划图件：丰泽区旅游区位分析图；丰泽区旅游资源分布图；丰泽区旅游总体布局图；丰泽区旅游项目布局图；丰泽区市旅游产品规划与旅游线路设计图。

第二节　旅游区总体规划

旅游区规划按规划层次分总体规划、控制性详细规划、修建性详细规划等。旅游区在开发、建设之前，原则上应当编制总体规划。小型旅游区可直接编制控制性详细规划。

旅游区总体规划的期限一般为10～20年，同时可根据需要对旅游区的远景发展做出轮廓性的规划安排。对于旅游区近期的发展布局和主要建设项目，应做出近期规划，期限一般为3～5年。根据中华人民共和国国家标准（GB/T 18971-2003）《旅游规划通则》，旅游区总体规划的任务是分析旅游区客源市场、确定旅游区的主题形象、划定旅游区的用地范围及空间布局、安排旅游区基础设施建设内容、提出开发措施。

旅游区总体规划是对某一特定空间（一般为一个完整区域）旅游业的发展做出的全面具体规划。其编制程序为：先制定规划大纲，经编制人员、委托单位和专家论证后，编制总体规划，组织专家进行评审。评审通过后，报请政府主管部门批准或报请当地人大讨论通过，赋予该总体规划一定的地方法规地位，便于组织实施，保证规划的权威性和实施的连贯性。组织实施旅游总体规划要依据区域旅游规划，不能改变区域旅游规划中对该区域所确定的旅游发展方向。

总体规划的区域范围一般为旅游地或旅游景区，有确定的行政界线范围和面积，如《福建湖头日月潭旅游度假区总体规划》（规划面积3.5平方公里，2000年，项目主持人：黄安民）、《泰山风景名胜区总体规划说明书》（规划范围310平方公里，1987年，项目主持人：谢凝高）、《崂山风景名胜区总体规划》（规划范围446平方公里，1986年，项目主持人：张国强）。

一、旅游区总体规划的主要内容

旅游区总体规划的主要内容包括：①对旅游区的客源市场的需求总量、地域结构、消费结构等进行全面分析与预测；②界定旅游区范围，进行现状调查和分析，对旅游资源进行科学评价；③确定旅游区的性质和主题形象；④确定规划旅游区的功能分区和土地利用，提出规划期内的旅游容量；⑤规划旅游区的对外交通系统的布局和主要交通设施的规模、位置；规划旅游区内部的其他道路系统的走向、断面和交叉形式；⑥规划旅游区的景观系统和绿地系统的总体布局；⑦规划旅游区其他基础设施、服务设施和附属设施的总体布局；⑧规划旅游区的防灾系统和安全系统的总体布局；⑨研究并确定旅游区资源的保护范围和保护措施；

⑩规划旅游区的环境卫生系统布局，提出防止和治理污染的措施；⑪提出旅游区近期建设规划，进行重点项目策划；⑫提出总体规划的实施步骤、措施和方法，以及规划、建设、运营中的管理意见；⑬对旅游区开发建设进行总体投资分析。

二、旅游区总体规划的成果要求

根据中华人民共和国国家标准（GB/T 18971-2003）《旅游规划通则》，旅游区总体规划的成果包括：规划文本；图件，包括旅游区区位图、综合现状图、旅游市场分析图、旅游资源评价图、总体规划图、道路交通规划图、功能分区图、其他专业规划图、近期建设规划图等；附件，包括规划说明和其他基础资料等；图纸比例，可根据功能需要与可能确定。

第三节　旅游区控制性详细规划

在旅游区总体规划的指导下，为了近期建设的需要，可编制旅游区控制性详细规划。旅游区控制性详细规划的任务是：以总体规划为依据，详细规定区内建设用地的各项控制指标和其他规划管理要求，为区内一切开发建设活动提供指导。

一、旅游区控制性详细规划的主要内容

根据中华人民共和国国家标准（GB/T 18971-2003）《旅游规划通则》，旅游区控制性详细规划的主要内容包括：①详细划定所规划范围内各类不同性质的用地的界限。规定各类用地内适建、不适建或者有条件地允许建设的建筑类型。②规划分地块，规定建筑高度、建筑密度、容积率、绿地率等控制指标，并根据各类用地的性质增加其他必要的控制指标。③规定交通出入口方位、停车泊位、建筑后退红线、建筑间距等要求。④提出对各地块的建筑体量、尺度、色彩、风格等要求。⑤确定各级道路的红线位置、控制点坐标和标高。

二、旅游区控制性详细规划的成果要求

根据中华人民共和国国家标准（GB/T 18971-2003）《旅游规划通则》，旅游区控制性详细规划的成果包括：①规划文本。②图件，包括旅游区综合现状图，各地块的控制性详细规划图、各项工程管线规划图等。③附件，包括规划说明及

基础资料。④图纸比例一般为1∶1000～1∶2000。

案例2-2　南艳湖风景旅游区控制性详细规划[①]

第一部分　控制性详细规划说明

1. 南艳湖风景旅游区基本概况

基地位置范围；自然地理条件；景区用地概述；现有问题。

2. 规划依据　目标与基本原则

规划依据；规划目标与定性；基本原则。

3. 总体规划布局

功能分区；规划布局结构；地块划分及指标的确立；用地平衡表。

4. 竖向设计

竖向设计；地形设计；估算填挖土方量。

5. 景观规划

系统规划；主要景点规划设计。

6. 绿地规划

现状分析；规划原则；规划内容。

7. 旅游开发规划

旅游市场分析；旅游项目开发规划；游线规划；环境容量与游人规模；旅游服务设施规划；游览组织规划；经济效益分析。

8. 环境保护规划

环境保护和资源利用；垃圾收集、处理；防灾规划；环境影响评价。

9. 基础设施规划

道路交通系统规划；给、排水规划；电力、电讯规划。

第二部分　文本

1. 地块容量控制

地块划分；用地平衡表；地块控制指标。

2. 规划控制管理规定

总则；土地使用区划分类与用地兼容性；景观风貌规划；场地建筑风貌规划；建筑间距、高度与建筑沿路后退；绿化规划；旅游开发规划；环境保护规划；道路交通规划；给、排水规划；电力、电讯规划。

---

① 本案例取自刘滨谊主持编制的《南艳湖风景旅游区控制性详细规划》

第四节 旅游区修建性详细规划

对于旅游区当前要建设的地段，应编制修建性详细规划。根据中华人民共和国国家标准（GB/T 18971-2003）《旅游规划通则》，旅游区修建性详细规划的任务是：在总体规划或控制性详细规划的基础上，进一步深化和细化，用以指导各项建筑和工程设施的设计和施工。

一、旅游区修建性详细规划的主要内容

根据中华人民共和国国家标准（GB/T 18971-2003）《旅游规划通则》，旅游区修建性详细规划的主要内容有：①综合现状与建设条件分析。②用地布局。③景观系统规划设计。④道路交通系统规划设计。⑤绿地系统规划设计。⑥旅游服务设施及附属设施系统规划设计。⑦工程管线系统规划设计。⑧竖向规划设计。⑨环境保护和环境卫生系统规划设计。

二、旅游区修建性详细规划的成果要求

旅游区修建性详细规划的成果包括：①规划设计说明书。②图件，包括：综合现状图；修建性详细规划总图；道路及绿地系统规划设计图；工程管网综合规划设计图；竖向规划设计图；鸟瞰或透视等效果图等。③图纸比例一般为1∶500～1∶2000。

思考题：

1. 简述旅游发展规划与旅游区详细规划之间的区别与联系。
2. 简述旅游区控制性详细规划和旅游区修建性详细规划的区别与联系。
3. 旅游区控制性详细规划的图件主要有哪些？
4. 旅游区修建性详细规划的图件主要有哪些？

第三章　旅游规划的组织与工作程序

学习目的：通过本章的学习，了解旅游规划工作的组织、工作组织机构及旅游规划工作的一般程序。

第一节　旅游规划的组织

由于旅游规划涉及面广，为了保证整个旅游规划工作的顺利进行，旅游规划的组织工作十分重要。根据旅游规划的类型和层次，可组建旅游规划项目领导小组、旅游规划项目顾问小组和旅游规划项目编制小组三个小组组织机构，三个小组各司其职。

一、规划领导小组

旅游规划的领导小组一般由规划委托方分管领导任组长，如果是地方政府委托的项目，则可由地方政府的主管领导任组长，旅游部门负责人担任常务副组长，由他们与党政办公室、规划、城建、计委等相关单位的有关领导共同组成规划领导小组。

领导小组全面负责旅游规划的组织领导工作，其主要工作包括：①择优选择旅游规划编制单位（乙方）；与乙方共同商定规划顾问小组；研究通过乙方提供的规划组人员名单。②提供尽量完整的旅游规划背景资料。③负责乙方进点考察调研的接待、向导工作，保证规划组进点考察调研工作的顺利进行。④在乙方的协助下，向有关部门申请召开旅游规划成果评审会，完成成果评审工作。⑤旅游规划成果评审通过后，着手组织规划的实施。

可见，规划领导小组负有非常重大的责任，一个强有力、高素质、高效率的规划领导小组，是规划工作顺利完成的基本保证。

二、规划顾问小组

为了更好地保证规划的水平与质量，设立旅游规划顾问小组是很有必要的。旅游规划顾问小组通常由下列人员组成：①相关专业的知名专家。②当地与上级行政管理部门的主管领导。③与本地有较深渊源关系的老领导、老专家；籍贯在本地的社会各界名人。

顾问小组的参与，可使规划工作站在一个更高的立足点上，使规划小组考虑问题更全面，更富有创新性，使规划成果达到较高的水平。

三、规划编制小组

规划编制小组是规划工作的具体承担者。规划组的能力和水平，直接关系到规划成果的质量和水平，关系到规划工作的成功或失败。一支高素质的旅游规划编制小组，是旅游规划顺利完成的直接保证。国家旅游局“旅游规划设计单位资质评定暂行办法”（2000 年）中对不同资质旅游规划设计单位技术力量做出了规定。

1. 甲级旅游规划设计单位的条件

旅游规划设计技术力量雄厚，专业配置齐全。具有高级技术职称的人员与其他技术人员比例不小于 1∶3，其中旅游、市场营销、区域规划、环保、城市规划、建筑、道路交通等各专业至少有 1 名具有大学本科以上学历人员。

2. 乙级旅游规划设计单位的条件

旅游规划技术力量强，专业配置齐全。具有高级技术职称人员与其他旅游规划技术力量人员比例不小于 1∶5，其中旅游、市场营销、区域规划、环保、城市规划、建筑、道路交通等各专业至少有 1 名具有本科或大专以上学历人员。

3. 丙级旅游规划设计单位的条件

旅游规划技术力量较强，专业配置较齐全。具有高级技术职称人员与其他旅游规划技术力量人员比例不小于 1∶8，其中旅游、市场营销、区域规划、环保、城市规划、建筑、道路交通等专业至少有 1 名技术人员。

国家旅游局《旅游规划通则》（2001 年）中规定，旅游规划编制人员应有广泛的专业构成，应包括经济分析、市场营销、旅游资源、环境保护、城市规划、建筑设计等专业。同时，还要根据所规划项目的性质和类型，适当增加相关专业的专家，如所规划项目中有适合开发特种旅游项目如登山探险、徒步旅行等，就需要该方面的专家参与。

《四川省旅游发展总体规划》（世界旅游组织，1999 年）编制组中方对口专家组的专业方向及人数为：

专家组组长，1 人；旅游市场，1 人，旅游经济，3 人，生态旅游/公园规划，2 人，土地使用规划，2 人，文化遗产规划，1 人，人力资源发展规划，1 人，旅游基础设施规划，1 人。

外国专家组及工作人员的专业方向和人数为：

专家组组长，1 人；专家组组长主任助理，1 人；办公室主管，1 人；旅游市场，1 人；旅游经济/可行性分析，1 人；城市规划、生态旅游/公园规划，1 人；旅游交通、基础设施、规划，1 人；人力资源发展规划，1 人；旅游土地规划，1 人；文化遗产规划，1 人。

第二节　旅游规划编制的工作程序

旅游规划编制的工作程序主要包括任务确定阶段、前期准备阶段、规划编制阶段、成果的评审和提交阶段等四个阶段，其工作流程，如图 3.1 所示。

一、任务确定阶段

1. 委托方确定编制单位

委托方根据国家旅游局对旅游规划设计单位资质认定的有关规定确定旅游规划编制单位。通常有公开招标、邀请招标、直接委托等形式。

公开招标：委托方以招标公告的方式邀请不特定的旅游规划设计单位投标。如 2002 年 4 月 25 日国信招标有限责任公司受国家旅游局的委托，负责组织对“西部旅游投资规划”项目进行国内公开招标和 2002 年 5 月 17 日国信招标有限责任公司受国家旅游局的委托，负责组织对“长江三峡区域旅游发展规划”项目进行国内公开招标。

邀请招标：委托方以投标邀请书的方式邀请特定的旅游规划设计单位投标。

直接委托：委托方直接委托某一特定规划设计单位进行旅游规划的编制工作。

2. 签订旅游规划编制合同

委托方与规划编制单位签订旅游规划编制合同。旅游规划编制合同应明确规

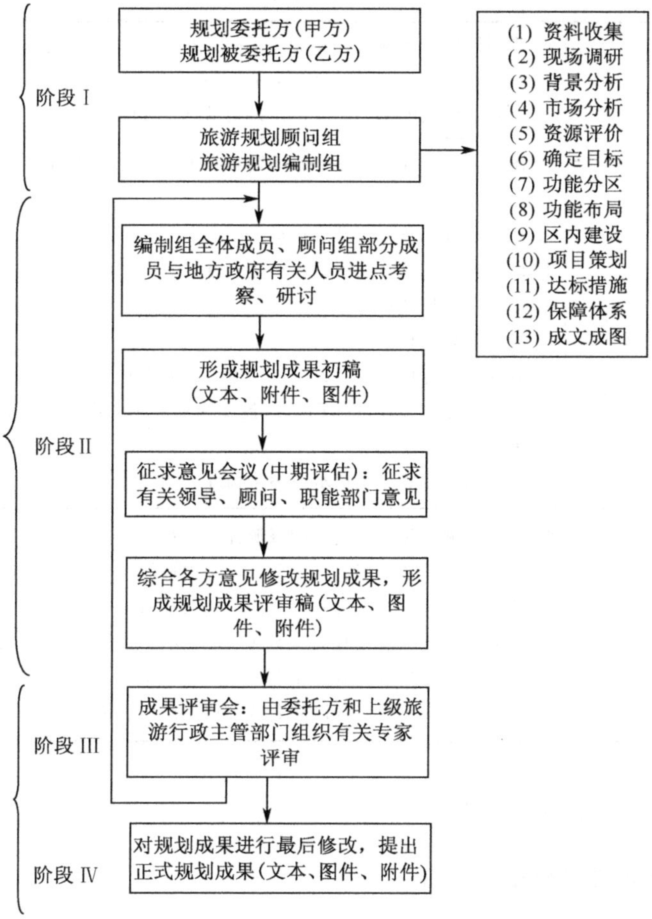

图 3.1　旅游规划工作流程图

划编制的内容和要求、中期评估的时间、地点和方式、规划成果提交的时间地点、成果评审的时间、地点及方式、规划经费的支付方式、时间和数量、规划编制过程的要求、规划成果的提供与分享、双方违约应承担的责任以及争议的解决方式等方面的要求。国家旅游局的《旅游规划通则》（送审稿）的附录 B 提供了一份《旅游规划编制合同范本》可供参考。

二、前期准备阶段

合同签订后，甲方应尽快搜集、提供规划资料（参见表 3.1 及第三章），乙方则应尽快熟悉材料，进行案头研究工作。

表 3.1　旅游规划主要材料清单

地图资料	1. 规划区域政区图（1∶5万～1∶20万） 2. 规划区域地形图（1∶1万，1∶5万） 3. 规划区域其他相关地图，尤其是景点景区图
背景资料 （规划及其上级行政区）	1. 国民经济和社会发展十五计划和2015年远景目标纲要 2. 政府工作报告 3. 地方志资料及行政沿革资料 4. 国民经济和社会发展统计年鉴（近五年） 5. 城市总体规划资料 6. 国土规划资料 7. 其他有关专项规划资料（水、电、交通等） 8. 基础设施与服务设施现状（包括交通、水、电、通信、食宿、医疗、服务等） 9. 环境质量现状（包括水体污染情况、大气污染情况等）与环保规划
旅游专项资料	1. 规划区域自然与人文旅游资源详细资料 2. 规划区域风俗民情、传统节日、历史典故、神话传说等资料 3. 规划区域可供开发为旅游商品的相关资料 4. 规划区域与上级行政区旅游业发展现状（接待人次数、旅游收入等） 5. 规划区域与上级行政区旅游业人力资源资料 6. 规划区域与上级行政区旅游业发展设想；上级行政区旅游发展规划

前期准备阶段主要的研究有：

1. 制定规划研究的逻辑线路

在初步案头研究的基础上，制定规划研究的逻辑线路。整个规划研究工作要根据逻辑线路进行，如图3.2所示。

2. 政策法规研究

对国家和本地区旅游及相关政策、法规进行系统研究，全面评估规划所需要的社会、经济、文化、环境及政府行为等方面的影响。

3. 旅游资源调查

对规划区内旅游资源的类别、品位进行全面调查，编制规划区内旅游资源分类明细表，绘制旅游资源图，确定其旅游容量。旅游资源分类明细表可参考国家旅游局和中国科学院地理研究所联合制定的《旅游资源普查规范》中的资源分类表进行分类统计，该《规范》已经过修订，即将以国家标准颁布。

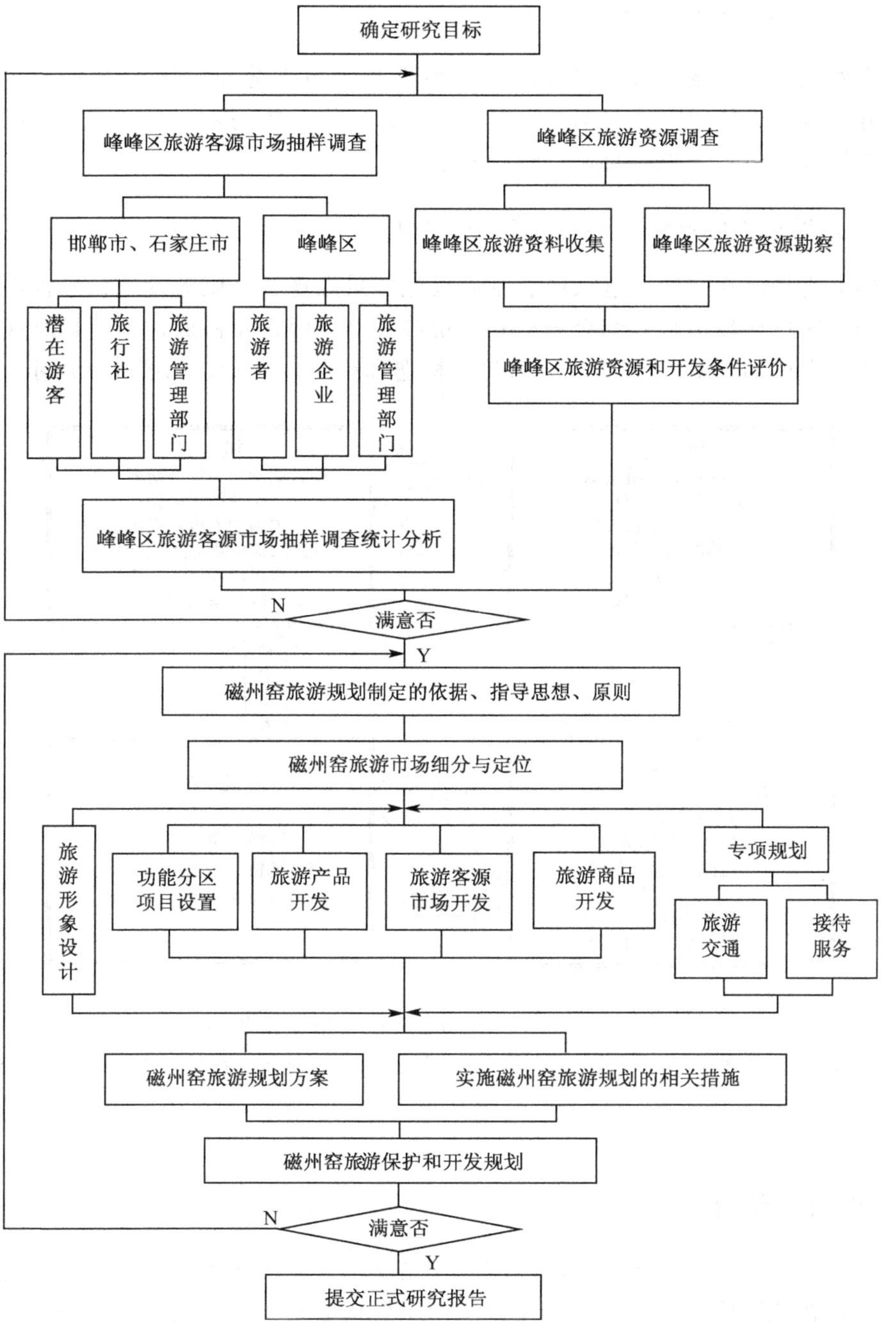

图 3.2　峰峰矿区磁州窑遗址保护与旅游开发规划逻辑线路图

资料来源：赵黎明主持编制的《峰峰矿区磁州窑遗址保护与旅游开发规划（2002～2020）》

4. 旅游客源市场分析

在对规划区的旅游者数量和结构、地理和季节性分布、旅游方式、旅游目的、旅游偏好、停留时间、消费水平进行全面调查分析的基础上，研究并提出规划区旅游客源市场未来的总量、结构和水平。

5. 对规划区旅游业发展进行竞争性分析

确立规划区在交通可进入性、基础设施、景点现状、服务设施、广告宣传等各方面的区域比较优势，综合分析和评价各种制约因素及机遇，也就是对规划区进行旅游发展的SWOT（优势、劣势、机遇和威胁）分析，如图3.3所示。

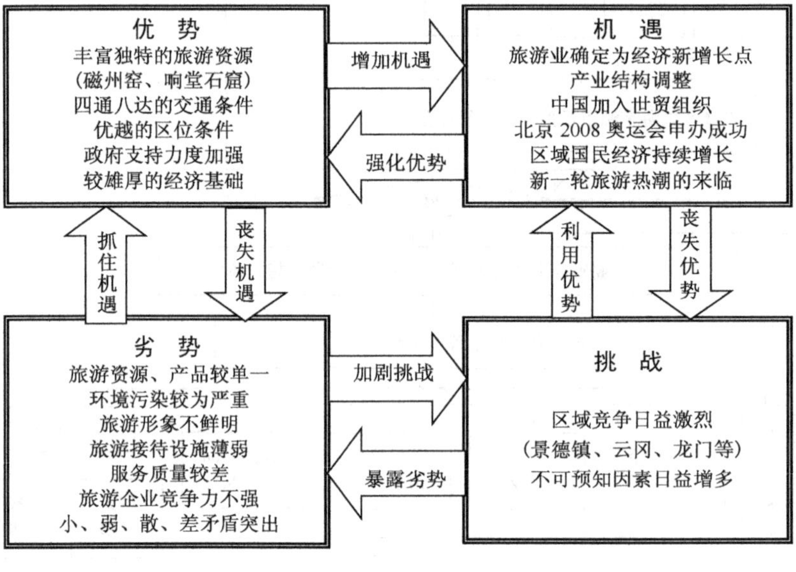

图3.3　峰峰矿区旅游开发的SWOT分析图

资料来源：赵黎明主持编制的《峰峰矿区磁州窑遗址保护与旅游开发规划（2002～2020）》

三、规划编制阶段

如图3.1所示，旅游规划的编制阶段是整个规划工作的核心部分，规划的大部分工作在此阶段完成。规划编制阶段的主要任务是：①规划区主题确定。在前期准备工作的基础上，确立规划区旅游主题，包括主要功能、主打产品和主题形象。②确立规划分期及各分期目标。③提出旅游产品及设施的开发思路和空间布局。④确立重点旅游开发项目，确定投资规模，进行经济、社会和环境评价。⑤形成规划区的旅游发展战略，提出规划实施的措施、方案和步骤，包括政策支持、经营管理体制、宣传促销、融资方式、教育培训等。⑥撰写规划文本、制作图件和编写附件的初稿。

依时间顺序，编制阶段可以归纳为进点考察研讨、形成初步成果、征求各方意见、形成成果评审稿四个步骤。

1. 进点考察、研讨

旅游规划合同正式签订后，承担单位应尽快组织好编制小组，研读规划相关材料，做好进点考察的各项准备工作，尽快进点考察。为保证整个规划工作按时按质完成，宜事先拟好工作进度计划表（如表 3.2 所示），并按计划严格执行。

表 3.2 旅游规划工作进度计划表

时间（年月日）	×年×月×日～×年×月×日	×年×月×日～×年×月×日	×年×月×日～×年×月×日	×年×月×日～×年×月×日
工作内容	进点考察、研讨	撰写文本、制图，形成初步成果	征求意见会议	修改文本、图件，形成成果评审稿
主要工作地点	规划	规划承担单位	规划	规划承担单位
主要负责人与参加者	×××、×××……	×××、×××……	×××、×××……	×××、×××……

各个工作步骤可以再做更细致的工作计划，如进点考察、研讨期间，每一天的考察活动均要事先计划、安排，整个工作计划在按时完成任务。进点考察、研讨的主要工作内容如图 3.1 所示。其中最重要的工作是旅游资源调查、分析、评价与旅游客源市场调研、定位，这两项工作是旅游规划的核心工作，它们还得分别形成书面材料，作为规划附件附在规划文本之后。

2. 形成初步成果

进点考察后，经过反复、认真的研讨，对主要规划内容形成相对一致的意见之后，进行文本的写作、制图工作，形成规划的初步成果。

旅游规划的成果主要由文本、图件和附件三部分形成。

(1) 规划文本

规划文本是对规划成果的一种简洁明了的说明，主要是给出规划研究的结论和最终的数据，一般不进行解释和背景介绍。通俗的理解规划文本就是“不讲道理”的地方（吴必虎，2001年）。在规划评审和提交有关政机构、人民团体讨论时，这种简洁的文本是十分必要的。但是，在旅游发展规划中，一方面规划委托方的地方政府有关部门有时往往会错误地认为规划文本太简洁，显示不出规划编制组工作的成绩，也显示不出他们的政绩，而要求规划编制组编制的规划文本不能太简洁；另一方面学院派的规划编制组往往擅长于在文本中“讲道理”，也使规划文本不能简洁。天津大学旅游管理与发展研究中心在编制《赵县旅游发展总体规划》时，在提供文本的同时，还专门编制了规划简本供领导干部阅读，在目前的旅游发展规划的实践中是一种较好的折中办法。为了适应中国的国情，世界旅游组织编制《四川省旅游发展总体规划》和《山东省旅游发展总体规划》时，规划编制组就专门编制了供领导干部阅读的简本。

值得注意的是，我国的旅游规划界盲目地仿效建设行政主管部门制定的城市规划和风景名胜区规划的编制规范，将旅游规划文本做成旅游规划说明书，经常出现十万字的旅游规划说明书的情况。实际上，旅游规划，特别是旅游业发展规划和旅游区总体规划不同于城市规划和风景名胜区规划，后者主要是以各种规划图纸为主，说明书要对规划图纸进行说明。《旅游规划通则》（GB/T 18971-2003）中，规定的旅游规划的成果形式除了旅游区修建性详细规划的成果形式为《规划设计说明书》和图件外，其他旅游规划类型的成果形式均为规划文本、图件和附件。

旅游规划“讲道理”的地方有两个方面：①可以在规划评审会上讲规划结论的道理，在规划评审会的答辩时讲道理。②对规划文本的结论的解释及对规划的综合研究、对规划结论的支持性的各种数据和专题研究报告可以作为附件。即可以在附件中“讲道理”。

（2）旅游规划的图件

旅游规划的图件是规划成果的直观表达方式，也是一种必不可少的方式，是旅游规划成果的重要组成部分。不同类型和层次的旅游规划所要求的图件不一样，如旅游业发展规划和旅游区总体规划中旅游资源现状分布图和旅游总体规划（空间结构规划）图两幅图纸最为重要。

规划图纸一般装订在文本中，但为了在规划汇报时方便解说（目前，在规划汇报时大多用数字地图）或方便评审专家查看，以及规划完成后委托方的日常使用，图件成果的形式还包括1套或若干套挂图。

（3）附件

作为旅游规划结论的背景和支持材料、统计数据分析，以及一些深入的专题研究，如旅游资源专题研究、旅游市场的专题研究、旅游规划影响的专题研究等可以作为旅游规划的附件。

3. 中期评估

规划编制中期，应进行规划初稿的中期评估，规划编制组应召开征求意见会议。参加会议的对象主要是：规划区域有关党、政领导，旅游、计划、规划、土地、建设、交通、环保、文化、文物、宗教等职能部门领导，主要旅游乡镇、景区领导，以及顾问组、规划组成员和上级相关行政、旅游部门代表，规划区居民代表。会议期间，规划编制组要指定专人记录，必要时录音或录像，做好完整的会议记录，以便修改时不漏掉任何有益的意见和有用的信息。

在广泛征求各方意见，充分听取委托方、旅游及相关行业管理部门、规划区居民代表及各方面专家的意见，在此基础上，对规划初稿进行修改、充实和完善。

4. 形成成果评审稿

中期评估完成后，规划编制组应根据各方意见对规划初稿进行不断修改、充实和完善，在此基础上，形成规划评审稿，供规划评审（终审）会议评审鉴定。

四、规划评审

旅游规划文本、图件及附件的草案完成后，由规划委托方提出申请，上一级旅游行政主管部门组织评审。在旅游规划的评审管理方面，湖北省旅游局制定了一套旅游规划评审管理办法，值得全国推广：湖北省旅游局建立了旅游规划评审专家库，面向全国聘请不同专业方向的知名的专家作为专家库的成员，对全省重要的规划项目进行集中评审，并在专家库中随机抽取不同研究方向的专家组成评审组。这体现了旅游规划成果评审的科学、公开、公正、公平的特点。

1. 旅游规划评审的方式

旅游规划的评审采用会议审查方式。规划成果应在会议召开 5 日前送达评审人员审阅。

旅游规划的评审，需经全体评审人员讨论、表决，并有四分之三以上评审人员同意，方为通过。评审意见应形成文字性结论，并经评审小组全体成员签字，评定意见方为有效。

2. 评审专家组的组成

(1) 评审专家组人员与素质要求

按照《旅游规划通则》(送审稿)的规定，旅游发展规划的评审人员由规划委托方与上一级旅游行政主管部门商定，旅游区规划的评审人员由规划委托方商当地旅游行政土管部门确定，旅游规划评审组由7人以上组成，其中行政管理部门代表不超过三分之一，本地专家不超过三分之一。规划评审小组设组长1人，根据需要可设副组长1～2人。组长、副组长人选由委托方和规划评审小组协商产生。旅游规划评审人员应由经济分析专家、市场开发专家、旅游资源专家、环境保护专家、城市规划专家、工程建筑专家、旅游规划管理官员、相关部门管理官员等组成。其中经济分析专家、市场开发专家、旅游资源专家、环境保护专家、城市规划专家、旅游规划管理官员为必备性成员，其他专家为选择性成员。

(2) 评审专家组组长职责

根据规划类型和性质，提炼评审指导思想，细化评审原则和要求；根据专家专业组合和专业主次关系，确定评审专家发言顺序和发言的基本范围和深度；根据评审会议时间，合理控制每位评审专家的发言时间，避免发言专家偏离主题，强调评审专家发言的针对性；适时对评审专家的发言进行概括性总结，对评议进行引导，确保各位专家发言不重复，提高评审发言的科学含量。

(3) 评审专家发言要求

充分利用和发挥自己的专业特长和阅历，确保评价的客观、科学、公正、可靠；对规划文本涉及自身专业的内容和部分进行重点评定和建议，延伸发言和实际案例枚举应围绕规划的定位、目标、框架、体例、内容和深度等方面发表看法；评审发言应紧扣主题，突出自身专业优势，条理清晰，言简意赅，尽量避免重复。

3. 评审原则及内容要求

评审专家结合自身专业，对规划文本中相关内容进行专业技术评定；评审专家根据自身专业延伸及所关注的研究领域，提出参考性技术意见；旅游规划评审应围绕规划的目标、定位、内容、结构和深度等方面进行重点审议，包括：①旅游产业定位和形象定位的科学性、准确性和客观性。②规划目标体系的科学性、前瞻性和可行性。③旅游产业开发、项目策划的可行性和创新性。④旅游产业要素结构与空间布局的科学性、可行性。⑤旅游设施、交通线路空间布局的科学合理性。⑥旅游开发项目投资的经济合理性。⑦规划项目对环境影响评价的客观可靠性。⑧各项技术指标的合理性。⑨规划文本、附件和图件的规范性。⑩规划实施的操作性和充分性。

五、提交正式成果

根据旅游规划评审会的评审意见，对规划评审稿进行修改后形成正式成果，按合同规定的数量交规划委托单位。

第三节　旅游规划报批、修编与实施

一、旅游规划的报批程序与修编

旅游规划文本、图件及附件，经规划评审会议讨论通过并根据评审意见修改后，由委托方按有关规定程序报批实施。规划文本及附件，一经批准，有同等效力。在规划执行过程中，可根据市场环境的变化对规划进行进一步的修订和完善。

二、旅游规划的实施

根据《旅游发展规划管理办法》旅游规划实行分级制定和审批。跨省级区域的旅游规划，由国家旅游局组织有关地方旅游局聘请规划专家编制，征求有关地方人民政府意见后，由国家旅游局审批。地方所辖的旅游规划由地方各级旅游局组织有关专家编制，在征求上一级旅游局意见后，报同级人民政府批复实施。国家确定的重点旅游城市的旅游规划，在征求国家旅游局和本省（自治区、直辖市）旅游局意见后，由当地人民政府批复实施。国家确定的重点旅游线路、旅游规划，由国家旅游局征求地方旅游局意见后批复实施。旅游规划上报审批前应进行经济、社会、环境可行性论证，由各级旅游局组织专家评审，并征求有关部门意见。地方各级旅游局可以根据市场需求的变化对旅游规划进行调整，报同级人民政府和上一级旅游局备案，但涉及旅游产业地位、发展方向、发展目标和产品格局的重大变更，须报原批复单位审批。旅游规划经批复后，由各级旅游局负责协调有关部门纳入国土规划、土地利用总体规划和城市总体规划等相关规划。景区旅游规划所确定的旅游开发建设项目，应当按照国家基本建设程序的规定纳入国民经济和社会发展计划。旅游规划的培训教材、宣传材料等必须符合国家旅游局制定的旅游规划技术规范的要求。投资方委托的旅游规划项目通过评审后可以按有关规定进行项目立项。

思考题：

1. 如何建立旅游规划项目的组织机构，有何作用？
2. 规划编制组的主要职责是什么？
3. 简述旅游规划编制的一般工作程序。
4. 简述旅游规划中的 SWOT 分析。

第四章　旅游规划的资料工作

学习目的：通过本章的学习，了解旅游规划所需要收集的资料、资料收集的途径和方法、旅游规划资料调查的主要表格、旅游资料的整理和分析方法。

旅游规划的资料工作十分重要，要使旅游规划具有科学性、可行性，就必须充分收集和深入分析有关资料。同时，收集和分析有关基础资料的过程也是旅游规划编制组认识所规划区域，并与地方各有关部门交流思想、统一认识、集思广益，使规划思想、规划方案不断成熟的过程。

第一节　旅游规划资料的主要内容

一、旅游规划资料的主要内容

1. 旅游部门资料

旅游资源资料；旅游景点资料；旅游统计资料；旅游建设投资资料；旅游规划资料；年度工作报告或计划；旅游管理机构有关资料；旅游企业有关资料；旅游节庆资料；旅游宣传促销资料。

2. 相关部门资料

国民经济和社会发展规划有关资料；政府工作报告；城市总体规划；土地利用总体规划；农业发展总体规划；环保现状与发展规划资料；林业发展规划；文物保护单位和文物保护规划；交通现状与交通规划；文化部门娱乐设施现状与规划资料；旅游教育现状与规划资料；名、优、特产品、特色小吃、工艺品、纪念品有关资料。

3. 有关自然条件资料

地形地貌条件；水文及水文地质条件；气象及气候资料。

4. 有关社会经济和历史资料

有关地方志资料；区域经济发展现状资料；有关国民经济和社会发展统计资料；有关民间故事、民间传说与民俗方面的资料；区位与交通条件；邮电通讯、医疗网点、电力供应现状及规划；商业服务网点及规划有关资料。

5. 有关背景资料

地市旅游业发展现状及发展规划资料；省旅游发展现状及发展规划资料；周边区域旅游发展现状及规划资料；地市交通规划资料；500公里范围内主要城市社会经济状况、交通条件等方面资料；本省或周边相似旅游景点背景资料。

6. 有关政策法规资料

国家有关的政策和法规资料；省、市、县有关的政策和法规资料。

7. 有关地图资料

规划区域行政区图；规划区域地形图；重点景区大比例尺地形图；全省旅游景点分布图；省交通图；省市旅游线路图；旅游资源分布图和景点图片。

案例 4-1　《赵县旅游发展总体规划》材料清单①

县旅游局

1. 有关总体资料

旅游局年度工作报告；赵县旅游业发展设想。

2. 旅游管理体制

全县现有旅游机构总体情况；现有旅游机构的人员构成、管理人员的学历构成；近几年旅游业投入情况；各旅游机构的职责；旅游机构改革的设想。

3. 旅游教育情况、从业人员队伍

现有旅游业从业人数及职业构成；现有从业人员中的学历构成；旅游从业人

① 不同的县市机构设置略有不同，故旅游资料的索取部门不同

员培训情况；赵县旅游职业教育情况；未来旅游人才培养和引进设想。

4. 旅游者统计资料

历年接待旅游者人次数及客源地构成；按月份统计的旅游接待人数（近3年）；历年旅游收入及构成；旅游者的平均停留天数，平均消费水平。

5. 旅游景点资料

有接待的旅游景点清单；各景点历年旅游接待人数；各景点按月份统计的旅游接待人数；各景点近两年“五一”、“十一”、元旦期间旅游接待人数；各景点历年旅游收入及其构成；各景点机构设置及人员情况（总职工数、部门设置、学历结构等）。

6. 旅游企业

全县旅馆、酒店数量；全县接待设施总床位数、标准间及各种房间的房间数、床位数；庆源酒店、赵州宾馆、商城大厦近几年客房出租率及按月份统计的客房出租率、最高和最低的客房出租率、餐位数、娱乐设施及相关功能介绍；庆源酒店、赵州宾馆、商城大厦近三年旅游收入及其构成和经营情况；全县旅行社清单、从业人数、学历结构、年接待人数、旅游者构成、经营状况；导游人员数量、学历构成、持证上岗情况；全县酒楼数量、设施概况；全县歌舞厅、保龄球馆等娱乐设施概况。

7. 旅游商品

赵县旅游商品生产企业的基本情况（企业数、主要产品、产量市场、销售额、利润等）；赵县的旅游商品资源。

县文物部门：全县文物保护单位清单、分布及保护利用现状和保护利用设想；全县博物馆、文化馆、影剧院、歌舞厅等文化娱乐设施概况。

县政府办：赵县国民经济和社会发展九五计划及2010年远景目标纲要；最近的县政府工作报告；赵县国民经济和社会发展的最新现状资料。

县计委：赵县国民经济和社会发展有关发展指标；近年旅游行业投入情况、旅游行业投入占总投入的比重，旅游收入占全县GDP比重；近几年旅游项目立项情况。

县统计局：有关的国民经济和社会发展最新统计资料。

县规划和建设部门：县城规划有关资料；全县地形图；重点景区1∶10000或1∶5000比例尺地形图。

县环保局：有关大气、水、噪音污染的现状及控制指标；全县环境污染治理措施及规划，重点治理区域。

县林业局：有关古树名木数量、分布及现状情况和保护利用设想。

县农业局：有关农业产业结构现状及规划设想；有关梨树的种植范围、面积、产量、销售及加工情况。

县交通局：有关全县交通规划；有关交通数据，详见附表（略）。

县电信局：赵县电信发展现状及规划设想。

县园林局：赵县公园数量、分布、现状及规划；赵县县城绿化现状及规划设想。

县卫生局：全县医院数量、等级、急救中心概况；120 医疗急救情况。

县公安局：全县治安现状、旅游景点治安状况；110 联动情况；刑事案件发生率；出租车类型和数量。

第二节 旅游资料获取的途径和方法

旅游资料的获得要根据旅游规划要求，明确所要资料的目的，了解各种资料在旅游规划中的作用，还要明确资料获得的途径，了解各种资料来源。要求制定资料获取的计划，列出详细资料清单。旅游资料包括文字及图片资料、音像资料、调研座谈记录、市场调查材料。收集旅游规划资料的途径和方法主要有以下几种。

一、网上查询

规划中所需要的很多资料可通过网上进行查询。网上查询的主要内容有以下几个方面：①国家的有关法律法规和政策。②国内外旅游业发展动态。③国内和国际旅游有关抽样调查和统计资料。④本区域发展旅游业的有关政策和法规。⑤本区域有关的经济、社会、文化背景资料。⑥省内重要的旅游景点资料。⑦省内旅游业发展状况。⑧国内主要规划网站。

主要的网站有：

中国旅游网：http://www.cnta.com.cn

中国旅游报：http://www.ctnews.com.cn

中国旅游网：http://www.sohu.travel/webside

中国旅游资讯网：http://www.chinaholidayindex.asp.com

国景智元旅游顾问有限公司：http://www.aatrip.com

达沃斯巅峰旅游景观设计中心：http://www.davost.com

旅游规划空间网站：http://www.plansky.net

土人景观网站：http://www.turenscape.com

陈刚工作室：http://www.ciid.com.cn/member/chg/lxwm.html

可从google、3721、搜狐、百度、新浪等网站中查找相关地方旅游网站。

二、向有关部门收集文字材料

收集的文字材料包括各种现状资料、规划资料、部门年度工作总结、各种统计资料等。

1. 向上级部门收集

向省、地（市）有关部门收集，主要资料包括区域经济及旅游发展、交通、区位条件等方面的资料及有关规划资料，收集的部门主要是省、地（市）县旅游部门、交通部门等。

2. 向县（市）有关部门收集

主要收集有关旅游业发展现状、发展背景及发展规划方面资料的部门包括旅游局、发改委、统计局、交通局、地方志办、卫生局、林业局、农业局、文化局、文物局、经委、商业局、电力局、教育局、规划局、环保局、公安局等部门。

3. 向有关乡镇收集

主要收集重点规划区域的乡镇国民经济和发展规划有关资料、村镇规划资料。

4. 向有关景点和有关企业收集

不同部门收集的资料不一样，可事先列出所要资料清单，由当地旅游局或政府指定的部门统一收集。

三、召开座谈会

召开座谈会是获取资料的有效方法，同时可以提高认识，促进对所规划区域的全面了解，有利于地方参与的过程，对于确立旅游定位、制定合理的发展目标有很大的作用。座谈会可根据不同的目的按层次召开，在召开座谈会之前要制定好座谈计划，明确座谈目的，列出参与座谈会人员的名单。在座谈时，主持人要正确引导，发言者围绕主题，并促进公平讨论，充分发表个人的意见。

座谈会可以分下列层次进行：①领导座谈会。领导座谈会可以充分了解地方领导对发展本地旅游业的计划和设想，地方领导对地方情况熟悉，对发展本地旅游业有一些想法。参与人员包括党委、政府、人大、政协有关领导，为了防止领导在一起时无法公平和充分发表个人意见，地方领导座谈会也可分别进行，对有关领导进行访谈式座谈。②离退休老干部及社会人士座谈会。离退休老干部往往对本地充满感情，对本地情况熟悉，对本地发展的历史了解，让他们充分发表自己的看法，对规划编制组人员有启发作用。③部门领导座谈会。旅游业是一个关联性较强的产业，涉及很多部门，因此，旅游业的发展需要相关部门的协调。部门领导座谈会既是听取有关部门，对旅游业发展的看法的过程，又是一个宣传旅游、统一思想，提高认识的过程。部门领导座谈会的参与部门主要有旅游、规划、环保、文化、文物、统计、发改委、经委等部门。④乡镇干部座谈会。主要召集与旅游开发有关的乡镇，包括县城城关镇、旅游景点或旅游资源所在的乡镇领导，了解乡镇领导对本地旅游资源开发，旅游规划、乡镇经济发展、内部交通等方面的情况。⑤旅游企业座谈会。旅游企业包括旅游景区、景点管理部门、饭店、餐馆、旅行社、娱乐企业等，通过旅游企业座谈会了解企业对本地旅游业市场现状、特征及发展趋势、存在问题的看法及对策、今后的规划设想等。

四、实地调查研究

旅游规划中要对旅游资源、旅游开发环境、旅游开发条件及旅游开发的区域社会经济背景进行详细的调查研究，通过实地踏勘、调查，按照资料收集提纲的要求逐项进行详细的收集和整理，既要掌握文字和数据资料，又要将这些资料的内容同现场实际情况紧密联系起来。同时，在旅游规划中要对有关旅游资源景点、环境和条件拍摄全景、局部特写，还应进行摄像供室内讨论和分析用。

第三节　资料调查收集的表格

将所有调查收集的资料制成表格式或卡片时，使调查内容简单明了、便于操作，表 4.1～表 4.4 是部分调查表格供参考①。

表 4.1 旅游环境调查表

<table>
<tr><td rowspan="10">地域类型面积（平方公里）</td><td>名称</td><td>面积</td><td></td><td colspan="2">主要分布</td></tr>
<tr><td>山地</td><td></td><td></td><td colspan="2"></td></tr>
<tr><td>丘陵</td><td></td><td></td><td colspan="2"></td></tr>
<tr><td>台地</td><td></td><td></td><td colspan="2"></td></tr>
<tr><td>平原</td><td></td><td></td><td colspan="2"></td></tr>
<tr><td>谷地</td><td></td><td></td><td colspan="2"></td></tr>
<tr><td>沙地</td><td></td><td></td><td colspan="2"></td></tr>
<tr><td>水面</td><td></td><td></td><td colspan="2"></td></tr>
<tr><td>林地</td><td></td><td></td><td colspan="2"></td></tr>
<tr><td>草地</td><td></td><td></td><td colspan="2"></td></tr>
<tr><td rowspan="4">地文数据</td><td colspan="2">平均海拔</td><td>米</td><td>最高点海拔</td><td>米</td></tr>
<tr><td colspan="2">最低点海拔</td><td>米</td><td>海岸长度</td><td>公里</td></tr>
<tr><td colspan="2">湖岸长度</td><td>米</td><td>地面特征坡度</td><td>°</td></tr>
<tr><td colspan="2">河流长度</td><td>公里</td><td>河网密度</td><td>公里/公里^2</td></tr>
<tr><td rowspan="5">气候数据</td><td colspan="2">年平均降水量</td><td>毫米</td><td>1 月平均降水量</td><td>毫米</td></tr>
<tr><td colspan="2">7 月平均降水量</td><td>毫米</td><td>年平均气温</td><td>℃</td></tr>
<tr><td colspan="2">1 月平均气温</td><td>℃</td><td>7 月平均气温</td><td>℃</td></tr>
<tr><td colspan="2">年平均日照</td><td>小时</td><td>年平均湿度</td><td>%</td></tr>
<tr><td colspan="2">年平均风速</td><td>米/秒</td><td></td><td></td></tr>
<tr><td rowspan="3">水文数据</td><td colspan="2">水资源总量</td><td>立方米</td><td>地表水资源量</td><td>立方米</td></tr>
<tr><td colspan="2">地下水资源总量</td><td>立方米</td><td>地下水埋深</td><td>米</td></tr>
<tr><td colspan="2">多年平均潮高</td><td>米</td><td>多年平均浪高</td><td>米</td></tr>
<tr><td rowspan="4">人文数据</td><td colspan="2">城镇数</td><td>个</td><td>自然村庄数</td><td>个</td></tr>
<tr><td colspan="2">人口数</td><td>万人</td><td>少数民族数</td><td>个</td></tr>
<tr><td colspan="2">少数民族人口数</td><td>万人</td><td>国民生产总值</td><td>万元</td></tr>
<tr><td colspan="2">城镇人均收入</td><td>元</td><td>农村人均收入</td><td>元</td></tr>
<tr><td rowspan="3">保护单位数据</td><td colspan="2">国家级文物单位</td><td>处</td><td>省级文物单位</td><td>处</td></tr>
<tr><td colspan="2">国家级风景名胜区</td><td>处</td><td>省级风景名胜区</td><td>处</td></tr>
<tr><td colspan="2">其他</td><td>处</td><td>其他</td><td>处</td></tr>
</table>

① 部分表格据国家旅游局资源开发司和中科院地理所编《中国旅游资源普查规范》（试行稿 1992）修改

表 4.2　旅游资源开发条件调查表

<table>
<tr><td rowspan="21">旅游交通</td><td rowspan="6">铁路交通</td><td colspan="3">里程</td><td>公里</td></tr>
<tr><td colspan="3">有特快列车停靠的车站数目</td><td>个</td></tr>
<tr><td colspan="3">有直快、普快列车停靠的车站数目</td><td>个</td></tr>
<tr><td colspan="3">只有普客列车停靠的车站数目</td><td>个</td></tr>
<tr><td colspan="3">只有旅游专列停靠的车站数目</td><td>个</td></tr>
<tr><td colspan="3">游览小铁路停靠的车站数目</td><td>个</td></tr>
<tr><td rowspan="5">公路交通</td><td colspan="3">高速公路里程</td><td>公里</td></tr>
<tr><td colspan="3">主要公路里程</td><td>公里</td></tr>
<tr><td colspan="3">一般公路及景区车行路里程</td><td>公里</td></tr>
<tr><td colspan="3">长途公共汽车站数目</td><td>个</td></tr>
<tr><td colspan="3">长途旅游汽车车站数目</td><td>个</td></tr>
<tr><td rowspan="4">市内交通</td><td colspan="3">公共汽车线路里程</td><td>公里</td></tr>
<tr><td colspan="3">公共汽车线路条数</td><td>路</td></tr>
<tr><td colspan="3">公共汽车站数目</td><td>个</td></tr>
<tr><td colspan="3">出租汽车站数目</td><td>个</td></tr>
<tr><td rowspan="6">其他交通</td><td colspan="3">大路及景区步行路长度</td><td>公里</td></tr>
<tr><td colspan="3">景区小路长度</td><td>公里</td></tr>
<tr><td colspan="3">索道长度</td><td>米</td></tr>
<tr><td colspan="3">内河航线长度</td><td>公里</td></tr>
<tr><td colspan="3">航空线条数</td><td>条</td></tr>
<tr><td colspan="3">机场数目</td><td>个</td></tr>
<tr><td rowspan="22">服务游乐设施</td><td rowspan="5">餐宿购物点</td><td>著名店铺</td><td>座</td><td>市场</td><td>处</td></tr>
<tr><td>购物中心</td><td>座</td><td>食品店</td><td>个</td></tr>
<tr><td>普通饮食店</td><td>个</td><td>星级宾馆数目</td><td>座</td></tr>
<tr><td>一般旅馆数目</td><td>座</td><td>标准间床位</td><td>个</td></tr>
<tr><td>普通间床位</td><td>个</td><td></td><td></td></tr>
<tr><td rowspan="4">游乐场所</td><td>影剧院</td><td>所</td><td>歌舞厅</td><td>所</td></tr>
<tr><td>俱乐部</td><td>处</td><td>康乐中心</td><td>处</td></tr>
<tr><td>游乐园</td><td>处</td><td>狩猎场</td><td>处</td></tr>
<tr><td>其他</td><td></td><td></td><td></td></tr>
<tr><td rowspan="3">观赏休憩地</td><td>造型园林</td><td>处</td><td>动物园</td><td>处</td></tr>
<tr><td>植物园</td><td>处</td><td>普通公园</td><td>处</td></tr>
<tr><td>街头公园</td><td>处</td><td></td><td></td></tr>
<tr><td rowspan="5">体育活动场所</td><td>田径场</td><td>处</td><td>射击场</td><td>处</td></tr>
<tr><td>球场</td><td>处</td><td>溜冰场</td><td>处</td></tr>
<tr><td>滑雪场</td><td>处</td><td>游泳场</td><td>处</td></tr>
<tr><td>水上运动场</td><td>处</td><td>其他体育馆</td><td>所</td></tr>
<tr><td>其他体育场</td><td>处</td><td></td><td></td></tr>
<tr><td rowspan="5">文化设施</td><td>博物馆</td><td>座</td><td>科技馆</td><td>座</td></tr>
<tr><td>文化馆</td><td>座</td><td>图书馆</td><td>座</td></tr>
<tr><td>展览馆</td><td>座</td><td>纪念馆</td><td>座</td></tr>
<tr><td>美术馆</td><td>座</td><td>艺术馆</td><td>座</td></tr>
<tr><td>其他</td><td>处</td><td></td><td></td></tr>
</table>

续表

服务游乐设施	电讯医疗	电传电信局	处	国际长途邮电局	处
		国内长途邮电局	处	一般邮电局	处
		医院	所	急救中心	处
		其他	处		
管理	综合	旅游管理机构	个	景点管理单位	个
		管理人员总数	个	导游人数	人
		专业外语人员	人		

表 4.3　旅游规划旅游小区旅游资源调查表

区位	名　称			
	所属普查区			
	行 政 隶 属			
	行政区编码	□□□□□□		
	面　　积	平方公里		
概述	（自然环境，历史文化，区域经济）			
基本类型统计	代号及名称	数　　量	主　要　分　布	
小区主要类型性质	归　属　内　容			判 断 代 码
	自然景观	人文景观	综合景观	
	地文景观	水域风光	生物景观	
	古迹与建筑	消闲求知健身	购　　物	
	山　　地	丘　　陵	台　　地	
	平　　原			
	海　　域	海　　滨	河　　流	
	湖　　泊	沙　　漠	戈　　壁	
	冰　　川	森　　林	草　　原	
	古代遗址	古 建 筑	现代建筑	
	仿古建筑			
	单 一 型	复 合 型		
	含国家级	含 省 级		
	未 开 发	已 开 发	待 开 发	
小区开发条件概况	（小区所在地及依托城镇旅游交通、服务游乐设施、管理现状）			

表 4.4　旅游规划基本类型调查表

<table>
<tr><td>地域</td><td></td><td>线路</td><td></td><td>编号</td><td></td><td>行政隶属</td><td></td></tr>
<tr><td>地方命名</td><td colspan="2"></td><td>考察组命名</td><td colspan="2"></td><td>开发规划命名</td><td></td></tr>
<tr><td>照片说明</td><td colspan="7" rowspan="3">（典 型 照 片）</td></tr>
<tr><td>拍照时间
年 月 日
时 分</td></tr>
<tr><td>拍 照 人</td></tr>
<tr><td colspan="8">典型描述</td></tr>
<tr><td colspan="8">特征数据</td></tr>
<tr><td colspan="8">衬景类型</td></tr>
<tr><td colspan="8">景观特色和价值</td></tr>
<tr><td colspan="8">游客容量</td></tr>
<tr><td colspan="8">进出道路状况</td></tr>
<tr><td colspan="8">依托村镇</td></tr>
<tr><td colspan="8">环境背景</td></tr>
<tr><td colspan="8">保护与开发现状</td></tr>
<tr><td colspan="8">开发利用建议</td></tr>
<tr><td colspan="8">主要资料来源（资源来源）、备注</td></tr>
<tr><td colspan="8">考察人：　　　　填表日期：　年　月　日</td></tr>
</table>

第四节　旅游规划资料的整理及其分析

一、资料的整理

收集资料后要进行整理分析、去伪存真，为规划提供科学依据。可根据规划中的不同需要利用不同的方法，整理成不同表达方式的成果。在旅游规划中采用较多的分析方法有：典型剖析法、随机变量法的均值计算法、回归分析法、德尔菲法等。资料的整理成果可用各种图表，如柱形图、曲线图、瓣状图、分布图、统计表及文字、图片等来反映。

二、资料的综合分析

1. 自然条件的综合分析

在收集到旅游规划区域内的地形、地貌、水文、水文地质、工程地质、气象气候、环保等资料后，要按照旅游规划的要求进行综合分析，为旅游用地结构提供科学的根据。

2. 社会经济资料的综合分析

区域社会经济和文化的发展是旅游规划的基础，旅游规划必须以社会经济和文化的发展为背景。只有在对区域内社会、文化、经济等方面的资料进行综合分析和研究之后，才能正确确定旅游业在区域经济中的产业定位、性质、规模、发展方向和发展速度。

3. 现状条件资料的综合分析

现状条件资料主要指现有的城镇布局、交通布局、基础设施建设等方面的资料，是旅游业发展的保障。

4. 宏观背景资料的综合分析

旅游业的发展要面向大区域、面向大市场、谋求区域合作、共同发展，因此必须从更大的区域背景上分析所规划区域及周边地区的旅游发展状况，明确所规划区域在全省、地（市）、县旅游发展中的地位、作用、分工及与周边区域旅游的分工与合作。所规划区域旅游发展要融入到更大范围的区域旅游发展体系中去。

5. 旅游业规划资料综合分析

对旅游资源状况、旅游业内部构成、旅游业发展的条件、旅游业的发展的环境进行全面综合分析，确定旅游资源结构特征、旅游产业结构特征、旅游市场结构特征等。通过分析，得出旅游业发展现状、存在的问题、发展的障碍和发展的优势条件等，为旅游规划提供科学依据。

思考题：

1. 旅游规划需要收集的资料主要包括哪些方面？
2. 旅游规划资料获取的途径有哪些？
3. 通过哪些旅游网站获取旅游背景资料？
4. 对收集的旅游资料如何进行整理分析？
5. 旅游发展规划、旅游区控制性详细规划、旅游区修建性详细规划需要收集的资料有何不同？
6. 以某县旅游发展规划为例，谈谈如何在网上收集该县的旅游发展背景资料。

第五章　旅游规划的依据、原则和目标

学习目的： 通过本章学习了解旅游规划编制的要求，掌握旅游规划的原则和目标。

第一节　旅游规划编制的一般要求

旅游规划的编制要符合下列要求：①旅游规划编制要以国家和地区社会经济发展战略为依据，以旅游业发展方针、政策及法规为基础，与城市总体规划、土地利用规划相适应，与其他相关规划相协调；根据国民经济形势，对上述规划提出改进的要求。②旅游规划编制要坚持以旅游市场为导向，以旅游资源为基础，以旅游产品为主体，经济、社会和环境效益可持续发展的指导方针。③旅游规划编制要突出地方特色，注重区域协同，强调空间一体化发展，避免近距离不合理重复建设，加强对旅游资源的保护，减少对旅游资源的浪费。④旅游规划编制鼓励采用先进方法和技术。编制过程中应当进行多方案的比较，并征求各有关行政管理部门的意见，尤其是当地居民的意见。⑤旅游规划编制工作所采用的勘察、测量方法与图件、资料，要符合相关国家标准和技术规范。⑥旅游规划技术指标，应当适应旅游业发展的长远需要，具有适度超前性。⑦旅游规划编制人员应有比较广泛的专业构成，应包括经济分析、市场营销、旅游资源、环境保护、城市规划、建筑设计等专业。

第二节　旅游规划的依据

旅游规划的依据较多，依性质不同，可以分为相关法律依据、国务院法规及规范性文件、国家旅游局规章及规范性文件、地方旅游规章及规范性文件、相关的国家标准或行业标准、地方旅游规章及规范性文件、已通过评审的各项规划等。

一、相关法律依据

旅游规划的法律依据是指国家制定或认可，并以国家强制力保证其实施的与旅游直接或间接相关的行为规范，包括各种相关法律、行政法规、规章条例等，以及相关的部门规章和地方法规。归纳起来，旅游规划的法律依据主要有：

1）《中华人民共和国城市规划法》，全国人大，1990 年

2）《中华人民共和国环境保护法》，全国人大，1989 年

3）《中华人民共和国文物保护法》（修订本），全国人大，1991 年

4）《中华人民共和国土地保护法》，全国人大，1998 年

5）《中华人民共和国公路法》，全国人大，1998 年

6）《中华人民共和国森林法》，全国人大，1984 年

与旅游有关的法律、法规可在国家旅游局主办的中国旅游网 http://www.ctna.com.cn 或中国旅游报 http://www.ctnews.com.cn 中查询。

二、国务院法规及相关部委规范性文件

1）《风景名胜区管理暂行条例》，国务院，1985 年

2）《风景名胜区建设管理规定》，建设部，1993 年

3）《营业性歌舞娱乐场所管理办法》，文化部，1993 年

4）《旅行社管理条例》，国务院，1996 年

5）《森林和野生动物类型自然保护区管理办法》，林业部，1985 年

三、国家旅游局规章及规范性文件

1）《旅游发展规划管理办法》，2000 年

2）《旅游规划设计单位资质评定暂行办法》，2000 年

3）《漂流旅游安全管理暂行办法》，1998 年

4）《创建中国优秀旅游城市工作管理暂行办法》，2000 年

5）《旅游安全管理暂行办法》①，1990 年

6）《旅游安全管理暂行办法实施细则》②，1994 年

7）《中国优秀旅游城市检查标准（修订本）》，1999 年

① 该文件被国家旅游局列为需要修改的部门规章和规范性文件规章

② 该文件被国家旅游局列为需要修改的部门规章和规范性文件规章

四、地方旅游规章及规范性文件

近些年来，各地十分重视旅游业的发展，各地方人大和各地方政府颁布或发布了地方旅游管理方面的法规和加快发展地方旅游业的通知或决定等，这些地方旅游规章及规范性文件也是各地旅游规划的依据。如：《福建省旅游条例》、《中共乌鲁木齐市委、乌鲁木齐市人民政府关于加快旅游业发展的决定》、《贵州省旅游村寨定点管理暂行办法》、《上海市人民政府关于进一步加快本市旅游业发展的通知》、《杭州市人民政府关于加快杭州市旅游业发展若干政策措施的通知》。

五、相关的国家标准或行业标准或地方标准

1）中华人民共和国国家标准（GB/T 18971-2003）《旅游规划通则》

2）中华人民共和国国家标准（GB/T 18972-2003）《旅游资源分类、调查与评价》

3）中华人民共和国国家标准（GB/T 17775-2003）《旅游区（点）质量等级的划分与评定》

4）中华人民共和国国家标准（GB/T 18973-2003）《旅游厕所质量等级的划分与评定》

5）中华人民共和国国家标准（GB/T 14308-2003）《旅游涉外饭店星级的划分及评定》

6）中华人民共和国国家标准（GB/T 50298-1999）《风景名胜区规划规范》

7）中华人民共和国国家标准（GB/T 15971-1995）《导游服务质量》

8）中华人民共和国国家标准（GB/T 17775-1999）《旅游区（点）质量等级的划分与评定》

9）中华人民共和国国家标准（GB/T 3095-1996）《环境空气质量标准》

10）中华人民共和国国家标准（GB/T 12941-1991）《景观娱乐用水水质标准》

11）中华人民共和国国家标准（GB/T 5749-1985）《生活饮用水卫生标准》

12）中华人民共和国国家标准（GB/T 9693-9673、16153-1996）《城市区域环境噪声标准》

13）中华人民共和国国家标准（GB/T 9633-9673、16153-1996）《公共场所卫生标准》

14）旅游行业标准：内河游船星级评定规则（试行）

15）旅游行业标准：星级饭店客房客用品质量与配备要求（LB/T 003-

1996）

16）浙江省地方标准（DB33/T 288-2000）《家庭旅馆（试行）》

17）江苏省地方标准（DB32/T 292.2-1999）《中国南京夫子庙秦淮风光带综合服务服务质量标准、服务质量管理规范和岗位作业规范编制指南》

六、已通过评审的各项规划

1）规划地和上级旅游部门制定的旅游发展计划与远景目标纲要。

2）规划地和上级行政部门制定的国民经济和社会发展计划与远景目标纲要。

3）规划地有关国土、水、电、交通、绿化、农业环保等专项规划等。

第三节　旅游规划的指导思想、原则与目标

一、规划的指导思想

旅游规划的指导思想，是旅游规划工作的灵魂，是旅游规划决策的最高形式，是对规划地旅游产业发展的方向、途径、方式等的高度概括。它贯穿于旅游规划工作的全过程，并实际体现于规划成果之中。指导思想的正确与否，直接关系到旅游规划成果的正确性与科学性。因而，也关系到规划地旅游开发工作的成功与失败。

正确的旅游规划指导思想，必须由高素质、高水平的规划专家组，在大量的调查研究、征求各方意见的基础上，集体反复研究而后才有可能获得。指导思想的正确程度在很大程度上决定于规划专家组的水平、经验、对规划地域的了解程度和对规划工作的负责任程度。下文给出两个较为典型的旅游规划的指导思想实例，谨供读者参考。

案例 5-1　福建漳平市旅游规划的指导思想①

以旅游资源为基础，以客源市场为导向，以生态旅游为重心，以自然、绿色为主调，以花卉为龙头，充分挖掘、发挥漳平市丰富的生态资源、气候资源优势和闽西南交通中心优势，将漳平市建成以中部旅游区为中心，以南部旅游区和北部旅游区为两翼，在华南、华东地区和港澳台地区有较大影响的福建省著名特色

① 根据黄安民主持编制的《漳平市旅游发展总体规划》（2000～2020）

观光农业和休闲度假胜地。

案例 5-2 河北省赵县旅游规划的指导思想①

以悠久的历史文化和丰厚的历史遗存为依托，以旅游资源为基础，以客源市场为导向，以赵州桥为中心，以桥文化、梨文化、佛教文化和民俗文化为重点，以保护文化生态实施可持续发展为战略，面向大区域培育大市场，发展旅游大产业，将赵县的旅游资源优势转化为旅游产业优势，将赵县建设成为集名桥考察、梨园观光、宗教朝圣、史迹游览、休闲度假等旅游功能，融知识性、参与性、娱乐性为一体的全国著名的优秀旅游城市，并带动全县相关产业的高速发展。

二、规划的原则

旅游规划的原则是旅游规划指导思想的具体化，是旅游规划工作必须遵守的准绳。我国旅游规划，通常遵循下列规划原则：

1. *以旅游资源为基础、以旅游市场为导向、以旅游产品为重点的原则*

旅游业的发展应该以丰富的旅游资源为基础和前提。但是，并不是一切自然、人文旅游资源都适合马上进行开发。在社会主义市场经济条件下，只有那些具有较好的旅游市场前景，开发后能够占有一定客源市场的资源才适宜马上开发，开发后才能获得预期的经济效益。要根据客源市场的类型、偏好来确定旅游资源开发的方向和规模。同时，旅游开发要突出产品开发，根据旅游资源和旅游市场的耦合程度，在一定的市场特别是目标市场范围内对旅游产品进行竞争分析，确定旅游产品的开发方向和开发重点。

2. *注重挖掘民族文化资源，弘扬民族文化原则*

我国56个民族都有自己灿烂的历史和丰富的民族文化，这是重要的旅游资源，而且是极具生命力的资源。在旅游开发过程中，应特别注重民族文化资源的挖掘利用，通过民族文化资源的挖掘利用，以旅游业为舞台，大力弘扬民族文化，收到经济效益、社会效益双丰收的良好效果。

3. *注重地方特色原则*

特色是旅游业的灵魂，没有特色的旅游业是没有生命力的，因而也是注定要

① 根据赵黎明主持编制的《赵县旅游发展总体规划》(2001～2020)

失败的。在旅游开发过程中，应大力开发具有明显地方特色的旅游产品，尤其是具有垄断性质的拳头旅游产品，以使规划地的旅游业保持鲜明的地方特色，不断向前发展。

4. 突出重点，分期开发原则

规划地经常拥有数量繁多、类型多样的旅游资源，但是，受到开发资金等条件的限制，不可能短时间内将所有资源开发起来。因此，应该选择重点，排好开发顺序，分期分批地进行开发。

5. 技术可行，经济合理原则

在旅游规划中规划设置的各种旅游项目，都应该遵循技术可行、经济合理的原则。只有这样，规划项目才能如期建设，并在良好的经济运营中不断丰富、发展。

6. 区域合作发展原则

区域合作是现代经济发展的趋势之一，旅游经济也不例外。一个行政区域，其旅游产品往往具有一定的局限性。为丰富旅游产品内容，争取更大市场，规划地应主动与周边地合作，特别是与旅游产品互补性强的周边地区合作，组成内容更加丰富、形式更加多样的旅游产品，从而吸引更多游客，在区域合作中求得共同的发展。

7. 产业带动原则

旅游业涉及食、住、行、游、娱、购各要素，它的发展必然带动规划地餐饮业、建筑业、交通运输业、手工业等许多产业的发展，因而带动区域经济的发展。所以，要注重产业带动原则，完善旅游产业链条，注重研究旅游产业的带动规律，在培育、发展旅游产业的同时，适时发展相关产业，促进经济的全面发展。

8. 可持续发展原则

可持续发展原则是旅游业发展的基本原则之一，应该贯穿旅游业发展的全过程。旅游业要做到可持续发展，应该同时做好旅游资源保护、旅游环境保护和旅游形象保护三项保护工作，以一流的旅游资源、优美的旅游环境和良好的旅游形象，笑迎八方游客。

三、规划的目标

旅游规划的目标，是指以规划指导思想为依据，对规划地未来旅游产业应该达到的发展状态和具体方位所做的预测，它具有预测性、可行性和激励性等特点。按不同的划分依据，规划目标可以分为多种类型。

1. 规划目标的分类

（1）按目标的属性不同划分

规划目标可分为概念性目标与数值性目标两大类：①概念性目标。概念性目标是对规划区域旅游产业未来应该达到的发展状态所做的定性描述。旅游规划的概念性目标通常包括下列内容：旅游景区开发建设；旅游中心建设；旅游产品开发；客源市场开发；旅游企业发展；旅游科技与教育；旅游管理体制。②数值性目标。数值性目标是对规划区域旅游业未来发展应该达到的具体方位所做的定量预测。旅游规划的数值性目标通常包括下列主要指标：年接待游客总人次数及其旅游总收入及相当于 GDP 的百分比；年接待海外游客人次数及其年增长率；旅游外汇收入及其年增长率；年接待国内游客人次数及其年增长率；国内旅游收入及其年增长率。

（2）按目标的可达性划分

规划目标可分为保守目标与乐观目标：①保守目标。以较保守的思想方法对规划区域旅游产业未来可以达到的发展状态与具体方位所做的预测。保守目标一般是规划区域发展的保底目标，只要没有重大突发事件，真正的发展情况将超过保守目标。②乐观目标。以较乐观、大胆的思想方法对规划区域旅游产业未来可能达到的发展状态和具体方位所做的预测。乐观目标只有在外部环境良好，内部发展顺利的情况下，才能达到。

（3）按目标的时间远近不同划分

规划目标可分为近期目标、中期目标与远期目标。三种目标的时间界限通常即为规划的三个阶段的时间界限。按目前状况，旅游规划的近、中、远期目标的时间界限一般为：①近期目标：2002～2005 年，相当于“十五”期间。②中期目标：2006～2010 年，相当于“十一五”期间。③远期目标：2016～2020 年，相当于“十二五”“十三五”期间。这三种分类法，可以同时体现在一张规划目标表上，如表 5.1 所示。

表 5.1　旅游规划的经济目标表

指标＼年份		2000	增长率	2005	年均增长率	2010	年均增长率	2020	年均增长率
全年接待游客总人次数（万人次）	下限								
	上限								
游客人均消费（元/人）	下限								
	上限								
全年旅游总收入（万元）	下限								
	上限								
规划地 GDP（亿元）									
旅游业收入占 GDP 比例（%）	下限								
	上限								
……	……	……	……	……	……	……	……	……	……

2. 规划目标制定的原则

旅游规划目标的制定，一般应遵循下列原则：①概括性与方向性原则，规划目标应高度提炼概括，总揽全局，体现未来全局，指引发展方向。②可达性与激励性原则，规划目标必须符合发展规律，符合客观条件，使人们的意愿通过一定的努力可以实现，并成为下一阶段工作的激励因素。③一致性与协调性原则，规划的总目标与分目标、分目标与分目标之间，必须和谐一致，互不对抗，互相协调。

案例 5-3　峰峰矿区磁州窑遗址保护与旅游开发规划的系列目标[①]

我们在为河北省邯郸市编制《峰峰矿区磁州窑遗址保护与旅游开发规划》中，制定的峰峰矿区磁州窑遗址保护与旅游开发规划的系列目标为：

1. 总体规划目标

将峰峰矿区建设成生态环境优美、旅游主题鲜明、地域特色突出、游乐设施完善、服务质量一流的旅游经济强区；使峰峰矿区成为中国北方陶瓷之都和石窟

① 河北省邯郸市峰峰矿区人民政府委托项目，项目主持人：赵黎明；参与人员有：张立明、黄远水、黄安民、阎友兵、胡道华等

文化旅游胜地。

2. 区域旅游目的地形象定位

中国北方陶瓷之都；未来的世界文化遗产胜地。

3. 在峰峰区国民经济发展中的地位

将旅游业作为促进峰峰区国民经济结构调整和经济发展的支柱产业。

4. 在峰峰区社会发展中的地位

是改善区域环境、促进当地居民素质提高并最终提高人民生活质量的最有效途径。

5. 在全省及全国旅游空间发展格局中的地位

成为冀南极具吸引力的休闲旅游目的地；成为全国工业城镇生态建设和功能提升的典范；成为中国陶瓷文化旅游胜地；成为中国石窟文化旅游胜地。

6. 主导旅游功能定位

观光休闲；专题文化旅游；产业旅游。

思考题：

1. 旅游规划中主要应遵循哪些法律？
2. 目前正式发布的与旅游规划有关的国家标准有哪些？
3. 与旅游规划有关的环境质量标准有哪些？

第六章　旅游资源的分类、调查与评价

学习目的： 通过本章学习了解旅游资源分类方法、旅游资源调查方法和旅游资源评价方法。

旅游资源是旅游业发展的物质基础，是旅游开发的依据。在一定的条件下旅游资源的类型、规模、品质及其所处的区位条件是一个地区旅游业发展的关键，往往决定着地方旅游发展的方向、规模和发展速度。特别是远离大城市的区域，其区位条件一般不佳，远离目标客源市场，因而其旅游资源状况决定着地方旅游发展的方向和开发模式。因此，在旅游规划中对旅游资源进行合理的分类，科学、全面地评价，有利于加深对旅游资源属性的认识，对旅游开发模式的确定及旅游市场定位等方面有着重要的意义。2003 年 2 月 24 日中华人民共和国国家质量监督检验检疫总局发布了国家标准（GB/T 18972-2003）《旅游资源分类、调查与评价》，该国家标准于 2003 年 5 月 1 日实施。

第一节　旅游资源的分类

旅游资源的分类方法有很多，在旅游规划中主要有二分法、三分法、普查分类法、分级分类法及国家标准分类法。

一、旅游资源分类的二分法

“二分法”分类方法，是指把旅游资源分为自然旅游资源与人文旅游资源两大系列的一种分类系统，是一种最基本的分类方案。该分类系统共包括两大类、14 个基本类型、63 个类型，如表 6.1 所示。

二、旅游资源分类的三分法

此分类是中国科学院遥感应用研究所阎守邕等人于 1986 年利用 IBM PC/AT

表 6.1　旅游资源分类表

大类	基本类型	类型
自然旅游资源	地质	岩石　化石 地层　构造遗迹 地震灾害遗迹
	地貌	山地　峡谷 喀斯特　风蚀风积景观 冰川遗迹　火山熔岩 黄土景观　丹霞地貌 海岸与岛礁　其他地貌
	水体	河川　湖泊 瀑布　泉 海洋　其他水体
	气象气候与天象	气象　气候 天象
	动植物	植物　动物 动植物园
	综合景观	自然保护区　田园风光 其他综合景观

大类	基本类型	类型
人文旅游资源	历史古迹	古人类遗址 古战场遗址 名人遗址　重要史迹 其他古迹
	古建筑	防御工程　宫殿 水利工程　交通工程 瞭望观赏建筑 起居建筑 其他建筑
	陵墓	帝王陵墓　名人陵墓 其他陵墓
	园林	皇家园林　私家园林 寺观园林 公共游憩园林
	宗教文化	佛教文化　道教文化 伊斯兰文化　基督教文化
	城镇	历史文化名城 现代都市　特色城镇
	社会风情	民俗　购物
	文学艺术	游记诗词　楹联题刻 神话传说　影视戏曲 书法绘画

微机建立的中国旅游资源信息系统，此系统可编成旅游资源分类编码体系表，将我国旅游资源分成三大类和三级。三大类为自然风光、人文景观和人文产品；三级，确定为一级 3 类，二级 27 类，三级 145 类[①]。杨振之在引用时进行了修改，如表 6.2 所示。

① 阎守邕．1990．旅游开发研究论集．北京：旅游教育出版社

表 6.2　旅游资源分类表

一级类型	二级类型	三级类型
自然风光	山岳	雪峰　冰川　名山　火山　怪石
	岩溶	石林　峰林　峰丛　溶洞　地下河
	江河	峡谷　瀑布　急流　险滩　江岸石矶　江心洲　岛屿
	湖泊	湖滩　湖心岛　湖堤
	泉水	冷泉　温泉　热泉　沸泉
	海洋	海滩　海岸　礁石　海岛　海港　海湾
	黄土	黄土塬　黄土沟壑　黄土丘
	生物	森林　草原　花卉　动物
	沙漠	沙丘　响沙　戈壁
	奇观	日出　日落　日蚀　月蚀　海市蜃楼　佛光　圣灯
	自然保护区	植物保护区　动物保护区　地质剖面保护区　典型地貌保护区
	气候	日照　气温　积雪　风力　降水
人文景观	历史古迹	古人类遗址　古文化遗址　古城遗址　古冶窑遗址　皇帝陵墓　古代墓群　宫殿建筑　寺庙建筑　园林建筑　纪念性建筑　亭台楼阁　书院学堂　名人故居　牌坊　宫阙　长城关隘　古代道路　古运河　古堰塘　古桥梁　石窟　古塔　碑刻　壁画　影壁　造像　经幢
	近代史迹	革命遗址　烈士陵园　纪念性建筑
	园林艺术	帝宫园林　宅第园林　公共园林
	社会风情	民族节日　民族服饰　民族习俗
	文化艺术	绘画　书法　音乐　文学　戏剧　曲艺　电影　杂志　体育　博物馆
	城乡风貌	街道　大楼　商场　乡村　田园　牧场　梯田　农场
	现代工程	水库　水坝　隧道　船闸　湖闸　大堤　桥梁　矿井　钻井台　大型企业　铁塔
	科学技术	试验场地　科技成果
	旅游设施	饭店　酒店　车队　购物中心　索道　游船
	交通设施	地铁　码头　机场　车站　停车场
	游乐场所	公园　游乐场　文化宫　俱乐部　动物园　植物园　主题公园（仿古建筑微缩园等）
	运动场地	体育场　体育馆　海滨浴场　滑雪场　狩猎场　高尔夫球场　跑马场
人文产品	工艺产品	雕刻　景泰蓝　瓷器　漆器　刺绣　织锦　编织　地毯　剪纸　泥塑　手工艺品
	土特产品	茶叶　名酒　药材　果品　土产
	名菜佳肴	小吃　名菜　名点

资料来源：杨振之．1996．旅游资源开发．成都：四川人民出版社

三、旅游资源的普查分类法

旅游资源普查分类法，是国家旅游局资源开发司和中国科学院地理研究所（1992 年）做的《中国旅游资源普查分类》（试行稿）。在这一分类方法中，资源分类分为两级：类与基本类型。类似若干属性相同或相近的基本类型的归并，不开展实际调查；基本类型是普查的具体对象。全部类型共有 74 种，归为 6 类。

1999 年 6 月 14 日国家质量技术监督局批准实施的《旅游区（点）质量等级划分标准》（该标准后被标准 GB/T 17775-2003 替代）中的旅游资源类型基本采用了这一分类方法，如表 6.3 所示。

表 6.3　旅游资源基本类型

类	基本类型	类	基本类型	类	基本类型
地文景观类	地形地质	古迹与建筑类	古人类文化遗址	古迹与建筑类	农林渔牧场
	标准地层剖面		历代社会经济文化遗址		特色城镇与村落
	生物化石点		军事设防构筑物遗址		港口
	自然灾变遗迹		古城遗址		广场
	名山		长城		乡土建筑
	火山熔岩景观		营迁建筑群		庭院与民居
	蚀余景观		宗教建筑与礼制建筑群		传统与民俗街区
	奇特与象形山石		殿（厅）堂		纪念性建筑
	沙（砾石）地风景		楼阁		观景地
	海滨沙（砾石）滩		塔	消闲求知健身类	科学教育文化设施
	小型岛礁		牌坊（楼）		休疗养和社会福利设施
	洞穴		碑碣		动物园
水域风光类	风景河段		石质古建小品		植物园
	漂流河段		造型园林		普通公园
	湖泊		园林景观建筑		体育中心
	瀑布		桥		运动场馆
	泉		雕塑		游乐场所
	现代冰川		陵墓和陵园		节日庆典活动
生物景观类	森林		墓地		文艺团体
	古树名木		石窟	购物类	市场与购物中心
	奇花异草		摩崖字画		庙会及宗教活动
	草原		水工建筑		著名店铺
	野生动物栖息地				地方产品

四、旅游资源分级分类法

在《中国旅游资源普查分类法》(试行稿）的基础上，郭来喜、吴必虎（2000 年）提出了新的旅游资源普查分类方法，我们称之为分级分类法。此种分类方法将旅游资源分类分为三个层次：景系（serial)、景类（type)、景型（pattern)。景系为第一层次，景类为第二层次，景型为第三层次。第三层次的景型是最基本的层次，称为基类。这种分类方法中将服务和有关设施作为一种旅游资源纳入分类系统，增加了一个服务景系，它与自然景系、人文景系处于并列地位。在这种分类方法中，共有 3 个景系、10 个景类、98 类景型，如表 6.4 所示。

表 6.4　中国旅游资源分级分类系统

景系	景类	景　型
自然景系	地文景观景类	①地质现象景型；②山岳景区景型；③探险山地景型；④火山景型；⑤丹霞景型；⑥地表岩溶景型；⑦峡谷景型；⑧土林/沙林景型；⑨黄土景型；⑩雅丹景型；⑪沙地/砾地景型；⑫海岸景型；⑬岛屿景型；⑭洞穴景型；⑮探险/徒步旅游地景型；⑯自然灾变遗迹景型
	水文景观景类	①海面景型；②非峡谷风景河流景型；③湖泊/水库景型；④河口潮汐景型；⑤瀑布景型；⑥泉景型；⑦现代冰川景型
	气候生物景类	①天文/气象景观景型；②日照景型；③空气景型；④冰雪景型；⑤雾/雾凇景型；⑥气候景型；⑦原始植物群落景型；⑧风景林景型；⑨风景草原/草甸景型；⑩观赏花草景型；⑪野生动物栖息地景型；⑫游憩性渔猎地景型；⑬构景地表土壤景型
	其他自然景类	其他自然景观景型
人文景系	历史遗产景类	①人类文化遗址；②社会经济文化遗址；③军事防御体系遗址；④古城与古城遗址；⑤帝陵与名人陵墓；⑥皇室/官署建筑群；⑦宗教/礼制建筑群；⑧殿堂；⑨格阁；⑩古塔；⑪牌坊/门楼；⑫碑碣；⑬传统建筑小品；⑭古典园林；⑮近代西洋建筑；⑯名桥；⑰传统聚落/田园；⑱古井；⑲古民居；⑳石窟/摩崖石刻；㉑古代水利/交通工程；㉒历史街区；㉓历史纪念地；㉔革命纪念地
	现代人文吸引物景类	①产业旅游地景型；②现代水工建筑景型；③现代大型桥梁景型；④特色聚落/平日活动景型；⑤城市现代建筑景型；⑥城市广场/客流集散地景型；⑦现代城市公园景型；⑧植物园景型；⑨主题公园/人造景观景型；⑩购物旅游地景型；⑪疗养度假地景型；⑫科学教育设施景型；⑬博物馆/展览馆景型；⑭体育/军体设施景型；⑮健身康体设施景型；⑯节庆活动景型；⑰景观建筑景型；⑱人工喷泉景型；⑲土特产/工艺美术品景型；⑳娱乐设施/表演团体景型；㉑雕塑景型
服务景系	抽象人文吸引物景类	①民间传说景型；②山水文学作品景型；③名胜志/地方志景型；④戏曲/民间文艺景型；⑤少数民族文化景型；⑥特色民俗景型；⑦历史寻踪景型
	其他人文景类	其他人文景观景型
	旅游服务景类	①旅游住宿设施景型；②旅游餐饮场所景型；③旅行社景型；④旅游交通设施/机构景型；⑤旅游教育/科研机构景型；⑥旅游管理机构景型；⑦特种劳务/服务场所景型
	其他服务景类	其他服务景型

资料来源：郭来喜、吴必虎，2000 年

五、旅游资源国家标准分类法

2003 年 2 月 24 日中华人民共和国国家质量监督检验检疫总局发布了国家标准（GB/T 18972-2003）《旅游资源分类、调查与评价》，该国家标准将旅游资源分为 8 主类、31 亚类、155 基本类型。

第二节 旅游资源的调查

在旅游规划工作中，确定旅游资源的类型后，要选定一种分类标准，对所规划区域内的旅游资源状况进行调查。国家标准《旅游资源分类、调查与评价》中制定了旅游资源调查的方法。

一、旅游资源的调查的基本要求

基本要求有：①按照规定的内容和方法进行调查。②保证成果质量，强调整个运作过程的科学性、客观性、准确性，并尽量做到内容简洁和量化。③充分利用与旅游资源有关的各种资料和研究成果，完成统计、填表和编写调查文件等项工作，调查方式以收集、分析、转化、利用这些资料和成果为主，并逐个对旅游资源单体进行现场调查核实，包括访问、现场观察、测量、记录、绘图、摄影。④旅游资源调查分为“区域旅游资源综合调查”和“专门目的旅游资源调查”两个档次，其调查方式和精度要求不同。

二、旅游资源的调查准备

1. 成立调查组

①调查组成员应具备与该调查区旅游环境、旅游资源、旅游开发有关的专业知识，一般应包括旅游、环境保护、地学、生物学、建筑园林、历史文化等方面的专业人员。②根据有关要求，进行技术培训。③准备实地调查所需的设备如定位仪器、简易测量仪器、影像设备等。④准备“旅游资源单体调查表”和“旅游资源调查区实际资料表”。（见第四章）

2. 资料收集

收集以下资料：①与旅游资源调查有关的各类文字描述资料，重点是记述各种旅游资源单体的资料，包括地方志书、乡土教材、旅游点介绍、规划与专题报告等。②与旅游资源调查有关的各类图形资料，重点是反映旅游环境与旅游资源的专题地图。③与旅游资源调查有关的各种照片、音像资料。

3. 准备工作底图

一般为等高线地形图。比例尺视调查区域的大小而定，较大面积的调查区域为 1∶5000～1∶200 000；较小面积的调查区域为 1∶5000～1∶25 000；特殊情况下为更大比例尺。

三、实地调查

1. 程序与方法

(1) 确定调查小区和调查线路

调查小区一般按行政区划分，也可按现有或规划中的旅游区域划分。调查线路按实际要求设置，一般要求贯穿调查区内主要旅游资源单体所在的地点。

(2) 选定调查对象

调查对象：具有旅游开发前景的，有明显经济、社会、文化价值的旅游资源单体；复合型旅游资源单体中具有代表性的部分。

不调查对象：明显不具有开发利用价值的，与国家现行法律、法规相违背的，开发后有损于社会形象的或可能造成环境问题的，影响国计民生的，某些位于特定区域内的旅游资源单体。

(3) 填写“旅游资源单体调查表”

(4) 编绘“旅游资源分布图”

在事先准备好的工作底图上，按实际位置点绘制主要旅游资源单体，并标绘调查小区和调查线路。

2. 调查成果汇编

在实地调查工作结束后，要对调查的资料和成果进行分析和整理，填制各种分析和汇总的表格。一般旅游规划中，特别是旅游发展规划，往往将旅游资源调查和研究的成果撰写成《旅游资源调查报告》或《旅游资源专题研究报告》。《旅游资源调查报告》的篇目编写可参考国家标准《旅游资源分类、调查与评价》中《旅游资源调查报告》篇目编写体例，如下：第一章，调查区旅游环境；第二章，旅游资源开发历史和现状；第三章，旅游资源基本类型；第四章，旅游资源评价；第五章，旅游资源保护与开发中的问题。

第三节 旅游资源的评价

所谓旅游资源评价，就是从合理开发利用和保护旅游资源及取得最大的社会、经济、环境效益的角度出发，运用某种方法，对一定区域内旅游资源本身的价值及其外部开发条件等进行综合评判和鉴定的过程。旅游资源评价是在旅游资源调查的基础上所进行的更深入的研究工作。

一、旅游资源评价的内容①

旅游资源评价是科学地开发和利用旅游资源的前提。通过对一定区域内旅游资源的评价，可以对旅游资源的品位、特质、开发条件等有一个全面而客观的认识，从而明确该旅游资源在同类旅游资源或在所处区域中的地位，确定不同旅游资源的开发序位，为制定旅游开发规划提供科学的判断标准或理论依据。

由于旅游资源涉及范围非常广泛，结构十分复杂，种类及性质又千差万别，因而，旅游资源评价是一项极其复杂而重要的工作，很难有一个统一的评价标准。而且，不同民族、不同职业、不同文化背景、不同阶层的评价者往往有着不同的审美观。旅游资源的评价一般包括旅游资源价值评价（或本体评价）和旅游资源开发条件评价两个方面。

1. 旅游资源价值评价

旅游资源价值评价是对旅游资源自身品质和丰优程度的评价，主要包括七项指标：

（1）美学观赏性

美学观赏性主要指旅游资源能提供给旅游者美感的种类及强度。旅游的基本形式是观光，观光是旅游者鉴赏美的活动，美的事物使旅游者能爽心悦目、陶冶

① 杨振之. 1996. 旅游资源开发. 成都：四川人民出版社

性情，具有很高的观赏价值。旅游资源的美是多种多样的：自然美主要是通过山体、河流、湖泊、草原、森林、日光、月影、云雾、雨雪等构景要素的总体特征来体现；人文美主要包括艺术美和社会美，是通过寺庙、陵墓、殿堂、亭台楼阁、石窟造像、摩崖石刻、民俗风情等来体现。具体来说，旅游景观的美包括形态美、形式美、色彩美、韵律美、嗅味美、动态美和意境美等。

(2) 历史文化性

历史文化性主要是指旅游资源所包含的历史文化内涵。它一方面是指旅游资源是否与重大历史事件、历史人物有关及其遗存文物古迹的数量与质量，如西安秦兵马俑、北京故宫、曲阜孔庙、南京雨花台；另一方面是指旅游资源是否具有或体现了某种文化特征，是否与某种文化活动有密切关系，或者是否有与之直接相关的文学艺术作品、神话传说等因素，如因“枫桥夜泊”而闻名的寒山寺、佛教四大名山等。

(3) 科学性

科学性主要是指旅游资源的某种研究功能，在自然科学、社会科学和教学科研方面具有的特点，能为科学工作者、探索者和追求者提供的研究场所。这些场所通常是自然保护区、特殊的自然环境区域、博物馆、纪念地等。例如，陕西太白山自然保护区自然条件复杂独特，至今仍保留着千姿百态的第四纪冰川遗迹，被誉为第四纪冰川地貌的“天然博物馆”，同时它还是大熊猫、金丝猴、羚牛等珍稀动物的天然乐园，且植物的垂直分布规律表现得最为明显，是多种学科进行考察研究和教学实习的重要基地。

(4) 奇特性

即旅游资源的特色、个性，也就是“与众不同”、“唯我独有”、“人有我优”、“人优我特”的特征。具体而言，它一方面是指旅游资源相对于非旅游资源的差异程度，表现为特异性；另一方面是指旅游景点唯我所有，有别于其他或不与其他重复，表现为新奇性。

(5) 规模与组合状况

旅游资源的规模是指景观对象数量的多少、体积及占地面积的大小等等。旅游资源的组合状况，一是指自然旅游资源与人文旅游资源的结合与补充情况；二是指各要素的组合及协调性；三是指景观的集聚程度。只有在一定区域内，旅游资源密度较大，类型丰富，搭配协调，形成了一定规模的旅游资源才具有较高的旅游价值。

（6）旅游功能

旅游资源的旅游功能是指旅游资源能够满足某种旅游活动需求的作用。如，美学观赏性强的旅游资源可用以开展观光旅游；文化、科学价值高的旅游资源宜于开展修学旅游、探险旅游等。一项旅游资源若兼有两种或两种以上的旅游功能，能够吸引多个游客群，宜于进行多种旅游活动，那么其价值就较大。

（7）旅游环境容量

旅游环境容量是指在一定时间条件下，一定旅游资源的空间范围内的旅游活动能力，也就是在不致严重影响旅游资源特性、质量及旅游者体验的前提下，旅游资源的特质和空间规模所能连续维持的最高旅游利用水平，又称为旅游承载力或饱和度。它主要受旅游资源的自然特性、旅游功能、旅游活动方式及旅游者偏好等多种因素的影响，涉及旅游者心理需求、旅游资源保护、生态平衡、旅游社会经济效益等多方面的问题。在一定时间，旅游资源一定范围内，并非是接待的旅游者越多越好。超过了合理的旅游环境容量，最终只会得不偿失。当然，在充分满足上述前提的条件下，旅游环境容量大者，旅游资源价值就高。

2. 旅游资源开发条件评价

旅游开发是旅游资源评价的最终目的，是一项涉及社会、经济、文化、环境等各部门、多领域的系统工程，旅游资源自身条件固然非常重要，但旅游资源开发仍要受许多外部客观条件的影响和制约，这些条件主要包括以下 6 个方面。

（1）区位条件

旅游资源的区位条件主要是指旅游资源所在区域的地理位置、交通条件以及旅游资源与其所在区域内的其他旅游资源、周边区域旅游资源的关系等。旅游资源所在地的地理位置及其交通条件决定着游客的可进入性。如果旅游资源地处偏僻，交通不便，可进入性较差，那么旅游资源即使是一流的，也难以成为热点旅游地。一处旅游资源与其所在区域其他旅游资源、周边地区旅游资源的关系，一般为互补关系或替代关系。为前者关系时，旅游资源之间可以互映互衬，产生集聚效应，更多地吸引旅游者；为后者关系时，它们之间会相互竞争，相互取代，引起游客分流。另外，一处旅游资源周围若有名山、名湖、名河、名泉、名岛、名城等，不但有利于旅游资源的成片规模开发，而且会对该旅游资源起到带动作用，产生规模效应。

(2) 客源条件

一定数量的客源是维持旅游经济活动的必要条件，游客数量与旅游经济效益是直接相关的。再好的旅游资源，若没有一定量最低限度的游客来支持，旅游资源开发也不会产生良好的效益。旅游资源的客源条件可以从两方面进行分析：其一是在空间方面，分析旅游资源所能吸引的客源范围、最大辐射半径、吸引客源层次及特点。具体包括：主要客源地有哪些；与主要客源地的距离及交通条件；主要客源地的人口特征及其社会经济文化状况。其二是在时间方面，分析客源季节变化可能形成的旅游淡旺季。这与旅游资源所在地的气候特征有一定关系。旅游资源的类型、等级不同，其客源市场指向亦不同。根据旅游资源价值和意义大小，客源市场有国际性、全国性、区域性之分，评价时应实事求是地指出。评价客源条件需与旅游资源的价值、区位条件等因素结合起来综合考虑。

(3) 自然环境

即旅游资源所在地的地质地貌、气象气候、水文、土壤、植被等要素构成的自然环境，对旅游资源的质量、时间节律和开发有着直接影响作用。植被、水文、气象等本身是旅游资源不可分割的一部分，直接关系到旅游资源的品质。著名的自然风景区都是植被保存良好，山青水秀，资源与环境有机地融成一体。水既是孕育景观的活跃因子，又为景区设施和旅游者生活所必需，而且水质如何，关系到游客的健康。宜人的气候是旅游的必要条件，并起着导向作用。大气环境和土壤元素构成中是否含有害物质，亦将影响游客健康，进而影响旅游开发。另外，对旅游资源所在地的地质地貌的分析亦很重要。如地质地貌环境是否很脆弱，地震、滑坡、泥石流、洪水、水土流失等自然灾害发生的可能性大小等等，都与旅游者的人身安全息息相关，直接影响到旅游者数量、旅游开发及其效益。

(4) 经济环境

经济环境即旅游资源所在地的经济状况。其主要是指投资、劳动力、物产和物资供应及基础设施等条件。资金是旅游资源开发的必要条件，特别在经济尚不发达，资金比较匮乏的区域，评价投资条件更为重要。资金来源是否充裕，财力是否雄厚，直接关系到旅游开发的深度、广度、进度以及开发的可能性。基础设施条件指水、电、交通、邮政、通信等公共设施系统的完善程度、先进程度。如果这些设施不够完善或比较落后，则直接影响到旅游资源的可进入性和旅游服务质量，从而影响对旅游资源开发和旅游经济效益。

（5）社会文化条件

社会文化条件主要是指旅游资源所在地的政治局势、政策法令、社会治安、政府及当地居民对旅游业的态度、卫生保健状况、地方开放程度以及风俗习惯等。如果政府领导重视，政策倾斜于旅游业，那么人们办旅游的积极性就高，多方面的资金就会投向旅游业，从而使旅游经济效益更为显著。社会治安状况差的地方，旅游者没有安全感。卫生保健状况较好的旅游地更能吸引旅游者的到来。如果当地的文化传统比较开放，人民热情好客，对旅游业有正确的认识，能使旅游者有宾至如归之感，就会对旅游资源开发及旅游业发展有积极的促进作用。

（6）经济、社会、环境效益

旅游业是经济型产业，必须进行投入产出分析。对旅游资源开发后的经济效益进行评估，不仅估算投资量、投资回收期等直接的经济指标，而且还应评估因关联带动作用由乘数效应带来的综合经济效益。旅游开发的社会效益包括正负两个方面：正面效益如开阔视野，增长知识，增强爱国主义与国际主义精神，打破地区封锁、保守落后的思想，利于同各国各地人民建立友好关系等。但是负面效应也会出现，影响到旅游地的社会风尚、伦理道德等。比如吸毒、赌博、色情、资产阶级贪图享乐的生活方式等丑恶现象亦会随着旅游地门户开放纷纷涌现，甚至泛滥成灾。因此，应对可能带来的社会效益进行分析，杜绝一切与我国社会主义精神文明背道而驰的旅游项目。旅游开发会带来城市绿化、环境美化、交通顺畅、自然保护区建立、珍稀动植物得到保护等积极影响。但旅游业也会给环境带来不良影响。如景区超负荷接待导致资源破坏，生态环境恶化。因此，对旅游资源开发的环境效益进行评价也十分必要。经济效益、社会效益、环境效益是相互关联、互相影响的，评价时应综合分析、权衡利弊，以得出科学的结论。

二、旅游资源评价方法

旅游资源评价工作初期多采用凭直觉判断、以定性描述表达的经验法。目前的评价方法具有指标数量化、评价模型化、标准评定公众化三大特点。

1. 定性评价方法

定性评价是通过人们的感性认识，对旅游资源作出定性的评价或分级，一般无具体数量指标。

(1) 黄辉实的“六字七标准”评价法

黄辉实提出从资源本身和资源所处环境两个方面对旅游资源进行评价。对旅游资源本身的评价采用以下六字标准：

美：旅游资源给人的美感；

古：有悠久的历史；

名：具有名声或与名人有关的事物；

特：特有的、别处没有的或少见的稀缺资源；

奇：给人新奇之感；

用：有应用价值。

对旅游资源开发条件采用七项评价标准，即：①季节性。②环境污染状况。③与其他旅游资源之间的联系性。④可进入性。⑤基础结构。⑥社会经济环境。⑦客源市场七项标准进行评价。另外，他还认为旅游资源开发的成本虽是属于开发问题，但在评价旅游资源时，对单位成本、机会成本、影子成本、社会定向成本等也要有大致的估计。

(2) 卢云亭的“三三六”评价法

即“三大价值”、“三大效益”、“六大开发条件”评价体系。“三大价值”指旅游资源的历史文化价值、艺术观赏价值、科学考察价值；“三大效益”指旅游资源开发之后的经济效益、社会效益、环境效益；“六大开发条件”指旅游资源所在地的地理位置和交通条件、景象地域组合条件、旅游环境容量、旅游客源市场、投资能力、施工难易程度等六个方面。

(3)“吸引力”、“开发条件”、“效益”三项评价方案

吸引力评价包括观赏价值（美、独特、新奇程度等）、文化价值、科学价值、观赏内容、环境评价、季节要素、特殊价值（土特产品等）和环境容量等八个子项目。开发条件评价包括地区经济条件、可进入性、依托城市、通信条件、地方积极性和已有服务设施情况等六个子项目。效益评价包括投资与收入、客源预测和社会效益。

(4) 一般体验性评价

常用方式是旅游者在问卷上回答有关旅游资源（地）的优劣顺序，或由各方面专家讨论评价，或统计旅游资源（地）在旅游书籍、常见报刊上出现的频率，从而确定一国或地区最优秀的旅游资源（地），其结果表明旅游资源（地）的整体质量和知名度。我国曾评选的“中国十大名胜”、“中国旅游胜地四十佳”就是

运用该方法得出的。但是该方法不能用于评价一般的或尚未开发的旅游资源（地），仅限于少数知名度较高的旅游资源（地）的评价。

（5）结构与层次评价法

根据旅游资源的特征、区域背景，不同类型的资源在旅游开发之中的地位和作用，并与地方旅游开发方向与开发层次相联系，将规划区域内旅游资源分为基础资源层、主题资源层，并与县市旅游开发的结构和层次、开发的方向和重点联系起来，如图 6.1、图 6.2 所示。

辅助资源层
- 地方文化
- 地方产品

核心资源层
- 花乡、画乡风情
- 溶洞奇观
- 九龙江风光

基础资源层
- 山水风光
- 文物古迹
- 田园风光

图 6.1　漳平市旅游资源层次结构析图

资料来源：黄安民．2000. 漳平市旅游发展总体规划

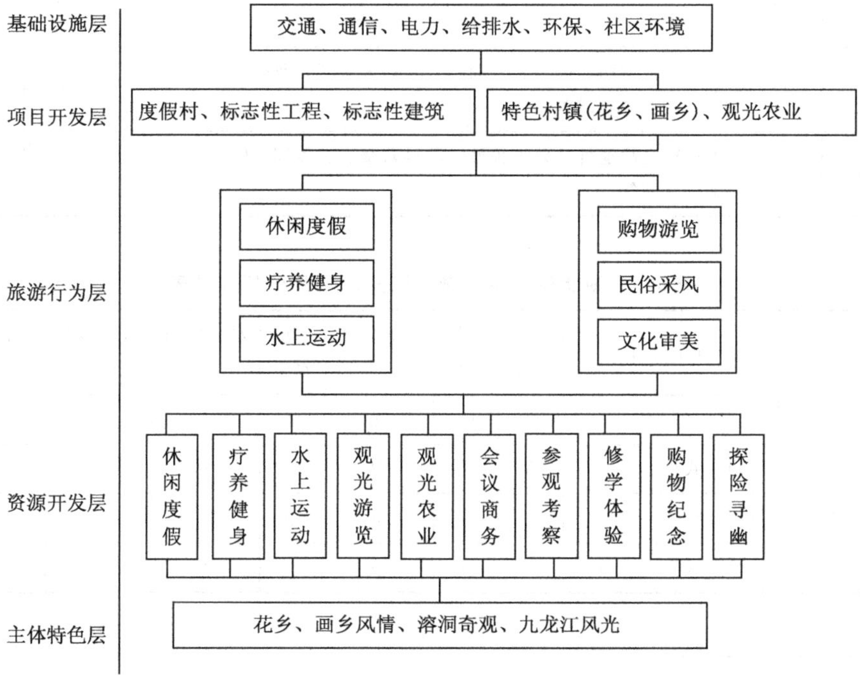

图 6.2　漳平市旅游资源开发层次示意图

(6) 市场竞争与比较优势评价法

对区域内要开发的主题旅游资源进行市场竞争与比较优势分析和评价，做到知己知彼，以便科学地确定所规划区域在更大区域背景旅游中的地位和作用，制定旅游资源开发方向和应采取的开发战略。如我们在《赤壁市旅游发展规划(2001～2020)》[①] 中就对赤壁市的两大主题旅游资源“三国遗迹”和“陆水湖”在湖北省境内进行了相关资源的市场竞争分析和比较优势分析，如表 6.5、表 6.6 所示。

表 6.5　湖北省三国遗迹代表地区的对比

	数量	最具特色的遗迹	特色遗迹的知名度	可进入性	遗迹组合情况
武汉地区	一般	孔明灯、鲁肃墓、孙吴故都鄂州	一般	好	一般
宜昌地区	较多	长坂坡、当阳桥、张飞擂鼓台等	较高	较好	一般
襄樊地区	较多	古隆中、凤林关、庞居洞、徐庶故里司马徽的水镜庄	较高	一般	一般
荆州地区	多	荆州古城墙、关羽春秋阁、公安孙夫人城、曹操败走的华容道等	较高	较好	一般
赤壁市	多	赤壁之战遗址、鲁肃粮城、陆逊营寨、黄盖湖、陆水湖等	高	好	好

表 6.6　湖北省大型水域旅游开发利用分析评价表

水域名称	所在县市	可进入性	区位条件	水域人文内涵	水域水质	水域周围植被	水域形态特征	开发利用价值
洪　湖	洪湖	中	中	优	优	中	优	高
梁子湖	鄂州、武昌	中	优	中	优	中	优	高
长　湖	荆门、江陵	差	差	中	中	中	中	中
斧头湖	武昌、咸宁、嘉鱼	中	优	中	中	中	中	中

① 赤壁市人民政府委托项目，项目主持人：张立明，参加人员：舒伯阳、涂建华、黄安民、胡道华等

续表

水域名称	所在县市	可进入性	区位条件	水域人文内涵	水域水质	水域周围植被	水域形态特征	开发利用价值
浮桥河水库	麻城	差	中	差	优	差	中	中
丹江口水库	郧县、丹江口	中	中	中	中	差	优	中
隔河岩水库	长阳	中	中	中	优	优	中	中
漳河水库	荆门、当阳	中	中	差	优	中	中	中
富水水库	阳新、通山	差	中	差	优	中	中	中
白莲河水库	浠水、英山	差	差	差	估	差	中	中
徐家河水库	广水	差	差	差	中	差	差	中
陆水湖（水库）	赤壁	优	中	优	优	优	优	高

2. 定量评价法

定量评价法是通过统计、分析、计算，用具体的数量来表示旅游资源及其环境等级的方法。数量化是现代科技发展的趋势，因而定量评价较之定性评价结果更直观、简洁、准确。但在实际应用中，一般将定量评价与定性评价结合起来应用。

（1）技术性的单因子评价

技术性的单因子评价是评价者在进行旅游资源评价时，针对旅游资源的旅游功能，集中考虑某些起决定作用的关键因素，并对这些因素进行适宜性评价或优劣评判。这种评价的基本特点是运用了大量的技术性指标。它一般只限于自然资源评价，对于开展专项旅游，如登山、滑雪、海水浴等尤为适用。目前比较成熟的有湖泊评价、海滩评价、海水浴场评价、康乐气候分析、溶洞评价、滑雪旅游资源评价、地形适宜性评价等。在此仅对海水浴场评价和滑雪旅游资源评价作一介绍，分别如表 6.7 和表 6.8 所示。

（2）资源价值和市场价值评价法

1999 年 6 月 14 日国家质量技术监督局批准实施的《旅游区（点）质量等级划分标准》[①] 国家标准中对旅游景点的评价采用了资源价值与市场价值评价法，

① 该标准 2003 年修改后被标准 GB/T 17775-2003 替代

在旅游资源价值评价中选择了 5 个评价因子：观赏游憩价值；历史文化科学价值；珍稀或奇特程度；规模与丰度；完整性。具体评价方法见表 6.9。

表 6.7　海水浴场评价指标（日本）

序号	资源项目	符合要求的条件	附　　注
1	海滨宽度	30～60m	实际总利用宽度 50～100m 左右
2	海底倾斜	1/10～1/60	倾斜度愈低愈好
3	海滩倾斜	1/10～1/50	倾斜度愈低愈好
4	流速	游泳对流速要求在 0.2～0.3m/s，极限流速 0.5m/s	无离岸流之类局部性海流
5	波高	0.6m 以下	符合游泳要求的波高为 0.3m 以下
6	水温	23℃以上	不超过 30℃，但愈接近 30℃愈好
7	气温	23℃以上	—
8	风速	5m/s 以下	—
9	水质	透明度 0.3m 以上，COD 2μg/g 以下，大肠菌数 1000MPN/100mL 以下，油膜肉眼难以辨明	—
10	地质粒径	没有泥和岩石	愈细愈好
11	有害生物	不能辨认程度	—
12	藻类	在游泳区域中不接触身体	—
13	危险物	无	—
14	浮游物	无	—

资料来源：李贻鸿，1986

表 6.8　滑雪旅游资源的技术性评估（美国）

决定因素	评估标准与评分			
雪季长度	6 个月（6）	5 个月（5）	4 个月（4）	3 个月（2）
积雪深度	＞1.22m（6）	0.92～1.22m（4）	0.61～0.92m（2）	0.305m 以下（1）
干　　雪	3/4 季节时间（4）	1/2 季节时间（3）	1/4 季节时间（2）	0 季节时间（1）
海　　拔	＞762.5m（6）	457.5～762m（4）	152.5～157.5m（2）	45.75～152.5m（1）
坡　　度	很好（4）	好（3）	一般（2）	差（1）
温　　度	＞10℃（3）	−17.8～6.7℃（2）	＜17.8℃（2）	—
风　　力	轻微（4）	偶尔变动（3）	偶尔偏高（2）	易变（1）

资料来源：保继刚，1999

表 6.9 景观质量评分细则

1. 本细则分为资源要素价值与景观市场价值两大评价项目、九项评价因子，总分 100 分。其中资源要素价值为 65 分，景观市场价值为 35 分。各评价因子分四个评价得分档次。

2. 等级评价定时，对评价项目和评价因子由评定组成员分别计分，最后进行算术平均求得总分。

3. “规模与丰度”评价因子中的“基本类型”按附表所列。

4. AAAA 级旅游区（点）需达到 85 分，AAA 级旅游区（点）需达到 75 分，AA 级旅游区（点）需达到 60 分，A 级旅游区（点）需达到 50 分。

评价项目	评价因子	评价依据和要求	等级赋值				本项得分
			Ⅰ	Ⅱ	Ⅲ	Ⅳ	
资源要素价值（65）	观赏游憩价值（25）	1. 观赏游憩价值很高	25—20				
		2. 观赏游憩价值较高		19—13			
		3. 观赏游憩价值一般			12—6		
		4. 观赏游憩价值较小				5—0	
	历史文化科学价值（15）	1. 同时具有极高历史价值、文化价值、科学价值，或其中一类价值具世界意义	15—13				
		2. 同时具有很高历史价值、文化价值、科学价值，或其中一类价值具世界意义		12—9			
		3. 同时具有较高历史价值、文化价值、科学价值，或其中一类价值具世界意义			8—4		
		4. 同时具有一定历史价值、文化价值、科学价值，或其中一类价值具世界意义				3—0	
	珍稀或奇特程度（10）	1. 有大量珍稀物种，或景观异常奇特，或有世界资源实体	10—8				
		2. 有较多珍稀物种，或景观异常奇特，或有世界资源实体		7—5			
		3. 有少量珍稀物种，或景观异常奇特，或有世界资源实体			4—3		
		4. 有个别珍稀物种，或景观异常奇特，或有世界资源实体				2—0	

续表

评价项目	评价因子	评价依据和要求	等级赋值				本项得分
			Ⅰ	Ⅱ	Ⅲ	Ⅳ	
景观市场价值（35）	规模与丰度（10）	1. 资源实体体量巨大，或基本类型数量超过40，或资源实体疏密度优良	10—8				
		2. 资源实体体量很大，或基本类型数量超过30，或资源实体疏密度良好		7—5			
		3. 资源实体体量较大，或基本类型数量超过20，或资源实体疏密度较好			4—3		
		4. 资源实体体量中等，或基本类型数量超过10，或资源实体疏密度一般				2—0	
	完整性（5）	1. 资源实体完美无缺，保持原来形态与结构	5—4				
		2. 资源实体基本完美，原来形态与结构未见重大变化		3			
		3. 资源实体基本完美，原来形态与结构未见明显变化			2		
		4. 资源实体基本完整，原来形态与结构发生少量变化				1—0	
景观市场价值（35）	知名度（10）	1. 世界知名	10—8				
		2. 全国知名		7—5			
		3. 省内知名			4—3		
		4. 地市知名				2—0	
	美誉度（10）	1. 有极好的声誉，受到90%以上游客和绝大多数专业人员的普遍赞美	10—8				
		2. 有很好的声誉，受到80%以上游客和大多数专业人员的普遍赞美		7—5			
		3. 有较好的声誉，受到70%以上游客和多数专业人员的赞美			4—3		
		4. 有一定声誉，受到60%以上游客和多数专业人员的赞美				2—0	
	市场影响力（10）	1. 很有发展前途	10—8				
		2. 有较好发展前途		7—5			
		3. 有发展前途			4—3		
		4. 有一定发展前途				2—0	

续表

评价项目	评价因子	评价依据和要求	等级赋值				本项得分
			Ⅰ	Ⅱ	Ⅲ	Ⅳ	
景观市场价值（35）	适游期（5）	1. 适宜游览的日期超过 300 天	5—4				
		2. 适宜游览的日期超过 250 天		3			
		3. 适宜游览的日期超过 150 天			2		
		4. 适宜游览的日期超过 100 天				1—0	

资料来源：http://www.cnta.com.cn

（3）综合性的多因子定量评价

该评价方法是在考虑多因子的基础上运用一些数学方法，对旅游资源进行综合评价。这类评价方法非常多，如层次分析法（保继刚）、指数表示法（弗朗哥·佛·费拉里奥，楚义芳）、综合评分法（魏小安，路紫）、模糊数学评价法（杨汉奎）、价值工程法（罗成德）、综合价值评价模型法（李功阳，丁文魁）、旅游地综合评估模型（楚义芳）等。以下选择介绍几种方法。

1）指数表示法

其步骤分为三步：第一步，对旅游资源开发利用现状—吸引能力及外部区域环境进行定量分析；第二步，调查分析旅游需求，主要包括旅游需求量、旅游者人口构成、旅游者逗留时间、旅游花费趋向、旅游需求结构及节律性；第三步，总评价的拟定，建立表达旅游资源特质、旅游需求与旅游资源之间关系的若干量化模型。公式为

$$E = \sum_{i=1}^{n} F_i M_i V_i$$

式中：E 为旅游资源评价指数；

F_i 为第 i 项旅游资源在全体旅游资源中的权重；

M_i 为第 i 项旅游资源的特质和规模指数；

V_i 为旅游者对第 i 项旅游资源的需求指数；

n 为旅游资源总数。

南非弗朗哥·佛·费拉里奥在评价时，将需求指数形式与旅游者可利用程度（即供给）结合起来，把旅游点的潜在吸引力程度称作旅游资源潜力指数。公式为

$$I = \frac{A + B}{2}$$

式中：I 为旅游资源潜力指数；

A 为旅游需求值；

B 为旅游可得性值（即旅游供给）。

I 可表示一个旅游点的实际可利用程度，充分代表它具有的旅游吸引力，其中 B 的量化是根据人们的一般感受、观察和经验，选择季节性、可进入性、准许性、重要性、脆弱性和普及性六个反映旅游资源基本特性的标准，邀请专家学者对其判断评分，通过比较，以数字形式决定六个标准的相对贡献值，并按好、中、差的等级排出其序位。

2）综合评分法

博采众家之长，计算灵活简便是它的特点，不足之处是主观性较强。魏小安是运用此方法较早的学者之一。他把评价对象分解成六个评价项目：旅游资源构成要素种类；各要素单项评价；要素组成情况；可能容纳的游客量；人文资源的比较；开发难易程度。给各项目评分时按两种方法进行：第一种是等分制评分法，即将各项目视作同等重要，每一项目所占分数比重均为 1/6。每一项目又分解为若干因素，根据这些要素对该项目的满足程度，按 100、80、60、40、20 五个等级打分，然后将六个项目的得分加总，总分或平均分越高，旅游资源价值越大。公式为

$$F\sum_i = \sum_{P=1}^{P} PF_i \text{ 或 } F_i = \sum_{P=1}^{P} \frac{F_{pi}}{P}$$

式中：$F\sum$ 为各项目得分总和；

F 为各项目总平均分；

F_p 为每项目得分数；

P 为被评价的项目数；

i 为被评价的游览地数目。

另一种方法是差分制评分法，即根据各评价项目的相对重要性给出不同权重。评分时将各评价项目初始得分进行加权处理，求得各项目最终得分，加总后即得到各游览地总分，总分越高，旅游资源价值越大。公式为

$$F\sum_i = \sum_{p=1}^{p} X_p F_{pi}$$

式中：X_p 为各项目权重，其他符号同前。

路紫也曾提出过类似方法，不同之处是路紫首先将旅游资源分为风景天气气候景观、风景地质地貌景观、风景水域景观、风景动植物景观、革命纪念地和革命建筑景观、历史名胜古迹景观 7 个聚类，然后又细分为 68 个二级类。经分析依据统计原理提出与上述聚类组成形式相应的评价模型

$$Z = \sum_{i=1}^{7} a_i$$

$$a_i = \frac{\sum_{j=1}^{k_i} b_{ij}}{k_i}$$

$$Z = \frac{\sum_{j=1}^{k_1} b_{1j}}{k_1} + \frac{\sum_{j=1}^{k_2} b_{2j}}{k_2} + \cdots + \frac{\sum_{j=1}^{k_7} b_{7j}}{k_7}$$

式中：a_i 为第 i 聚类景观类型量数，取值范围 0～10，$i=1, 2, 3, \cdots, 7$；

b_{ij} 为第 i 聚类景观类型中第 j 项景观要素的数量，取值范围 0～10；

k_i 为第 i 聚类景观类型中景观要素的个数。

(4) 旅游地综合评估模型

旅游地综合评估的理论基础是旅游者的消费决策和行为规律，其评估模型就是基于消费者决策模型，公式为

$$E = \sum_{i=1}^{n} Q_i P_i$$

式中：E 为旅游地综合评估结果值；

Q_i 为第 i 个评价因子权重；

P_i 为第 i 个评价因子的评估值；

n 为评价因子数目。

各评价因子评估值的求取，亦可采用相同形式的模型。对应于旅游地综合评估，通常还有一个定名量表，即可将定量的结果转化为确定的定性结论，使决策者能方便地利用评价结果。

目前，我国区域旅游规划实践中大都采用此模型，但不同区域因其社会经济发展水平不同，区位条件、交通条件、资源条件不同，在评价时其指标选择和权重不一样。

总之，运用此模型时，只要取得评价因子权重值和评估的方法适当，其结果往往具有很高的应用价值。

(5) 国家标准综合评价法

这实际是一种定性与定量相结合的方法。国家标准（GB/T 18972-2003）《旅游资源分类、调查与评价》所使用的就是这种方法。其评价体系由“旅游资源共有因子综合评价”赋分和“附加值”赋分两部分组成。

1) 旅游资源共有因子综合评价赋分

设“评价项目”和“评价因子”两个档次。评价项目为“资源要素价值”和“资源影响力”。其中：“资源要素价值”项目中含“观赏游憩使用价值”、“历史

文化科学价值”、“珍稀奇特程度”、“规模、丰度与几率”、“完整性”5项评价因子。“资源影响力”项目中含“知名度和影响力”、“适游期或使用范围”2项评价因子。

2）附加值赋分

附加值有“名誉称号”、“可进入性”、“污染与环境保护”3项赋分因子。

3）旅游资源共有因子综合评价赋分值

评价项目和评价因子用量值表示，总分值为100分，分配如下：“资源要素价值”85分，其中“观赏游憩使用价值”30分、“历史文化科学艺术价值”25分、“珍稀奇特程度”15分、“规模、丰度与几率”10分、“完整性”5分。“资源影响力”15分，其中“知名度和影响力”10分、“适游期和使用范围”5分。每一评价因子分为4个档次，其因子分值相应分为4档。

4）附加值分值

“附加值”包括“名誉称号”、“可进入性”、“污染与环境保护”，分正分和负分。

根据对旅游资源单体的评价，得出该单体旅游资源共有综合因子评价赋分值和附加值，二者之和为该单体评价总分。其中附加值因子中的名誉称号不可重复计分。根据对旅游资源单体的评价，得出该单体旅游资源共有综合因子评价总分值，据此将其分为五级，从高级到低级为

五级旅游资源得分，值域≥90分。

四级旅游资源得分，值域为75～89分。

三级旅游资源得分，值域为60～74分。

二级旅游资源得分，值域为45～59分。

一级旅游资源得分，值域为30～44分。

此外还有

未获等级旅游资源，值分≤29分。

其中

五级旅游资源称为“极品级旅游资源”；四级、三级旅游资源被通称为“优良级旅游资源”；二级、一级旅游资源被通称为“普通级旅游资源”。

思考题：

1. 简述旅游资源分类的两分法分类和三分法分类的区别与联系。
2. 简述旅游资源的国家标准分类法及其特点。
3. 旅游资源实地调查前应做好哪些准备工作？

4. 旅游资源实地调查中主要做哪些工作?

5. 以您熟悉的地区为例,草拟一份《旅游资源调查报告》提纲。

6. 旅游资源的评价主要包括哪些内容?

7. 旅游资源定性评价方法和定量评价方法各有哪些? 定性评价法和定量评价法之间有何区别与联系?

8. 按国家标准分析什么是"极品级旅游资源"、"优良级旅游资源"、"普通级旅游资源"。

第七章　旅游市场分析与预测

学习目的：通过本章学习了解旅游市场现状分析的方法、旅游客源市场调查方法、旅游客源市场细分与定位方法、旅游客源市场的预测。

旅游市场包括旅游供给市场和旅游需求市场。目前，在我国旅游理论与旅游规划实践中，旅游市场主要是指旅游客源市场。随着我国市场经济体制的建立，旅游开发与规划必须要面向市场，以市场为导向，旅游客源市场的偏好、结构、规模及旅游客源市场运动的规律等决定了区域旅游开发的方向与发展的规模。

第一节　旅游市场的现状分析

旅游市场现状分析是通过旅游市场调查所获得的数据，分析旅游客源市场的市场范围、时空结构及细分市场结构。

一、旅游客源市场空间结构分析

旅游客源市场的空间分布结构主要包括旅游者的地理来源和强度。

1. 旅游市场范围的确定

(1) 空间距离市场范围

旅游市场范围与旅游目的地吸引力及旅游客源地的出游能力有关，可以用引力模型来确定。克朗蓬（Crampon L J）1966 年首次将万有引力定律应用于旅游研究，提出如下基本公式：

$$T_{ij}=G\frac{P_iA_i}{D_{ij}} \tag{7.1}$$

式中：T_{ij} 为客源地 i 与旅游目的地 j 之间旅游次数的某种量度；

P_i 为客源地 i 的人口规模、财富或旅行倾向的量度；

A_i 为目的地 j 吸引力或容量的某种量度；

D_{ij} 为客源地 i 与目的地 j 之间的距离；

G 为经验参数。

后来绝大多数学者的引力模型都是在此基础上提出的。

根据距离衰减法则，旅游者的行为（活动）空间呈距离递减的规律，距离愈近，活动的机会愈多，随距离增加活动机会减少。为此可以分别得到以旅游地为中心的周边地区客源地的旅游次数或旅游流量的某种度量值，根据其随距离变化曲线的拐点划分出一级市场、二级市场和三级市场的范围，如图 7.1 所示。

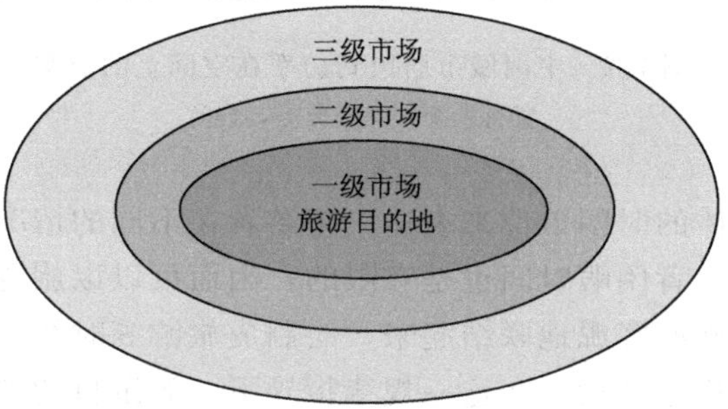

图 7.1　三级旅游市场圈层图

根据旅游客源地出游的距离规律也可以划分旅游市场。吴必虎、唐俊雅、黄安民等（1997 年）运用抽样调查的方法在上海、成都、西安、长春等城市进行实证研究，最后发现了中国城市居民出游客源市场在距离上的分配规律：一个城市出游市场 37%分布在距离城市 15 公里的范围内，24%的市场分布在 15～50 公里的范围内，21%分布在 50～500 公里的范围内。500 公里以外的广大空间仅分割了城市出游市场的 18%，即中国城市居民旅游和休闲出游市场随距离增加而衰减，80%的出游市场集中在距离城市 500 公里以内的范围内（见图 7.2）。而来本城的非本城居民的出游范围则主要局限于距城市 250 公里范围内。

因此，大中城市客源市场随距离分配的基本规律是：城市一级客源地（本城居民）的出游空间 80%集中在距离城市 500 公里范围内；二级客源地（来本城的非本城的居民）的出游范围主要局限在距离城市 250 公里范围内。

(2) 时间距离市场范围

时间距离即旅游从客源地到旅游目的地所需的时间，是空间距离在时间维上

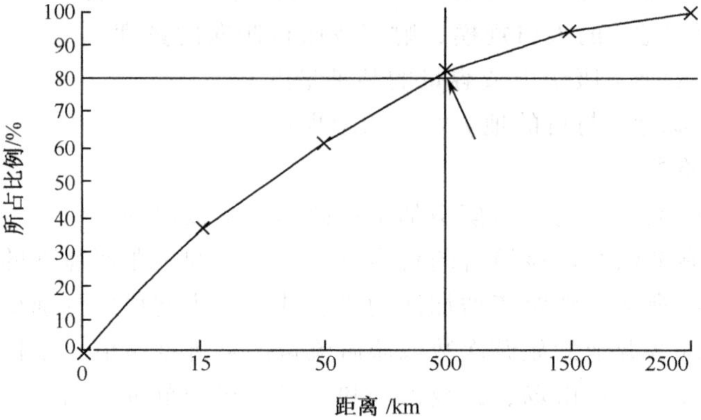

80% 以上的市场分配于距客源地 500 公里以内范围

图 7.2　中国城市居民到访率在空间上的分割

资料来源：吴必虎等，1997

的表达，它可用具体的时间单位来表达。旅游者在不同的情况下能忍受的旅途的时间是有限的，旅游者闲暇时间也是有限的，因而可以以旅游目的地为中心，旅途所需时间相等的旅游客源地联结起来，绘制成旅游等时线图。一般情况下时间距离越近，旅游的机会越大。在这一规律指导下，旅游目的地的客源市场往往集中在交通沿线，客源市场等时线图往往沿交通线向旅游目的地凸进。

根据不同的交通方式可以绘制不同的等时线图，如以火车、汽车、航空为交通方式的旅游等时线图。不同交通方式的旅游客源市场具有不同的特征。

2. 旅游客源市场的空间分布集中性

旅游客源市场空间分布的集中性可用地理集中指数来定量分析，其计算公式为

$$G = 100 \cdot \sqrt{\sum_{i=1}^{n}\left(\frac{x_i}{T}\right)^2} \tag{7.2}$$

式中：G 为客源地的地理集中指数；

x_i 为第 i 个客源地游客数量；

T 为旅游地接待游客总量；

n 为客源地总数。

G 值越接近 100，游客来源越少越集中；G 值越小，则客源地越多越分散。对于任何一个旅游地，客源地越分散，旅游经营越稳定。如客源太集中，易受到

客源地（国）社会、经济、政治等变化的冲击。

二、旅游市场时间分布结构

旅游需求随时间的变化使得旅游客源市场也随时间而有规律地变化。对旅游市场时间分布结构的分析对旅游规划和经营决策有着十分重要的意义。

旅游客源市场的时间结构表现在市场时间分布的集中性，包括季节性和节律性。

1. 旅游市场的季节性

气候的季节变化使得旅游客源市场具有季节性。中国特殊的季风气候使得每年的春秋两季具备良好的出游条件。中国不同地区的调查显示，居民出游大都存在春季高峰和秋季高峰。夏季因天气炎热，总体上出游数减少形成一个低谷，但由于夏季处于学校长达 40 天的暑假，教师、学生及中小学生家长旅游比例高，局部地区可能形成高峰，如图 7.3 所示。

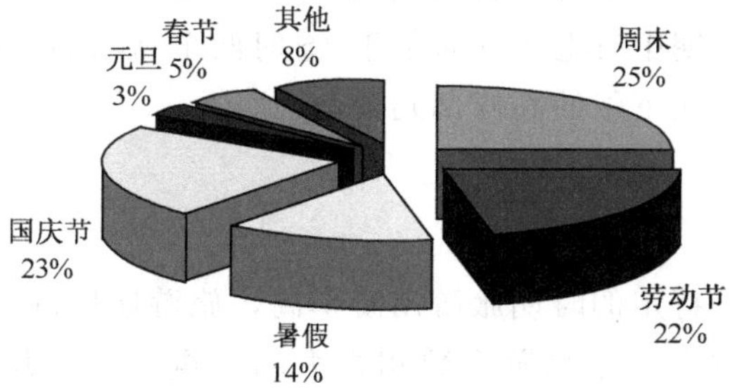

图 7.3　来赵县游客的出游时间分布

资料来源：赵黎明，2001，赵县旅游发展总体规划

旅游客源市场时间分布的集中性可以用季节性（时间）强度指数 R 来定量分析，其计算公式为

$$R=\sqrt{\sum_{i=1}^{12}(x_i-8.33)^2/12} \tag{7.3}$$

式中：R 为旅游客源市场时间分布强度指数；

x_i 为各月游客量占全年的比重。

R 值越接近于零，旅游客源市场的时间分配越均匀；R 值越大，时间变动就越大，旅游淡、旺季的差异就越大。

2. 节律性

以 7 天为一个星期的生活节律，更为明显地改变着人们的出游节律，特别是我国双休日的周末旅游以其游客人数的极端高峰对城市附近的旅游景点产生深刻的影响。

旅游的周末集中性可用时间集中的强度来计算，时间集中度可用星期天旅客的分时间集中指数来表示，公式如下[①]：

$$R=\sqrt{\frac{\sum_{i=1}^{7}(x_i-14.29)^2}{7}} \tag{7.4}$$

式中：R 为出游人数分日时间集中指数；

x_i 为一周内每日游客人数占该周游客总人数的比重；

i 为某周某日（周一至周日）。

上式 R 值越接近于零，游客出游时间分布越均匀；R 值越大，出游时间集中强度越大，旅游人数差异越明显。

一日之内游憩设施使用的游客人数也呈周期性的变化。游憩者流动实地观测记录表明，一日内周期中有上午 9 时下午 15 时两个高峰期，在东北寒冷的冬季，上午的高峰期滞后，而下午的高峰期则提前[②]。

3. 高峰性

在一年中有一些特定的时期旅游出游率高，旅游地接待游客人数高，在这一时期内接待的游客数占全年总游客数相当大的比重。如近几年的火爆的假日旅游，“五一”、“十一”的两个黄金旅游周形成了全年旅游的高峰期，给旅游设施的使用造成很大的影响，为此，国务院成立了全国假日旅游部级协调办公室对重点风景区进行“五一”、“十一”的旅游预报。

客源市场高峰性的特征可以用高峰指数来度量，高峰指数可以度量游客某一时期相对于其他时期利用旅游设施游览某旅游地的趋势。其计算公式为

$$p_n=\frac{v_1-v_n}{(n-1)v_1}\times 100 \tag{7.5}$$

式中：p_n 为高峰指数；

v_1 为最繁忙时期的游客数；

---

① 吴必虎等. 1999. 中国国内旅游客源市场系统研究. 上海：华东师范大学出版社

② 黄安民，吴必虎. 长春城市游憩者流动行为特征研究. 经济地理，1997 旅游地理专辑

v_n 为在第 n 个时期内的游客数；

n 为参照时段（1＝最繁忙时期）。

当游客在所有时期都相同时，p 等于 0，当游客集中于某些时期时，p 值会增大。

三、旅游市场结构分析

旅游市场结构分析，主要是对游客构成特征进行分析。旅游市场结构分析是市场细分和定位的基础，主要包括以下方面：

地域构成：本地、周边、本省、省外。

人口学特征构成：性别构成、年龄构成、文化程度构成、职业构成、收入构成。

消费行为构成：出游目的、出游方式构成、出游交通工具构成、停留时间、住宿方式构成。

市场结构分析要根据出游次数、购物行为、餐饮行为等游客抽样调查统计分析资料和当地统计数据进行分析。市场结构要通过在旅游目的地较长时间的观测记录才能使市场比较真实。它的分析结果可采用图表式。如图 7.4 为赵县游客的旅游目的构成。

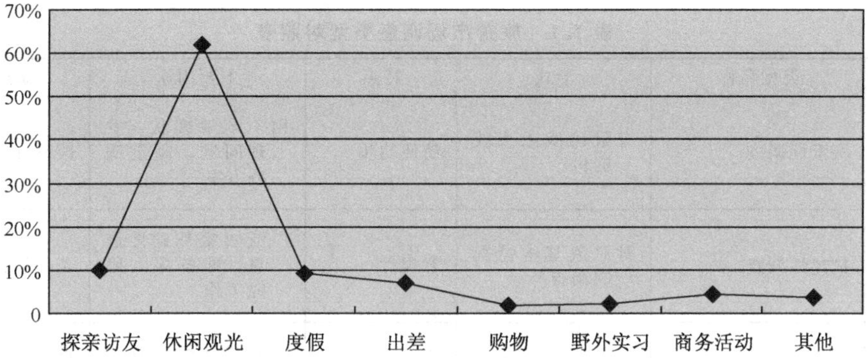

图 7.4　游客的出游目的构成

资料来源：赵黎明，2001，赵县旅游发展总体规划

第二节 旅游市场调查

在旅游规划中，旅游市场的调查工作十分重要。由于政府部门旅游统计资料积累较少，因此旅游市场调查更为必要。旅游市场调查要以正确的调查方法，主动收集掌握与规划决策相关的旅游市场需求信息，摆脱个人有限的经验和主观臆断，广泛获取与市场有关信息，为旅游规划科学决策提供依据。

一、旅游市场调查的内容

旅游市场调查内容极为广泛，主要包括以下内容：客源地的市场环境；游客的人口学社会经济特征；游客的消费特征及需求；游客评价。

二、旅游市场调查的类型

旅游市场调查的类型可按多种标准来划分，旅游规划中所涉及的各种市场调查的分类标准及其特征、用途可以由表 7.1 来表述。

表 7.1 旅游市场调查类型对照表

分类	类型名称	形式	特点	主要用途	缺点
按调查目的分	探索性调查	有限访谈或查找资料	简便初步	用于了解现状，发现问题，制定调查方案	准确性低
	描述性调查	对对象基本情况的调查	客观性	广泛收集基础性信息，准备深入研究工作	工作量大
	因果性调查法	设定和控制变量调查因变量	因果性	基于描述性调查针对特殊问题证明因果关系	调查环境难以完全控制
	预测性调查	对对象未来趋势的调查	预测性	预测未来某一时期内发展趋势	定性与定量相结合

续表

分类	类型名称			形式	特点	主要用途	缺点
按选择对象的方法分	全国调查			对所有对象进行调查	全面精确	用于旅游资源普查等	工作量巨大
	典型调查			选择典型代表	工作量较小	适用于对象庞大，且对该对象已经熟悉	难于难确选择典型
	抽样调查	系统抽样		排列对象，等距抽样	等距，简单易行	适用于对同类对象作一般分析	对异质分析不易深入
		随机抽样	简单随机抽样	完全随机地抽取样本	随机性	适用于对象	受条件制约，可能沦为任意抽样
			分层随机抽样	先按质归类，再在各同质层简单随机抽样	能增加代表性，工作量大	用于异质分异明显的场合，如按年龄段分层再研究各段分列特性	取决于设层的准确性
			分群随机抽样	先按空间分群，再在各块简单随机取样	空间针对性强	常用于客源地抽样调查	异质分析不宜深入
		非随机抽样	任意抽样	视条件方便取样本	任意性	对象同质性较高时	偏差较大
			判断抽样	按专业人员的判断选择	取决于专业人员	对象个体极不相同，为避免误差而删除极端	受调查人员素质影响很大
			配额抽样	划分群体，规定每群体的样本数，再任意抽样	工作量小，较均，信度、效度较高	适用于一般性，小规模调查	调查人员素质对结果有一定的影响
按资料来源分	第二手资料调查	外部资料		政府和专业出版物	较简便	宏观调查、背景调查	时效低，难以满足专业性要求
		内部资料		档案、文件等	简便	历史、内部情况调查	
	第一手资料调查			有计划地调查专门信息	时效性好，针对性强	调查本地特定问题	成本高
	观察调查法			旁观或借助仪器观察	间接性、客观性	调查游客的行为规律及其隐含态度	原因要靠主观推测
按交流方式分	询问调查法	面谈法		面谈，可间断询问、启发判断	灵活、新切，较准确	常用于小组专题访谈	成本较高，受调查员影响
		电话询问法		通过电话征询意见	成本低、灵活性	用于长途、补样本或大范围较简单问题调查	复杂问题不易配合
		邮寄调查法		问卷邮寄	较客观	常用于问题多、不便面谈，或易受调查者影响的问题	返回率低，受问卷设计质量影响
		留置问卷法		面交问卷，回家填写	较明确、客观性	可用于问题多且须仔细思考的问卷调查	周期长，返回率较低
	实验调查法			控制变量，了解变量间的关系	科学性、客观性	以小规模实验，为推广作准备	难以完全控制实验条件

资料来源：据国家旅游局人事劳动教育司（1999）修改

三、旅游市场调查的主要程序

旅游市场调查要遵循目标明确、抽样适当、分析确切、节约成本的原则。其主要程序如图 7.5 所示。

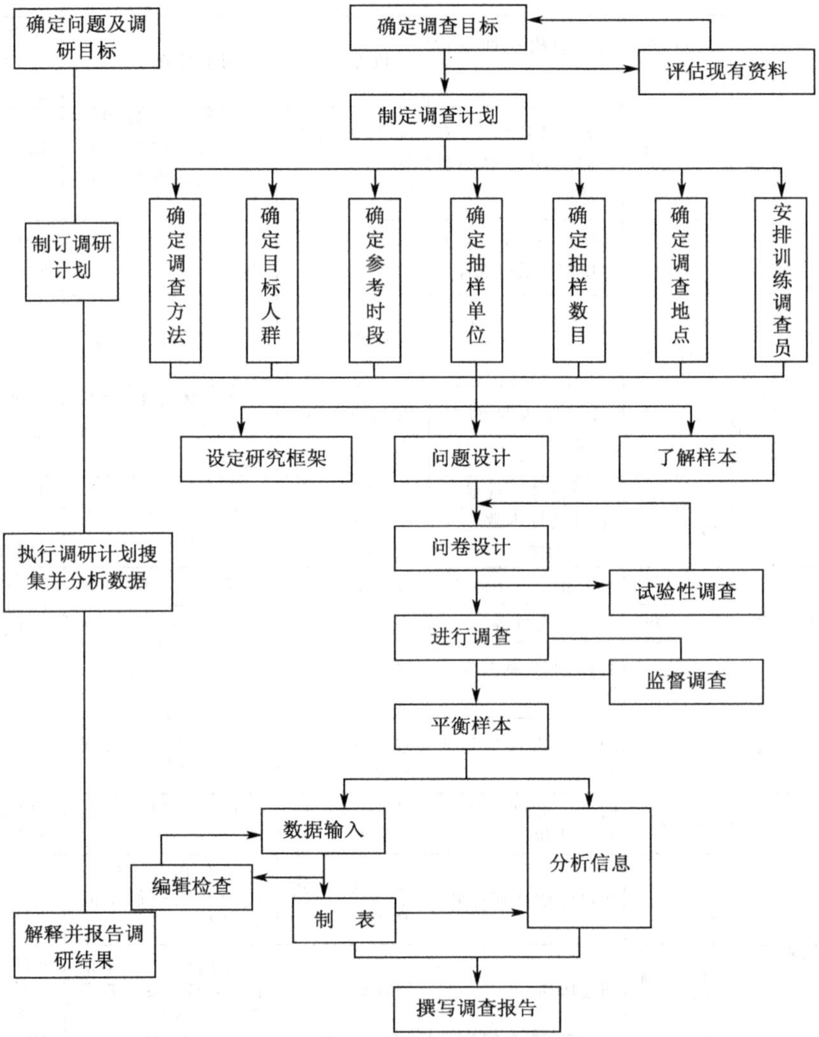

图 7.5　旅游市场调查工作流程图

资料来源：据国家旅游局人事劳动教育司（1999）修改

1. 确定问题和调查目标

旅游市场调查的第一个步骤，是确定区域旅游市场调查中存在的问题以及调查工作所要达到的目标。如果旅游调查人员对问题没有清楚的认识，在搜集信息时就极有可能盲目行事，最终搜集大量毫无价值的信息，并耗费大量的宝贵时间和研究费用。旅游调查人员在确定问题和调查目标时，对问题的陈述和定义应建立在反复研究的基础上，既不应过于宽泛，也不应过于狭窄。

2. 制定市场调查计划

旅游市场调查的第二个步骤，就是制定市场调查计划。在这一步骤中，首先要明确旅游调查决策需要搜集哪些信息，然后再确定如何有效地搜集这些信息，最后提交书面的调查计划。对于区域旅游发展的市场调查来讲，所要搜集的信息主要可概括为以下几大方面：①旅游业发展的宏观环境，包括政治、经济、社会文化、技术及自然环境等各个方面。②旅游业的发展水平（包括旅游景点的建设情况、旅游服务的完善情况和体现在交通、住宿、餐饮、娱乐、购物等各方面的旅游收入）以及发展过程中存在的主要问题。③旅游业发展的主要竞争者以及竞争者的旅游业发展现状。④旅游客源市场的发展现状，包括旅游市场的地理区域划分、旅游者的社会人口学特征（如性别、年龄、家庭结构、文化程度、职业、收入水平等）以及消费行为和消费心理特征。⑤旅游市场的主要发展趋势可能对旅游市场发展带来的机会和威胁。

3. 实施调查计划，搜集并分析数据

调查计划的实施主要包括收集、整理和分析信息等工作。调查中的数据收集阶段是花费巨大而且又容易失误的阶段，因此调查人员在计划实施的过程中，要尽可能按计划去做，使得到的数据尽可能接近事实。

(1) 搜集二手资料

为了得到所需要的信息，调查人员要搜集有关资料，包括二手资料和原始资料。所谓二手资料，是指经别人收集、整理过的资料；原始资料则是指调查人员通过发放问卷、面谈、抽样调查等方式收集到的第一手资料。

调查人员在一个项目开始时，一般是先收集二手资料，即案头调查（desk research）。二手资料主要有两个来源，一是内部资料，一是外部资料。内部资料包括旅游组织和旅游企业贮存的各种数据，如历年的旅游收入、接待的旅游人数、相关产业及服务设施的发展状况、主要竞争对手的旅游收入、主要竞争对手发展的经验及教训、有关旅游市场的各种数据等。外部资料主要是政府出版物、行业协会及政府间组织的出版物、关于旅游的专业期刊和书籍、各类旅游咨询公司和旅游中介机构提供的有关数据。其中政府出版物主要包括旅游统计年鉴、经济及社会发展年鉴、有关旅游企业的统计报告及交通运输业的普查等；行业及政府间的出版物如中国旅游协会、中国旅游饭店协会等行业组织的出版物和统计报告；专业期刊和书籍主要包括旅游组织、行业协会及研究机构的旅游出版物，如《中国旅游报》、《旅游调研》、《旅游市场》以及《旅游年鉴》等出版物。还可以网上查询相关网站得到国家、省、市有关旅游统计资料及方针政策。

调查人员一般可以较迅速、便宜地取得二手资料，而收集原始资料的成本则较高，并且往往需要较长时间才能完成。

但是，光靠二手资料有时并不能满足决策对信息的需要，因为二手资料存在着可获性、实效性和准确性等问题，为解决这些问题，使决策者能够得到足够的、及时的、准确的信息，调查人员必须进行实地调查，着手于原始资料的搜集。

(2) 收集原始资料

要想高效率地取得所需要的原始资料，必须由专业调查人员设计出原始资料的收集方案。实地调查方案通常需要做出四个方面的决策：一是调查方法，二是联系方法，三是抽样设计，四是调查工具。如表 7.2 所示。

表 7.2　原始资料的收集

调查方法	联系方法	抽样设计	调查工具
观察法	邮寄问卷	抽样单位	问卷
询问法	电话调查	样本大小	机械工具
实验法	面谈	抽样程序	

收集来的信息必须经过分析和处理。调查人员应利用标准的计算程序和表格将这些数据整理好，如计算一些主要变量的平均值和离散程度等。

4. 解释并报告调查结果

旅游市场市场调查的最后一步是对调查结果做出解释，得出结论，向调查管理部门提交调查报告。调查报告不能只是一系列的数据和高深的统计公式，而应当是简明扼要的结论及说明，并且这些结论和说明应当对调查决策有直接意义。

四、旅游市场调查方法

旅游市场调查的方法主要是指收集第一手资料的方法，大致有三种：观察法、询问法和实验法。

1. 观察法

观察法是指旅游调查人员到调查现场或借助仪器设备观察有关调查对象和事物的研究方法。观察法的特点是旅游研究人员以旁观的形式代替对调查对象的询问，避免了与被调查者之间的直接互动关系，从而能够得到更加客观的调查结果。观察法可以由旅游市场调查人员单独进行，也可以借助仪器设备进行观察。

2. 询问法

询问法是指旅游市场调查人员将事先拟好的调查问题以各种方式向被调查者提出，并通过其回答结果获取资料的方法。一般而言，观察法比较适合于探测性调查，而询问法则更适用于描述性调查。

依据旅游市场调查人员接触被调查者方式的不同，询问方法可分为面谈法、电话询问法、邮寄调查法和留置问卷调查法。

（1）面谈法

面谈法就是旅游市场调查人员直接访问被调查者，以递送问卷或面对面交谈的方式收集第一手资料的方法。面谈法取得的资料往往比较真实可靠。其缺点是，调查成本高，调查过程难以控制，而且调查结果的可信性准确性在很大程度上受调查人员访问技术水平的影响。面谈法可分为个别访谈和小组访谈。从访问频率上可分为一次面谈和多次面谈。

（2）电话询问法

电话询问法是指旅游市场调查人员用电话向被调查者征询意见的方法。这种方法的优点是可以在很短的时间内调查多数样本，而且调查的成本低，资料的获得迅速方便。电话询问的缺点是，旅游调查人员不容易获得对方的合作，并且由于受时间的限制，很难询问比较复杂的问题；有时市场调查人员很难判断被调查者回答问题的真实程度。对没有电话的人则不能应用此方法调查。

（3）邮寄调查法

邮寄调查法常用于被调查者不愿面谈或者调查结果易受调查人员影响的情况。采用这种方法时，旅游调查人员将事先拟好的调查问卷邮寄到被调查者家中或工作单位或在现场发给旅游者，请其回答后按时寄回。这种方法的优点是调查成本低，抽样时可以完全根据随机抽样法抽取样本，问卷的回答时间比较充裕。其缺点是被调查者容易对问卷中的问题发生误解，问卷的回收率低，周期长，被调查人员有可能请人代答。

(4) 留置问卷调查法

留置问卷调查法是指旅游调查人员将问卷当面交给被调查者，说明回答方式和注意事项之后，将问卷留置在被调查处，请其自行填写，再由调查人员定期收回的方法。

3. 实验法

实验法是将调查对象置于特定的控制环境之下，通过控制外来变量和检查结果之间的差异来发现变量之间的因果关系的调查方法。实验法适合于因果性调查。实验法的优点是通过控制外来变量的变化，可以比较准确的获得变量之间的相关关系，从而较好地验证实验前对调查问题所做的不同假设。其缺点是费时较长，实验费用较高，而且各种变量有时难以控制，很难在纯粹的实验条件下进行。

五、旅游调查对象的选择

旅游市场调查规划不仅包括确定资料种类及资料的收集方法，还应包括调查对象的选择、调查工具的确定和设计以及抽样设计。旅游调查研究人员应根据调查问题的性质、调查目标以及调查对象的特点与分布来选择调查对象。调查对象的选择共有三种方法：全面调查、典型调查和抽样调查。

1. 全面调查

全面调查是指对与旅游市场调查目标有关的所有调查对象进行普遍的调查。其目的是搜集全面而精确的第一手资料，如全国旅游资源普查等。通过全面调查取得的资料比较精确，但由于全面调查的工作量大，费用、时间及人力方面耗费过多，而且需要严格而周密的组织协调工作，因此在旅游市场调查中很少使用。

2. 典型调查

典型调查是以现象总体中某些典型单位为对象进行调查的方法。典型调查的关键在于正确地选择典型单位。选择出的典型单位应具有充分的代表性，一般应选择中等发展水平的单位为调查对象。在一般情况下，如果现象总体的发展水平比较一致，选取一个或几个单位作为典型即可满足要求。在总体数量庞大，且个体发展水平相差很大时，应将总体按发展水平划分为几个类型组，然后在各个类型组中选取典型单位。典型调查相对省时并节约经费，对典型单位可以进行深入细致的研究，适用于总体庞大、旅游研究人员对其了解较多的情况。从性质上讲，典型调查是抽样调查的一种特殊的形式。

六、旅游抽样调查

抽样调查是从调查对象总体中抽取出一部分具有代表性的个体进行调查的方法。旅游调查人员能够通过对个体的调查结果推测总体的性质或发展水平。

抽样调查对经费要求相对较少，节省时间和人力，而且调查结果与普查非常接近。虽然抽样调查会产生误差，但抽样误差可以用统计方法加以计算和控制。因此抽样调查法在旅游市场调查中应用非常广泛，绝大多数旅游调查均采用抽样调查法收集资料。

旅游调查研究人员在进行抽样设计时，应考虑抽样样本的确定、样本容量的确定及抽样方法的选择等。

1. 抽样样本的确定

样本是指从统计总体中选择出来的小群体。确定抽样样本就是选择样本的过程。旅游调查人员应对总体进行仔细研究才能确立适当的抽样样本。

2. 样本容量的确定

样本大小的确定，应依据调查对象的特征、调查问题的性质以及要求误差的大小来进行。在一般情况下，样本越大，调查结果的准确程度也就越高。但实际上它不可能无限大，要受到时间、人员和费用等各方面的限制。因此，确定合适的样本规模是调查准备过程的一个关键环节。其中设计样本容量的大小是关键。计算样本容量的大小，是一个复杂的过程，为了达到调查的要求，应对调查样本的容量进行精确的计算。其计算方法如下：

对于有限的含 N 个单元的总体 X，如果总体具有某种特征的单元总数为 ϕ，则总体中含有这种特性的单元比例为

$$\pi=\frac{\phi}{N} \tag{7.6}$$

对于样本含量为 n 的简单抽样，如果样本中具有所考虑特征的单元数为 f，则可以用

$$p=\frac{f}{n} \tag{7.7}$$

作为总体比例 π（调查的目标量）的估计量。

对于随机抽样，样本比例 p 的方差为

$$\sigma_p^2 = \frac{N-n}{N-1} \cdot \frac{\pi(1-\pi)}{n} \tag{7.8}$$

式中$\frac{N-n}{N-1}$为修正系数。

总体比例 π 一般都是未知的，通常用样本比例 p 来估计，因此，σ_p^2 的无偏估计量为：

$$S_p^2 = \frac{N-n}{N-1} \cdot \frac{p(1-p)}{n} \tag{7.9}$$

注意到在各类调查中，样本含量 n 一般都比较大，因此 t 分布分位数据可以近似地用正态分布的 $Z_{\alpha/2}$ 来代替。（$t_{0.025}=Z_{0.025}=1.96$）称

$$\Delta_x = t_{\alpha/2} \cdot S_x (\text{或 } \Delta_p = t_{\alpha/2} \cdot S_p) \tag{7.10}$$

为样本均值（或样本比例 p）在置信度（$1-\alpha$）下的最大允许绝对误差，常常称为最大容许误差。

对于非常简单随机抽样，即无限总体的无放回抽样或有限总体的有放回抽样，由

$$\Delta_x = t_{\alpha/2} \cdot S_{\bar{x}} = t_{\alpha/2} \cdot \frac{S}{\sqrt{n}}$$

可以得到

$$n_0 = \left(\frac{t_{\alpha/2}}{\Delta \bar{x}}\right)^2 \tag{7.11}$$

在估计总体比例时，由

$$\Delta_p = t_{\alpha/2} \cdot S_p = t_{\alpha/2} \sqrt{\frac{p(1-p)}{n_0}}$$

得到

$$n_0 = \left(\frac{t_{\alpha/2}}{\Delta_p}\right)^2 p(1-p) \tag{7.12}$$

一般情况下，由于非常简单随机抽样的总体方差 $\sigma_p^2 = \frac{\pi\ (1-\pi)}{n_0}$的最大值在 $\pi=\frac{1}{2}$时得到，如果总体比例 π 不是很接近 0 或 1，则可求出 $\pi=\frac{1}{2}$时的比较保守的 n_0 为

$$n_0 = \left(\frac{t_{\alpha/2}}{2\Delta_p}\right)^2 \tag{7.13}$$

事实上，当抽样总体较大时，公式 7.13 最常被调查者使用。

3. 抽样方法的选择

抽样方法分为随机抽样法和非随机抽样法。随机抽样法是完全依据概率原则

抽取样本的方法。由于样本都是任意抽取的，因此抽样中的种种人为因素，如调查人员的态度、倾向以及个人判断等均不对样本抽取过程发生作用，可使调查研究的客观性得到保证。不完全依据概率原则抽取样本的方法为非随机抽样法。

随机抽样法的优点是具有统计推算的功能，能够通过统计方法计算出样本代表总体的程度。而非随机抽样法则不具备这一优点。但当调查对象总体过于庞大、个体复杂，而且发展水平差别极大或市场调查人员对调查总体没有足够的了解时，非随机抽样法就更为实用。与随机抽样法相比，非随机抽样法比较节省经费、时间和人力。

随机抽样法包括简单随机抽样、分层随机抽样和分群随机抽样等方法。非随机抽样法则包括任意抽样法、判断抽样法以及配额抽样法。系统抽样方法可以依据样本抽取方式划在随机抽样法或者非随机抽样法中，如图 7.6 所示。

- 抽样方法
  - 随机抽样
    - 简单随机抽样
    - 分层随机抽样
    - 分群随机抽样
  - 非随机抽样
    - 任意抽样
    - 判断抽样
    - 配额抽样

图 7.6　抽样方法的分类

(1) 随机抽样 (random sampling)

随机抽样就是从调查对象总体中完全按概率原则抽取样本的方法。运用随机抽样方法时，调查对象总体中每一个个体被选出的机会完全相等。随机抽样完全排除了调查人员的主观判断和个人选择，包括简单随机抽样、分层随机抽样、分群随机抽样三种。

(2) 系统抽样法 (systemic random sampling)

系统抽样法又称等距抽样法，是在进行系统抽样时先把调查对象总体按一定标志排列，然后根据一定的抽样距离从总体中抽取样本。抽样距离是由总体总数除以样本数得到的。系统抽样介于随机抽样与非随机抽样之间，可以属于前者，也可以属于后者，主要看第一个样本是如何抽取的。如果第一个样本是判断抽取的，则系统抽样属于非随机抽样；如果第一个样本是随机抽取的，则系统抽样属于随机抽样。

(3) 非随机抽样 (non-radom sampling)

非随机抽样是根据调查人员的需要和经验，凭个人判断进行抽样的方法。在非随机抽样调查中，研究人员有意识地选择具有代表性的个体作为样本，通过对这些样本的调查达到推测总体特征的目的。常用的非随机抽样方法有任意抽样、判断抽样和配额抽样三种。

七、调查工具及问卷设计

旅游调查人员用于收集第一手资料的工具主要有两种：仪器设备和调查问卷。

1. 仪器设备

由于市场调查仪器设备往往设计科学而且能大大提高研究效率，因此调查人员应了解如何根据市场调查方法、调查对象的特征及经费的情况选择并使用调查仪器设备。

市场调查人员除利用照相机、录像机、录音机等仪器观察记录调查对象的运动过程外，还可利用电流计、速示器等仪器设备观察被调查者对广告图象、声音及色彩等的反应情况。

此外，计算机的应用使得市场调查工作发生了很大的变化。计算机不但可以用来进行数据处理，而且还可应用于电话询问等领域。

2. 问卷调查

问卷是旅游市场调查工作最常用的工具。问卷（questionnaire）又称调查表，是为调查目的而专门设计的带有问题的询问表格。

（1）问卷的询问方式

就询问时是否将问题明确提出以及询问是否具有结果性，可将问卷的询问方式分为四类：

1）直接与结构性询问（direct－structured questioning）

多数的旅游市场调查问卷属于此类，例如对于旅游者社会人口学特征的调查中，家庭结构这一项，可在问卷中做如下询问：

您的家庭结构为？

A. 未婚　　B. 已婚无子女或子女不在身边

C. 子女在 6 岁以下　　D. 子女在 6～18 岁之间

E. 与成年子女共同生活　　F. 其他

这种询问方式的优点是：①问题的个别字眼可以事先加以排选和规定，因此最后印在问卷上的问题，所用的字眼与句子比较可靠。②每个问题的发问次序都已排定，减少了不同调查员对被调查者的影响。③调查结果易于整理、编表和解说。

其缺点是被调查者可能不愿回答或无力正确回答，而且某些字句易被误解。

2）直接与非结构性询问（direct-unstructured questioning）

用结构性的问题询问，会由于过于直接而使人们不愿表达自己的真正动机，或者不能确定自己的动机。在这种情况下，答案的准确性会受到影响。为解决这一问题，市场调查人员借用心理学家常用的询问方法，例如自由交谈方式提出问题，如果被调查者对某些问题愿意详细讨论，则调查人员可从交谈中了解其真正动机所在，这种方式又叫“深入面谈法”。采用这种方式时，无须正式问卷，因此比较被调查者答案时，“平均数”与“百分数”等的计算有困难，其准确性不高。

3）间接与结构性询问（indirect-structured questioning）

所谓间接与结构性询问是指在询问被调查者时，他本身并不知道询问的真正目的所在，不过询问的问题仍然具有结构性。采用这种询问方式的主要目的是为了避免被调查者预先知道询问目的仍故意不做回答，并减少在交谈中调查人员对被调查人的影响。

4）间接与非结构性询问（indirect-unstructured questioning）

有许多人不愿在询问时表明他的真正态度或动机。因此市场调查人员采用投影法（projective technique）来探测被调查者的真正动机所在。采用这种调查方法可使被调查者非自觉地表现其个性、态度与动机。

（2）问题的设计方法

问题的设计方法有许多种，下面主要介绍旅游市场调查中常用的问题设计方法。

1）二项选择法

二项选择法又称非回答法。问题的答案分为“是”与“否”或者“有”与“无”两种，由被调查者选择其一。二项选择法的优点是旅游调查人员可以在短时间内得到明确的判断，或者使中立者的意见偏向一方。但本方法不能表示意见程度的差别。大多名义量表都以二项选择法的形式出现。

2）多项选择法

多项选择法是指一个问题可提出三个或更多的答案，由被调查者从中选择一个或几个答案。使用多项选择法时，一般应将答案予以编号。选择的答案必须包括所有可能的情况，要求被调查者选择的答案不宜过多。

3）顺位法

顺位法是要求被调查者从所列问题的答案中，按照一定标准进行先后选择或排序的方法。它可以要求被调查者选择最重要的一项答案，也可以要求其选出认为最重要的两项、三项或更多项，还可要求被调查者将各项答案按重要性顺序排序。

4）数值尺度法

数值尺度法要求被调查者就某一现象的发展水平或被调查者与某现象或事物的关系进行程度上的判断。旅游研究人员对每个答案分配分值，以便于统计测算。本法简单易行，应用非常广泛。例如：您认为本酒店的服务质量？

□非常好　□比较好　□一般　□较差　□很差

5）项目核对法

运用项目核对法时，旅游调查人员应列出某一服务或其他现象的各种特性，针对每项特性测量被调查者的意见。

6）自由回答法

自由回答法是开放式问题中重要的一种。回答者可以不受约束地回答问题。自由回答法的优点是设计问题时比较容易，可获得的信息多种多样。但由于没有提示，因此自由回答法的结果受被调查者的素质影响很大。

7）回忆法

在旅游调查项目中，回忆法一般用于测量服务项目、企业名称以及广告等的印象强度。它通过测量被调查者记忆的强度来推测印象强度。拟订问题时，旅游调查人员应明确划定回忆的范围，避免使被调查者产生误解。

第三节　旅游市场的细分与定位

旅游市场细分化是旅游开发的依据，细分旅游市场便于旅游市场定位和制定旅游市场策略。

一、旅游市场的细分与定位

1. 旅游市场细分的概念

所谓旅游市场细分，是从旅游消费者的需求差异出发，根据旅游消费者消费行为的差异性，将整个的旅游市场划分为具有类似性的若干不同的消费群体——子市场，并据此选择具有发展潜力的子市场，作为旅游业发展的目标市场的过程。

对旅游市场进行细分的好处在于：有利于旅游企业发现市场机会，制定正确的市场调查战略。通过市场细分，旅游企业可了解到不同的旅游消费群体有哪些消费特点，其中哪些得到了满足，满足程度如何；哪些还未得到满足或充分满足。那些没有得到充分满足的部分，就是旅游企业的市场机会。

2. 旅游市场细分的原则

（1）可衡量性

用来划分旅游市场的标准必须是确切可以衡量的，因此必须对游客各方面的旅游消费需求作全面、准确的了解，以使划分标准的确定能求得准确的答案。

（2）可接受性

要发展区域旅游业，必须根据旅游区域有能力采取的调查活动的范围，选定有效的目标市场。

（3）实效性

旅游市场细分的范围大小必须合理，即细分市场的规模大小必须适当，既要保证有利可图，又要具有相当的发展潜力。

（4）稳定性

旅游市场细分必须在一定时期内保持相对稳定，不可屡屡变化，以便能在较长的时期内制定有效的调查策略。

3. 旅游市场的细分标准

对旅游市场的细分主要是根据旅游者需求特性的差异来进行的。造成旅游者消费特性差异的主要因素就是旅游客源市场细分的标准。

对旅游市场进行细分，就是确定出规模适当、内部消费群体具有相似特性的子市场。细分的方法主要有两类，一类是定性细分，另一类是定量细分。

（1）旅游市场定性细分

定性细分主要是根据对旅游市场现状进行分析的结果，选择有代表性的细分标准，通过经验和判断，将旅游市场分成不同的、具有一定规模和代表性的子市场。从定性的角度来讲，影响旅游者消费需求的因素主要有四大类，即地理环境、人口特征、心理因素和消费行为。

1）地理环境细分

所谓地理环境细分，就是按照旅游消费者所在的地理位置作为细分市场的基础，然后选择其中的一个或几个作为目标市场。

2）人口特征细分

人口特征细分就是按照人口的特征（如年龄、性别、家庭人数、收入、职业、教育、宗教、种族、民族等）来细分市场。人口特征向来是细分市场的重要基础。旅游者的消费欲望、兴趣爱好和旅游率往往和人口特征有因果关系。

3）心理因素细分

心理因素细分就是按照旅游者的个性、兴趣、爱好等心理因素来划分市场。旅游消费者的消费欲望与需求往往受到个性、生活方式的影响。

4）消费行为细分

消费行为细分就是按照旅游者出游时间、旅游动机、旅游频率、旅游后的感受等行为来细分市场。

此外，旅游分析中应考虑社会经济变量及其测定（见表 7.3）。根据旅游者的出游目的、旅行方式、旅行时间和旅行距离，可进行出游中的旅游市场细分（表 7.4）。将旅游者的社会经济背景与其出游偏好选择特征结合在一起细分旅游市场（表 7.5）。在旅游的旅游规划中常用的细分市场类型主要是根据游客出游目的类型和空间区域来细分旅游市场。因为不同出游目的旅游市场其特征较明显，此外，我国现阶段交通条件还是影响游客出游的重要因素之一，如表 7.6、表 7.7 所示。

表 7.3 旅游市场的社会经济变量划分

变量	细分的水平
1. 性别	男性　女性
2. 年龄	按年龄组分析
3. 受教育水平	初中以下　高中（含中专） 大学（含大专）　研究生及以上
4. 收入	个人年收入（或月收入）　全家平均月收入
5. 职业	农民　公务员　科技人员/教师 商业服务业者　企业公司职员　个体经营者 军人或警察
6. 家庭结构	独身(独自一人生活者)　夫妻二人家庭　子女为学龄前儿童者 子女为中小学生者　子女不在身边者

表 7.4 出游中的旅游市场划分

变量	细分的水平
1. 季节性市场	12 月～次年 2 月（冬季市场）　3～5 月（春季市场） 6～8 月（夏季市场）　9～11 月（秋季市场） 周末市场　工作日市场

续表

变　量	细分的水平		
2. 旅行时间细分	一日内休闲市场 二日游 一周游		一日游 三日游 其他时段
3. 旅行距离（千米）（括号内以国家级目的地为例给出大致的距离市场份额）	0～500（约60%市场） 200～900（约16%市场）		500～900（约20%市场） >2000（约4%的市场）
4. 出游目的	会议与商务会议市场 休闲、度假市场 文化节、体育旅游市场 其他家庭或个人事务市场 修学旅游市场 综合目的的市场		采购、销售、其他商务市场 观光、游览市场 探亲访友市场 购物市场 疗养康体旅游市场
5. 旅行方式	汽车旅游市场 轮船旅游市场 步行旅行市场	火车旅游市场 单位交通工具市场 其他、综合交通方式市场	飞机旅游市场 自行车旅行市场
6. 组织方式	散客	团队	

表 7.5　旅游市场细分术语大系

分　类	按分因子	细分亚标准	细分类型	优点
按人口统计分	年龄 教育程度	年龄细分法	学龄市场、青年市场、中年市场、老年市场等	便于研究消费结构
	性别 家庭 年龄结构 收入 宗教	家庭结构细分法	情侣市场、蜜月旅游市场、老年夫妇市场等	便于展开针对性服务
	职业 文化圈	职业细分法	公务旅游、商务旅游、职业旅游、农民旅游、学生团体旅游	
按地理分	常住地	区域细分法	欧洲市场、亚洲市场、东北市场、华南市场	便于研究促销地、旅行社定点
	城市场规模	距离细分法	近时距市场、中时距市场	便于研究时间、费用的支付能力
	气候 人口密度	气候细分法	避暑市场、避寒市场、冬季（滑雪）市场、夏季（游泳）市场	便于研究季节人流特征
按心理分	性格	心理需求法	安逸者市场、冒险者市场、廉价购物者市场	便于安排项目内容
	习惯 价值观	生活方式法	基本需求者、自我完善者、开拓扩张者市场	便于探索“满意经历”的内在机理

续表

分类	按分因子	细分亚标准	细分类型	优点
按消费行为分	消费动机 频率	旅游目的法	度假市场、观光市场、会议商务市场，福利旅游、教育旅游、探亲访友旅游市场	便于研究供给布局
	品牌信赖度	组织方式法	组团旅游市场、散客旅游市场	安排组织工作
	消费水平 广告敏感度	价格敏感度法	豪华型旅游、工薪层旅游、节俭型旅游、温和型旅游市场	便于研究价格策略
	服务敏感度 价格敏感度	频率分类法	随机性、选择性、重复性市场	便于安排促销重点

资料来源：国家旅游局人事劳动教育司，1999

表 7.6　赤壁市旅游市场按功能细分

旅游功能种类	需求特征	市场吸引半径	游客特征	停留时间	消费水平	开发导向
观光游览	以静态陈列式项目和自然风光参观为主	＞200 公里的中远距离	各年龄层次	很短	低	重点开发主体
休闲度假	以康体休闲度假为目的讲求享受	＜200 公里的近距离	中老年为主	较长	高	重点开发主体
文化旅游	追求历史文化和民俗的深入体验与感受	＞300 公里的中远距离	具有文化审美的人群	稍长	中	重点开发主体
体育参与旅游	以体育项目的参与和身心锻炼为目的	＜300 公里中近距离	青少年为主	稍长	中	附带开发次主体
公务商务旅游	公务商务活动之外附带旅游考察	＞300 公里	中年人为主	较长	高	重点开发主体
探险旅游	追求探索与征服自然	＞300 公里	青少年为主	稍长	中低	附带开发次主体
宗教旅游	讲求信仰的虔诚和心灵的回归	＜400 公里	中老年为主	较长	中	附带开发非主体

资料来源：张立明．2001．赤壁市旅游规划 2001～2020

表 7.7　赤壁市旅游市场的空间区域细分

空间半径	覆盖区域（城市）	交通方式	接近时间（小时）	客源比重（%）	合计比例（%）
≤100 公里	赤壁市	公路、水路	＜1.5	17.3	39.2
	咸宁市（接壤）	公里、铁路		7.7	
	荆州市（接壤）	公路、水路		5.3	
	湖南省（接壤）	公里、水路、铁路		7.5	
	江西省（接壤）	公路、铁路		1.4	
100～250 公里	咸宁地区	公路、铁路	＜2.5	2.1	40.8
	黄石地区	公里、水路	＜2.5	4.2	
	武汉市	公路、铁路、水路	＜2	20.5	
	黄冈地区	公路、水路	＜2.5	1.6	
	荆州地区	公里、水路	＜2.5	4.5	
	湖南省	公路、铁路	＜2.5	7.2	
	江西省	公路、铁路	＜2.5	0.7	
250～350 公里	宜昌地区	公路、水路	＜3.5	0.6	2.5
	湖南省	公路、铁路		1.6	
	江西省	铁路、公路		0.3	
350～500 公里	湖南省	公路、铁路	＞4.5	5.7	10.7
	广东省	公路、铁路		2.6	
	四川省	公路、水路、铁路		0.8	
	河南省	公路、铁路		1.6	
＞500 公里	其他省	公路、铁路、水路	＞5	6.8	6.8

资料来源：张立明. 2001. 赤壁市旅游规划 2001～2020

（2）旅游市场的定量细分

定量细分实际上就是对旅游市场进行系统聚类的过程。系统聚类分析的基本原理是将一定数量的样品或指标各自看成一类，然后根据样品或指标的亲疏程度，将亲疏程度最高的两类进行合并，再考虑合并后的类与其他类之间的合并，直到得到规模、结构均令人满意的分类结果为止。

4. 区域旅游市场细分的基本步骤

(1) 认清区域旅游业的经营目标

了解区域旅游业的经营目标和经营范围，也就是确定区域旅游业能为旅游者提供什么样的旅游产品或提供何种劳务，是进行区域旅游市场细分的基础。

(2) 了解游客的愿望和需求

针对区域旅游业的经营目标，列出该经营范围内旅游消费者的现实需求及潜在需求的情况，是对区域旅游市场进行细分的原始依据。

(3) 选定恰当的细分标准，对区域旅游市场进行初步细分

在造成游客消费特性差异的各种因素中，要选出具有现实性且能反映市场特点的因素，作为初步细分旅游市场的主要标准。

(4) 对初步细分旅游市场进行合并或分解

进一步检查区域旅游市场的初步细分结果是否符合实际情况，有无可行性，对各个可能存在的旅游细分市场进行合并或分解。

(5) 细分旅游市场的主要特点分析

对合并后各个细分旅游市场中消费群体的主要消费特点，给以形象化的概括和描述，以确定各细分子市场的特点。

(6) 估计各个细分市场的市场潜力，选定目标市场

将各个细分子市场与该市场中游客的消费特性相联系，估计市场潜力，确定每个细分市场的规模，根据区域旅游业的发展目标，进行目标市场的选择。

二、旅游目标市场定位

在旅游市场进行细分后要进行目标市场定位。目标市场定位要在旅游资源、旅游客源、旅游品牌充分进行分析的基础上进行，其主要思路脉络可归纳为如图 7.7 所示。

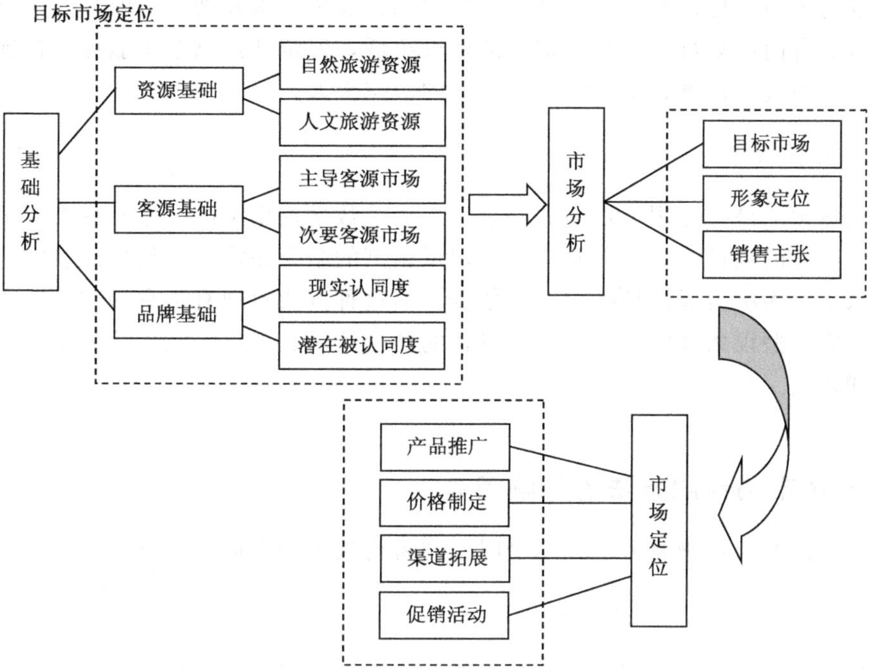

图 7.7　旅游目标市场定位的逻辑流程

目前市场定位，一般可分为一级目标市场、二级目标市场、三级（或机会）目标市场，每级目标市场中可根据细分市场进行。

第四节　旅游市场预测的理论基础与方法

旅游市场预测是在市场调查的基础上，运用科学的方法对市场供需发展趋势和未来状况做出预见和判断，从而为经营决策提供科学依据。

一、旅游市场预测的方法分类

从确定旅游市场预测量的角度，可将旅游调查预测方法分为定性预测和定量预测。

1. 定性预测

定性预测是指旅游调查人员依据个人的经验和分析能力，对调查变量之间的关系进行逻辑推理，并以个人判断法估测调查变量未来发展趋势的方法。定性预测相对而言简单易行，对数据资料的要求很低，但定性预测并不能提供精确的预测结果，而且受预测者个人背景和水平的影响很大。

2. 定量预测

定量预测是指运用一定的数值信息，通过数学模型来确定旅游调查变量间未来发展趋势的数量关系的预测方法。定量预测的结果往往十分精确地表明未来的发展水平，为决策提供精确的数据依据。但这种方法对现有信息的数量和质量要求高，而且假设条件较多，对无法量化的社会政治、经济、文化等因素不能全部囊括和控制。

二、旅游市场预测方法的影响因素

选择旅游市场预测方法或模型时，应考虑以下四方面的因素。

1. 预测目标和预测对象的性质

旅游调查人员应依据预测目标和预测对象的性质选择预测方法和模型。例如对旅游市场需求的预测一般应采取定量的方法，但对旅游调查环境中社会文化因素的预测就很难采用数学模型，必须采用定性的方法。

2. 预测结果的用途

当预测结果用于旅游调查战略决策时，预测选择的模型就更应注重精确性。而日常决策的小范围预测，则没有必要选择复杂而精密的数学模型。

3. 现有信息

现有信息的数量和质量是约束旅游预测方法和模型选择的一个客观因素。特定模型的使用对信息的数量和质量都有一定的要求，才能保证预测的准确性和精确度。在旅游调查预测中，许多方面缺乏足够的准确数据，甚至缺乏足量的信息，使得调查人员不得不放弃一些对信息要求很高的精确模型。

4. 预测的时间和经费限制

不同的调查预测方法对时间和经费的要求差别很大。时间和经费在很大程度上制约了预测方法的选择。

三、旅游市场的定性预测法

旅游市场的定性预测方法主要有旅游者意图调查法、经理人员判断法、销售人员意见综合法、专家意见法及人工趋势递增预测法。

1. 旅游者意图调查法

旅游者意图调查法就是向潜在的旅游者了解预测期内旅游意图的方法。采用这种方法时，旅游调查人员一般应通过抽样的方法列出一份潜在旅游者的名单，然后依据名单分别与每个旅游者接触，用调查表或当面询问旅游计划和旅游意图。旅游调查人员可以比较详细地询问每位旅游者的计划旅游花费、旅游活动安排或交通住房设施的选择等方面的情况。

旅游意图调查法往往会耗费大量的时间和精力，调查费用也比较高。

2. 管理人员判断法

管理人员判断法在实际工作中可以有两种不同的形式：一种是旅游调查管理人员单独依据目前已具有的信息，凭借逻辑推理或直觉进行判断的预测方法；另一种是高级调查管理人员可召开下级有关管理人员的会议，听取下级管理人员对相关事情的看法，在此基础上，依据个人经验进行判断。

管理人员判断法在实际工作中应用非常广泛，简便易行，对时间和费用的要求很低，因此日常性的预测大多可采用此法。

3. 营销人员意见综合法

营销人员意见综合法是指旅游预测人员召集有关营销人员进行预测，然后对预测结果进行综合的方法。此法尤其适用于对旅游市场需求的测量和竞争对手情况的预测。

4. 专家意见法

专家意见法是旅游调查人员通过专家分析判断而进行调查预测的方法。专家意见法主要有专家个人预测法、专家会议法、德尔菲法。

5. 人工趋势递增预测法

根据历史资源和开发后可能增长的幅度来预测旅游客源市场的规模，一般可表示为

$$Q_i = \alpha(1+\beta)^i$$

Q_i 为第 i 年的客源人数规模，α 为预测基年值，β 为年增长率，判断出 β 值就能预测客源人数。β 值随着客源人数的基数增加而逐渐减小，并稳定在一个区间。在旅游规划中旅游接待人数的预测常用此法。

四、旅游市场的定量预测法

定量预测法主要包括时间数列预测法、回归分析法及神经网络模型预测法。

1. 时间数列预测法

时间数列预测法是旅游调查常用的定量预测方法，主要包括简单模型法、长期趋势模型法以及循环变动模型。旅游调查预测中常用的模型主要包括简单平均法、移动平均法、指数平滑法和灰色模糊预测法，主要用于近期预测。长期趋势模型法是利用描述事物长期趋势的数学模型进行外推预测的方法。其中包括二次抛物线趋势模型法、指数曲线法以及龚配资（Gompertz）曲线法。利用目前国际上流行的著名的统计分析软件包——社会科学统计软件包 spss/pct 可进行各种定量预测，该软件可从网上下载。

（1）灰色模糊预测法

邓聚龙教授于 1982 年首先提出灰色系统理论。它自提出以来，引起了国内外很多学者的重视，得到了较深入的研究，在众多方面获得了成功的应用，特别在对社会经济系统的状态和行为的描述与预测领域更是独具特色。灰色预测方法以灰色模块为基础，以微分拟合法建立累加变量，主要用于单变量时间序列的预测。

灰色预测模型称为 GM 模型，GM(1,1)表示一阶的、一个变量的微分方程型预测模型。GM(1,1)是一阶单序列的线性动态模型，主要用于时间序列预测。灰色模型预测的建模过程如下所示：

设数列 $x^{(0)}$ 共有 n 个观察值：$x^{(0)}(1), x^{(0)}(2), \cdots, x^{(0)}(n)$

对 $x^{(0)}$ 作累加生成，得到新的数列 $x^{(1)}$，其元素为

$$x^{(1)}(i) = \sum_{m=1}^{i} x^{(0)}(m) \qquad (i = 1,\ 2,\ \cdots,\ n) \tag{7.14}$$

其中

$$x^{(1)}(1) = x^{(0)}(1)$$

$$x^{(1)}(2) = x^{(0)}(1) + x^{(0)}(2) = x^{(1)}(1) + x^{(0)}(2)$$

$$x^{(1)}(3) = x^{(0)}(1) + x^{(0)}(2) + x^{(0)}(3) = x^{(1)}(2) + x^{(0)}(3)$$

…

$$x^{(1)}(n)=x^{(1)}(n-1)+x^{(0)}(n)$$

对数列 $x^{(1)}$，可建立预测模型的白化形式方程：

$$\frac{dx^{(1)}}{dt}+ax^{(1)}=u \tag{7.15}$$

式中：a，u 为待估计参数，分别称为发展灰数和内生控制灰数。

设 $\hat{a}$ 为待估计参数向量，则

$$\hat{a}=\begin{bmatrix} a \\ u \end{bmatrix}$$

按最小二乘法求解，有

$$\hat{a}=(B^TB)^{-1}B^Ty_n \tag{7.16}$$

式中：

$$B=\begin{bmatrix} -\frac{1}{2}(x^{(1)}(1)+x^{(1)}(2)) & 1 \\ -\frac{1}{2}(x^{(1)}(2)+x^{(1)}(3)) & 1 \\ \cdots & \cdots \\ -\frac{1}{2}(x^{(1)}(n-1)+x^{(1)}(n)) & 1 \end{bmatrix}$$

$$y_n=[x^{(0)}(2),\ x^{(0)}(3),\ \cdots,\ x^{(0)}(n)]^T$$

将（7.14）式求得的 $\hat{a}$ 代入（7.15）式，并求解微分方程，得 GM（1，1）预测模型为

$$\hat{x}^{(1)}(i+1)=\left(x^{(0)}(1)-\frac{u}{a}\right)e^{-at}+\frac{u}{a} \tag{7.17}$$

与其他模型相同，在 GM（1，1）模型建立后，必须经过模型检验才能进行预测。灰色预测模型检验有残差检验、关联度检验和后验差检验三种。

（2）三次指数平滑预测的理论模型

指数平滑法是利用过去的统计资料，以平滑系数来进行预测的一种方法。其特点是以前期的实际值和前期的预测值为基础，经过修匀处理后得到本期的预测值。所以，指数平滑又称指数修匀，可以用来消除时间序列的偶然变动。具体做法是：将上期的实际统计数据与上期预测值的差额用平滑系数来加权，然后加上上期的预测值，即为本期的预测值。

1）一次指数平滑法

一次指数平滑法，是利用本期的实际值与紧前期的估计值，通过对它们的不同加权的分配，求得一个指数平滑值，作为下一期预测值的一种方法。

其计算公式为

$$s_t^{(1)} = ax_t + (1-a)s_{t-1}^{(1)} \tag{7.18}$$

式中：$s_t^{(1)}$——第 t 期一次指数平滑值；

x_t——第 t 期的实际值；

$s_{t-1}^{(1)}$——紧前期一次指数平滑值；

a——平滑系数，其取值范围为 $0 \leqslant a \leqslant 1$。

2）二次指数平滑法

二次指数平滑法是在一次指数平滑的基础上，再做一次指数平滑，然后利用二次指数平滑值，通过求解平滑系数，建立数学模型，进行预测的一种方法。此方法适用于具有线性趋势的时间数列资料。

二次指数平滑法的基本计算公式为

$$s_t^{(2)} = as_t^{(1)} + (1-a)s_{t-1}^{(2)} \tag{7.19}$$

式中：$s_t^{(2)}$——第 t 期二次指数平滑值；

$s_t^{(1)}$——第 t 期一次指数平滑值；

a——平滑系数，其取值范围为 $0 \leqslant a \leqslant 1$；

下标 $t-1$——紧前期。

3）三次指数平滑法

三次指数平滑法，是在二次指数平滑的基础上进行第三次指数平滑，求取三次指数平滑值的一种方法。三次指数平滑几乎适用于所有的时间序列分析应用问题。

三次指数平滑法的基本计算公式为

$$s_t^{(3)} = as_t^{(2)} + (1-a)s_{t-1}^{(3)} \tag{7.20}$$

用三次指数平滑法建立抛物线预测模型为

$$\hat{Y}_{t+T} = a_t + b_t T + c_t T^2 \tag{7.21}$$

方程中 a_t，b_t，c_t 三个系数的计算公式为

$$a_t = 3s_t^{(1)} - 3s_t^{(2)} + s_t^{(3)}$$

$$b_t = \frac{a}{2(1-a)^2}\left[(6-5a)s_t^{(1)} - 2(5-4a)s_t^{(2)} + (4-3a)s_t^{(3)}\right]$$

$$c_t = \frac{a^2}{2(1-a)^2}(s_t^{(1)} - 2s_t^{(2)} + s_t^{(3)})$$

式中：$s_t^{(3)}$——第 t 期的三次指数平滑值；

$s_t^{(2)}$——第 t 期二次指数平滑值；

$s_{t-1}^{(3)}$——第 $t-1$ 期的三次指数平滑值；

a——平滑系数；

a_t，b_t，c_t——参数；

t——目前的周期序号；

T——预测超前周期数；

$\hat{Y}_{t+T}$——第 $t+T$ 期的预测值。

运用三次指数平滑法进行预测的步骤：第一步，根据预测目标的样本数据资料，利用一次指数平滑的基本公式，计算一次指数平滑值；第二步，以一次指数平滑值为时间序列，利用二次指数平滑的基本公式，计算二次指数平滑值；第三步，以二次指数平滑值为时间序列，利用三次指数平滑的基本公式，计算三次指数平滑值；第四步，利用时间 t（本期）的一次、二次、三次指数平滑值，求得预测方程的参数 a_t，b_t 和 c_t 的值，建立可用于预测的方程式；第五步，根据预测值同本期相隔期数确定 T 值，将 T 值代入预测方程式，即可计算出相应的预测值。

(3) 二次抛物线模型预测法

当预测事件各历史时期数值的逐步增长量大致相同时，就可以利用二次抛物线趋势模型进行外推预测。其公式为

$$y = a + bx + cx^2 \tag{7.22}$$

用最小二乘法配合二次曲线，解得参数 a、b 和 c，即可建立起二次抛物线模型。

(4) 指数曲线模型法

指数曲线模型可分为简单指数曲线模型和修正指数曲线模型两种。

当预测事件在各个历史时期的环比发展速度大致相同时，可按简单指数曲线建立趋势模型并进行外推预测，其公式为

$$y = ab^x \tag{7.23}$$

当预测事件各历史时期的逐期增长量的发展比例大致相同时，可用修正指数曲线模型进行外推预测。此法适用于发展极限的确定，并且可以预测历史事件由高速增长逐渐下降至低速增长的情况。修正指数曲线可用来预测在一定时期内特定旅游客源市场的开发情况。其公式为

$$y = k - ab^x \tag{7.24}$$

(5) 龚配资曲线模型

龚配资曲线模型用于预测初期发展较为缓慢，随后逐渐加快，到一定程度后发展速度趋缓，最后呈平缓发展的情况。在旅游调查预测中，可用于旅游产品的生命周期预测。如图 7.8 所示。

当预测事物各历史时期数值的对数增长量的发展比例大致相同时，可用该模型进行预测。其基本公式为

$$y = ka^{bx} \tag{7.25}$$

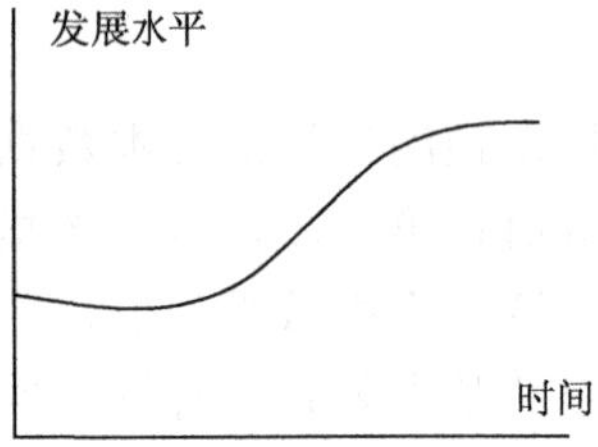

图 7.8　龚配资曲线

以上介绍了时间数列预测的基本方法。利用以上模型进行预测时，所需历史数值较多，一般应有10～20个以上的历史数据，预测期一般应为2～4年左右，不宜过长。对某些发展情况多变的旅游调查变量不宜用趋势曲线模型进行预测。

2. 回归模型预测法

上述趋势外推预测法是就事物本身的发展趋势进行外推预测，并未考虑其他相关因素的影响，可靠性有一定的限制。回归模型预测方法则是通过对具有相关关系的变量建立回归模型的方法进行预测，因而克服了时间数列模型的不足。回归模型预测主要有一元回归模型预测和多元回归模型预测。一元回归模型预测是在确立一个自变量和一个因变量之间具有显著相关关系的基础上，配合回归线进行预测的方法；多元回归模型中则存在一个因变量和多个自变量的关系。

运用回归模型进行预测程序是：首先利用相关图判定变量之间的相关类型，确定采用何种相关模型，然后计算相关系数，判定变量之间的相关程序。如果变量显著相关，则配合回归线建立模型进行预测，在必要时最后应予以检验。

(1) 一元回归模型预测

一元回归模型为

$$y = a + bx \tag{7.26}$$

相关系数的计算公式为

$$r = \frac{n\sum xy - \sum x \sum y}{\sqrt{n\sum x^2 - (\sum x)^2} \cdot \sqrt{n\sum y^2 - (\sum y)^2}} \tag{7.27}$$

如果相关系数 $r \geqslant 0.5$，则可用最小平方法配合回归线，求解参数 a、b 后，得到直线回归方程，最后通过计算估计标准误差来评价预测结果。

(2) 多元回归模型预测

利用多元回归模型预测时，应注意筛选自变量。建立模型时应保留与因变量关系最为密切的自变量。假设因变量 y 与自变量 x_j $(j=1, 2, \cdots, m)$ 之间的关系可表示为

$$y_i = b_0 + b_1x_{1i} + b_2x_{2i} + \cdots + b_mx_{mi} + \varepsilon_i \quad (i=1, 2, \cdots, n) \tag{7.28}$$

其中：b_0，b_j $(j=1, 2, \cdots, m)$ 为模型回归系数；ε_i 为除自变量 x_j $(j=1, 2, \cdots, m)$ 的影响之外对 y_i 产生影响的随机变量，即随机误差。该结论基

于以下的基本假设：

设随机误差 ε_i 的期望值为0，$E(\varepsilon_i)=0 \quad (i=1,2,\cdots,m)$；

方差的期望值为一常数 σ^2，$E(\varepsilon_i^2)=\sigma^2 \quad (i=1,2,\cdots,m)$；

各随机误差项是互不相关的，即协方差的数学期望值为0，

$$E(\varepsilon_i,\ \varepsilon_j)=0 \quad (i,\ j=1,\ 2,\ \cdots,\ n,\ i\neq j)$$

当以上的假设条件得到满足时，式（7.28）就称为多元线性回归预测模型，这时可写为：

$$\hat{y}=b_0+b_1x_{1i}+b_2x_{2i}+\cdots+b_mx_{mi} \quad (i=1,\ 2,\ \cdots,\ n) \tag{7.29}$$

和一元线性回归预测模型一样，多元线性回归预测模型建立时可采用最小二乘法估计模型参数。

回归预测模型建立以后，是否与实际数据有比较好的拟合度，其模型的线性关系的显著性如何，还必须通过数理统计和经济意义的检验。常用的统计检验有：标准离差检验、相关系数检验、显著性检验和随机检验等。

3. 旅游市场的神经网络预测

旅游市场的需求涉及到社会经济系统的各个方面，如政府、企业、个人等社会主体的消费心理和行为等。对其进行预测，必须很好地研究各个经济变量之间的相互关系。由于以往对旅游市场需求定量预测方面的研究较少，所以预测的数据搜集、因素分析比较困难，利用神经网络方法来模拟旅游市场的需求系统，恰好能弥补这方面的缺陷。

人工神经网络（artificial neural networks，ANN）是近年来得到迅速发展的一个国际前沿研究领域，它的发展对计算机科学、人工智能、认识科学、脑神经科学、数理科学、信息科学、微电子科学、自动控制与机器人、系统工程等方面都有重要影响，因而激发人们以不同的观点和各式各样的构思来研究神经网络。研究神经网络的目的是模拟人脑的思维过程，实现某些思维，达到一定的功能。它是一个非线性动力学系统，其特色在于信息的分布式存储和并行协同处理，虽然单个神经元的结构极其简单、功能有限，但大量神经元构成的网络系统所能实现的功能却是丰富多彩的。和数字计算机相比，神经网络系统具有集体运算能力和自适应的学习能力。另外，它还有很强的容错性，善于联想、综合和推广。

（1）人工神经元模型

人工神经元是对生物神经元的简化和模拟，它是神经网络的基本处理单元。图7.9所示。

它是一个多输入、单输出的非线性元件，其输入和输出关系可描述为

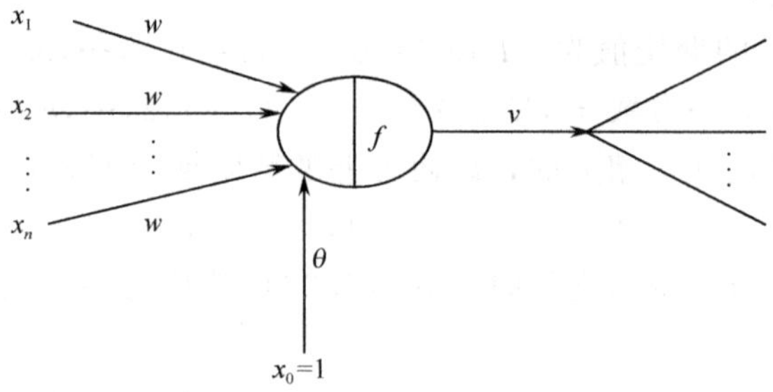

图 7.9 神经元结构模型

$$I_i = \sum_{j=1}^{n} w_{ji} x_j - \theta_j$$
$$y_i = f(I_i) \tag{7.30}$$

其中 $x_j(j=1, 2, \cdots, n)$ 是从其他细胞传来的输入信号，θ_i 为阈值，w_{ji} 表示从细胞 j 到细胞 i 的连接权值，$f(\cdot)$ 称为传递函数。有时为了方便起见，常把 $-\theta_i$ 也看成是对应恒等于 1 的输入量 x_0 的权值。这时式(7.30) 中的和式记为

$$I_i = \sum_{j=0}^{n} w_{ji} x_j \tag{7.31}$$

其中：$w_{ji} = -\theta_i$，$x_j = 1$

传递函数 $f(x)$ 可为线性函数，但通常为像阶越函数或 S 状曲线函数那样的非线性函数。常用的神经元非线性函数列举如下：

1) 阈值型函数

当 y_i 取 0 或 1 时，$f(x)$ 为图 7.10 (a) 所示的阶越函数

$$f(x) = \begin{cases} 1 & x \geqslant 0 \\ 0 & x < 0 \end{cases} \tag{7.32}$$

当 y_i 取 −1 或 1 时，$f(x)$ 为图 7.10 (b) 所示的 sgn 函数

$$\mathrm{sgn}(x) = \begin{cases} 1 & x \geqslant 0 \\ -1 & x < 0 \end{cases} \tag{7.33}$$

2) S 状曲线

通常是在 (0, 1) 或 (−1, 1) 内连续取值的单调可微分函数，常用指数或正数等一类 S 状曲线 (Sigmoid curve) 来表示，如

$$f(x) = \frac{1}{1 + \exp(-\beta x)} \quad (\beta > 0) \tag{7.34}$$

或

$$f(x) = \tanh(x) \tag{7.35}$$

图 7.10 阈值型函数

(a) 阶越函数；(b) sgn 函数

由于传递函数是非线性的，虽然单个神经元看起来并不复杂，但由于多个神经元连接所形成的网络，实际上就构成了一个非线性动力学系统，可以说神经网络具有一般非线性动力学系统的一切特征，如不可预测、多个吸引子、会出现混沌等。

(2) 人工神经网络的特点

虽然人工神经网络与真正的人脑神经网络有很多差别，但由于它吸收了生物神经网络的部分优点，因而有其固有的特点。

1) 分布式信息存储

一个信息不是放在一个地方，而是分布在整个网络。ANN 是一种具有大量连接的并行分布式处理器，它具有通过学习获取知识并解决问题的能力，并且知识是分布存储在连接权（对应于神经元的突触）中，而不是像常规计算机那样按地址存在特定的存储单元中。

2) 并行协同处理

不同的存储方式也决定了人工神经网络的信息处理方式。神经网络中每个神经元都是一个独立的信息处理单元，它根据接受到的信息作独立运算，然后把结果传输出去，是一种并行协同方式，而处理规则并不是完全按照逻辑规则，可以是根据物理、数学或心理学等学科中的科学定律或规则。

3) 很强的自组织、自学习能力

系统可以在学习过程中不断地完善自己，具有创新的特点。

(3) 神经网络模型

神经网络是由大量的神经元广泛互连而成的网络，根据学习方式的不同，可分为有教师学习的神经网络和无教师学习的神经网络。

目前具有代表性的神经网络模型有：自适应共振理论、BP 网络、hopfield 网络，自组织映射等等，BP 网络是目前应用最为广泛的网络之一。下面主要就 BP 网络对旅游市场的预测进行介绍。

BP 网络（backpropagation neural network）是一单向传播的多层前向网络。网络除输入节点外，有一层或多层的隐层节点，同层节点间没有任何耦合。输入信号从输入层节点依次传过各隐层节点，然后传到输出节点，每一层节点的输出只影响下一层节点的输出。每个节点都具有图 7.9 所示的单个神经元结构，其单元特性（传递函数）通常为 sigmoid 型，但在输出层中，节点的单元特性有时为线性。

BP 网络可看成是一从输入到输出的高度非线性映射，即

$$F: R^n \to R^m,\ f(X)=Y$$

对于样本集合：输入 $x_i(\in R^n)$和输出 $y_i(\in R^m)$，可以认为存在某一映射 g 使

$$g(x_i)=y_i \qquad i=1,\ 2,\ \cdots,\ n \tag{7.36}$$

现要求出映射 f，使得在某种意义下（通常是最小二乘意义下），f 是 g 的最佳逼近。神经网络对简单的非线性函数进行数次复合，可近似复杂的函数。

误差反向传播（backpropagation algorithm，简称 BP 算法）在神经网络的研究中有较长的历史，今天已成为网络学习中最常用的学习方法之一。

BP 网络结构图如 7.11 所示。

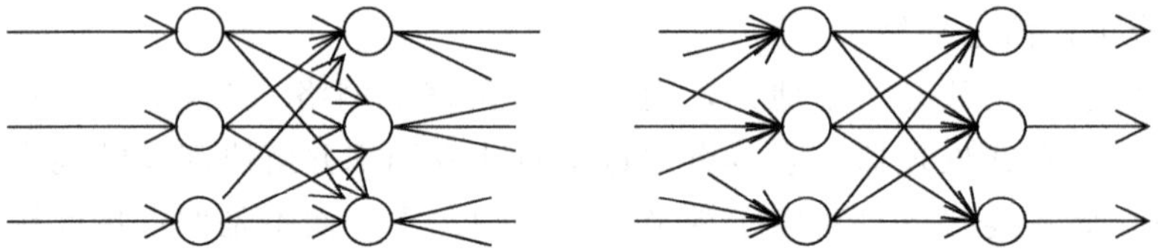

图 7.11　BP 网络图

假设 BP 网络的结构图如图 7.11 所示，共有 m 层（不包括输入层），第一层的节点数为 n_1，$y_k^{(l)}$ 代表第 l 层节点 k 的输出，且由下式表示：

$$\begin{aligned}\bar{y}_k^{(l)} &= w_k^{(l)}\cdot y^{(l-1)}=\sum_{j=1}^{n(l-1)} w_{kj}^{(l)} y_j^{(l-1)}\\ y_k^{(l)} &= f(\bar{y}_k^{(i)}) \qquad k=1,\ 2,\ \cdots,\ n_l\end{aligned} \tag{7.37}$$

这里 $w_k^{(l)}$ 为连接到第 $l-1$ 层节点到第 l 层 k 节点的权向量，$Y^{(0)}=X$。给定信号 (X,Y)后，网络权值将被调整，直至准则函数最小。

$$E(w)=\frac{1}{2}\left\|Y-\hat{Y}\right\|^2=\frac{1}{2}\sum_{k=1}^{nm}(Y_k-\hat{Y}_k)^2 \tag{7.38}$$

其中：$\hat{Y}_k$ 为网络输出，且 $\hat{Y}_k = y_k^{(m)}$。

对于BP网络而言，误差的计算是从输出层向输入层反方向进行的。一般而言，函数 $f(u)$常取Sigmoid函数，即

$$f(u) = \frac{1}{1 + \exp(-\beta u)} \tag{7.39}$$

这时 $f(u)$的导数可用乘积来表示，使计算简化。

$$f'(u) = f(u)(1 - f(u))$$

对于给定的不同的信号，按照上述方法，不断地修正权值，使网络的输出接近所希望的输出。

BP网络以其固有的非线性特征和良好的自学习功能为解决复杂非线性系统的建模和预测，提供了一种全新的方法。鉴于区域旅游市场的动态性和复杂性，在预测的过程中引入神经网络模型，将对预测精度的提高起到较大的促进作用。

思考题：

1. 旅游客源市场空间结构分析及时间结构分析在旅游规划中有何意义？
2. 简述旅游客源市场调查工作流程并绘出其流程图。
3. 旅游客源市场调查中如何收集原始资料？
4. 旅游客源市场细分的社会经济变量有哪些？其细分客源市场有何意义？
5. 如何对旅游客源目标市场进行定位？
6. 旅游客源市场预测中有哪些定性预测方法和定量预测方法？

第八章　总体布局与项目规划

学习目的：通过本章的学习，了解旅游规划布局的含义、旅游功能区的划分原则与方法，旅游区空间布局的模式；掌握旅游项目规划的主要内容、原则与方法；了解旅游规划中的旅游项目库的主要内容。

对旅游区域进行合理的分区、科学的布局，是实现区域旅游业可持续发展的基础。总体布局与项目规划是各种类型和各种层次旅游规划中最重要的部分之一。

第一节　旅游规划的总体布局

总体布局是指规划要素的空间组合分布，即规划的空间结构，也可称为旅游发展的总体布局。总体布局是对集合区域内的各种资源进行优化配置，是旅游发展的空间布局和总体发展战略。

旅游的总体布局要突出区域发展重点，依托区域优势，面向大区域、大市场，促进特色旅游资源的深度开发、旅游精品的建设和旅游总体形象的塑造。按照依托中心城市、突出主题文化、创建精品品牌、形成开放型大旅游产业的总体思路进行区域旅游业发展的总体布局。

一、旅游功能分区的原则

1. 主题性原则

旅游功能分区中要突出每一功能区的旅游功能和主题形象，充分挖掘每个功能区内的资源特色和文化内涵，依托优势，面向目标市场，通过景观建设、建筑风格、服务方式、主题旅游活动、节庆事件等方面来塑造与强化功能区的鲜明形象，以对游客形成吸引力。

2. 主导性原则

根据县市旅游资源分布和空间组合特征，将具有资源类型相似性、文化历史继承性、旅游功能同一性、市场形象统一性的景观集中成片，采取因素主导法，依据最优越的资源和区位条件，通过集聚布局效应，划出相对集中区域，突出各区域规模效益和整体优势，强化各旅游区域之间（尤其是与其竞争地）的差异，以利于各区域塑造特色鲜明的市场形象。

3. 完整性原则

在旅游资源相对集中分布的区域，依据自然地形特征与景观本质联系，结合已形成的行政区域格局，遵循景观演变的连续性，划分旅游区域，既保证各区域内部的地域完整性，又使各区之间分层次、连成片（或带），形成完整、丰富、具有多种适应性的功能整体。

4. 分工协作原则

按同一性或差异性所划定的各旅游区，必须以依据客源市场所作出的旅游功能定位为导向，创意开发相关配套旅游项目，变单一功能为相关功能群。同时，各区功能上的专业化发展要服从全局的需要，形成各区之间扬长避短、优势互补、功能耦合的区域分工合作体系。

5. 发展性原则

旅游分区不仅要立足现状，更要着眼未来，为中远期战略格局的形成奠定坚实的基础。旅游分区应充分考虑旅游资源的区位特征和各区域的市场特征，要有利于景点组合和精品旅游线路的塑造，有利于区内各旅游产业要素的有机配置，有利于区内外的客流流动，有利于与周边地区旅游景区共同构成大旅游网络格局，实现区域旅游的协同发展。

6. 环境保护原则

保护好旅游区的环境是旅游可持续发展的基础和保障，因此旅游功能区的划分一定要有利于环境保护，包括两个方面：一方面要有利于减少环境污染，另一方面要有利于环境污染的处理，如食住要依托中心城镇，以便于生活污染的集中处理；在水景旅游区和森林旅游区内，旅游功能分区要遵循“游乐在水上，在林中；食住在岸上，在林外”的原则。

7. 因地制宜原则

旅游功能分区要根据旅游活动所依托的资源特征进行功能区的划分，不同的旅游资源适宜开发的方向不一样。规划的旅游活动亦不相同，因此在规划中，功能分区应与资源条件相匹配，如表 8.1 所示。

表 8.1　海滨旅游区旅游活动分区

项　目	利　用　空　间										
	临海腹地	海　岸				海面	海中	岛屿	活动类型		
		断崖	岩礁	沙滩	护岸				限制	适度	强烈
海水浴				○							○
游　艇					○	○					○
舟　钓					○	○		○		○	
岸　钓			○	○	○	○		○		○	
生物采集	○	○	○	○				○			○
休疗养	○							○		○	
野　营	○							○			○
风景探胜	○	○	○	○				○		○	
海中探胜							○			○	
参观游览	○						○				○
冲　浪						○				○	
高尔夫	○									○	
儿童游戏	○			○						○	
自然保护区	○	○	○					○	○		
野外漫游	○							○		○	

注：○适宜区域

资料来源：周宁、李铮生，1990

二、旅游功能分区

旅游功能分区就是要根据旅游功能分区的原则对旅游区进行合理的划分。根据所规划区域的范围和资源市场特征，功能分区可划分为功能区—功能亚区—功能小区的层次进行划分。

1. 功能区

旅游发展规划和旅游区总体规划中的一级区，一般根据资源和市场特性及主体功能进行划分，一般可打破行政界线，以中心城镇为依托。

每个功能区要明确以下内容（见表 8.2）：①功能区名称。②功能区范围。

③主要景点。④资源特色。⑤开发利用方向。⑥功能定位。⑦市场定位。

表 8.2　旅游功能区分区规划方案

特征／功能区	旅游功能区范围	资源特征	主要景点	开发利用方向	功能定位		主要旅游活动	市场定位		
					主要功能	辅助功能		一级市场	二级市场	三级市场
功能区一										
功能区二										
功能区三										
……										

2. 功能亚区

在功能区之下根据主体旅游资源的区域差异进一步细分的功能区，其区域范围一般以乡镇为中心，旅游活动接待以乡镇政府所在地集镇为依托，其主要的分区方案同旅游功能区。

3. 旅游小区

可称为景区，景区由景点组成，是旅游活动的主要区域和旅游功能区的核心。旅游景区的规划内容比功能区的规划内容更为详细，如表 8.3 所示。

表 8.3　赵县县城公园规划一览表

名称	位　置	性质功能	面积（公顷）	周围环境	意境	服务对象	主要设施	艺术风格	植物特色	建设期
大石桥公园	石桥大街南端	国家级文物保护单位	11.14	四面临水	河湄水居	旅游者居民	安济桥 水上活动 古桥展馆	古朴典雅	柳树 桃树 松树	近远期
小石桥公园	永通路、308、北环路、肖庄街之间	省级文物保护单位	12.13	居住区	江南水乡	旅游者居民	永通桥 永济桥 休息钓鱼	小桥流水人家	松树 竹类 腊梅	近远期
南门公园	南环路、南大街交叉口	省级文物保护单位	2.03	居住区	古城秋色	旅游者居民	古城城门 休息设施	古朴自然	枫树 黄栌 栾树	近期

续表

名称	位　置	性质功能	面积(公顷)	周围环境	意境	服务对象	主要设施	艺术风格	植物特色	建设期
柏林寺公园	柏林大街、石塔路交口	省级文物保护单位	8.69	居住区	禅寺晚钟	旅游者居民	宗教活动休息设施	肃穆安宁	银杏柏、松	近远期
城东公园	正东路东头	文化休息	7.34	居住区	荷香清风	居民	服务休息文娱	仿古建筑	荷花柳树玉兰	远期
东北公园	新开路东头	文化休息	5.25	居住区	万卉竞芳	居民	服务休息文娱	现代建筑	蔷薇龙舌兰	远期
南城公园	308以西，旅游北路以南	儿童活动	9.34	临河	生机勃发	少年儿童	儿童活动生物角　儿童园地	童话式建筑	黄杨臭椿花卉	远期

资源来源：赵县县城绿地系统规划，1998

三、旅游区空间布局模式

旅游区空间布局主要是指旅游发展在空间上的总体构想和部署。旅游规划的空间布局必须依托城镇，按照旅游中心城市—旅游城镇—旅游景点的空间布局模式。主要有：

1. 核心式

以中心城镇为核心，旅游功能区或旅游景点分布在其周围，旅游者做节点式的旅游活动，可分为单核式和双核式，如图8.1、图8.2所示。

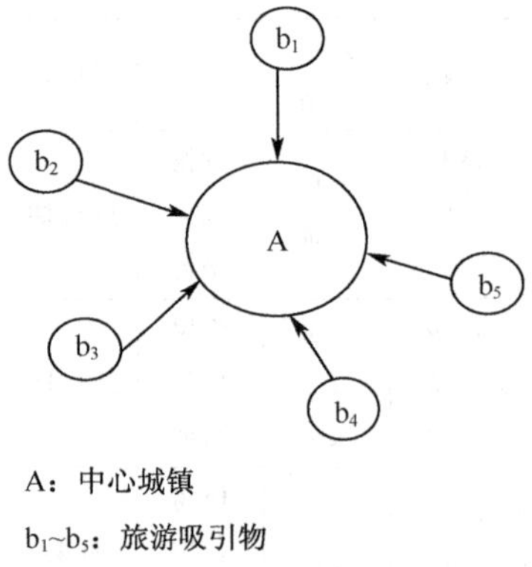

图8.1　单核式

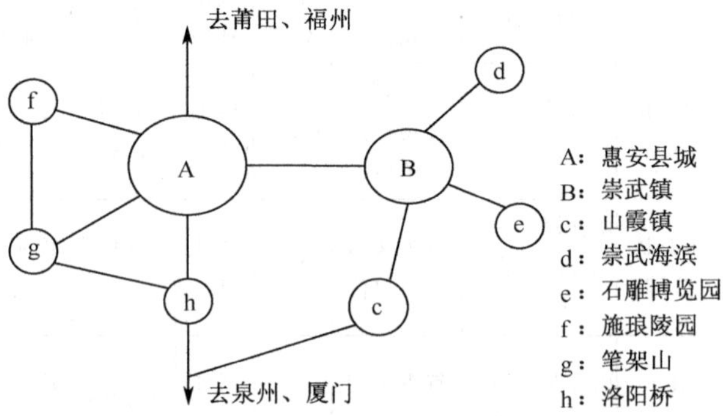

图8.2　双核式：惠安县旅游总体布局

资料来源：李祝舜.1999.惠安县旅游发展总体规划

2. 链式

旅游功能区沿交通线布局，旅游区由交通线（铁路线、公路线或水运线）串联起来，旅游者沿交通线做不重复的旅游活动，如图 8.3 所示。

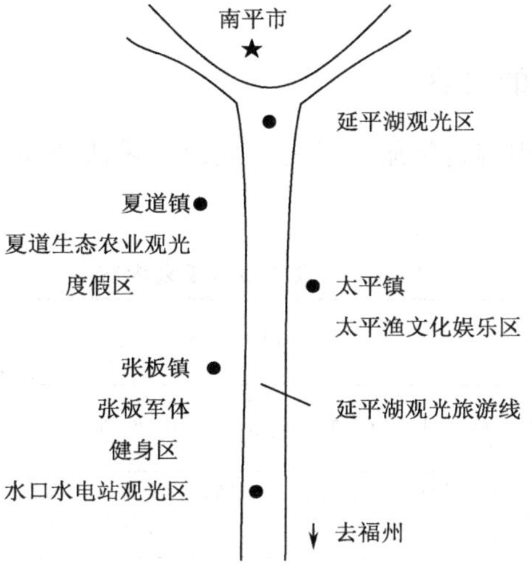

图 8.3　南平市延平湖旅游区总体布局

资料来源：郑向敏，1998，南平市延平湖区旅游发展规划

3. 圈层式

以中心城镇为核心，旅游功能区围绕核心区呈圈层分布，旅游者的旅游活动

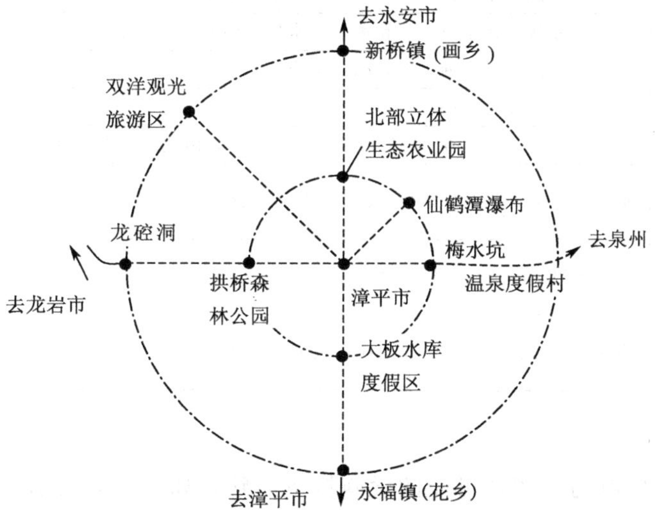

图 8.4　漳平市旅游区空间布局

资料来源：黄安民，2000，漳平市旅游发展总体规划

可以是节点式，也可以是环状式，如图 8.4 所示。

第二节 旅游项目策划

一、旅游项目规划的内容

旅游项目规划的内容包括旅游设施、旅游娱乐活动和旅游服务等方面，如表 8.4 所示。

表 8.4 旅游项目规划内容

类别		规划要点
旅游设施	旅游景点	旅游景点：确定景点的类型、风格、规模、性质
	游憩设施	1. 住宿设施：确定风格、密度、级别，预测规模，考虑未来扩建的可能性
		2. 餐饮设施：确定风格、类别，预测餐位规模，确定消费服务方式
		3. 康体设施：设施类别的配置与选择，辅助设施的配置
		4. 旅游辅助设施：功能定位，分区配置方案，设施标准与服务标准
	基础设施	1. 供水系统：每间客房日耗水标准，体育设施耗水量，水库及储水系统，输水管道
		2. 供电系统：每间客房日耗电量，高峰负荷预测，预备发电系统，电力系统设施
		3. 通讯设施：电话网（公用、高频）移动电话基础
		4. 保健设施：中心医院，医疗室，旅游紧急救护站
		5. 排水系统：污水日产量预测，污水处理中心，排水系统
		6. 交通网络：主交通干线，景区交通线，步行小径
娱乐活动	室内	舞厅，卡拉 OK，健身中心，室内泳池
	户外	高尔夫球场，网球场，户外游泳池，赛马场，山地滑（雪）道
旅游服务	导游服务	旅游信息咨询，旅游导购，娱乐向导，景区导游
	教练服务	体育及娱乐项目教练陪练服务
	后勤服务	委托代办服务，托儿服务，残疾人辅助服务

资料来源：马勇、舒伯阳，1998

如：海滨旅游与游憩地可能的设施构成大致，如表 8.5 所示。

表 8.5　海滨旅游设施构成

活　　动	设　　施
海水浴场	海滩、游泳池、泻湖、木板道、卫生设施、更衣室、休息设施……
港　　口	防波堤、海上停泊区、陆上停泊区、游艇区、修理工场、栈桥、俱乐部……
水上运动区	划船、游艇、滑水、帆船、独木舟、皮划艇……
陆上运动区	网球场、运动场、体育馆、高尔夫球场、射箭场、跑马场……
娱乐设施	野外剧场、游园地、俱乐部、集会、保龄球场、舞厅……
观光设施	水族馆、博物馆、动植物园、海中公园、水上剧场……
休疗养设施	疗养所、康复中心、休养所、理疗中心……
接待服务设施	旅馆、别墅、野营地、青少年简易旅舍、投宿农家以及必要的设施……
商业设施	饭店、酒吧、商店、自由交易市场……
郊游地区	自然公园、野外游戏场、自行车道、散步道……
交通设施	公路、铁路、公共汽车站、出租汽车站、渡船基地、直升飞机场、停车场……

资料来源：周宁、李铮生，1990

二、旅游项目策划原则

1. 市场需求

旅游项目策划一定要顺应时代的潮流和市场的需要。旅游者通常注重经历，渴望参与旅游体验，追求个性化，因此旅游项目策划注意这些需求才能获得成功。

2. 突出特色

旅游项目的策划应该做到人无我有，人有我特，人特我绝。旅游项目有特色才有生命，特色是旅游项目差异性之所在。有差异性的旅游项目才有吸引力。各地的旅游只有具备与众不同的特色，才能在激烈的竞争中确定鲜明的市场形象，形成正确的旅游主题定位，而确立鲜明的形象目标或正确的主题定位，是项目创意的灵魂。

3. 因地制宜原则

项目的策划创意要因地制宜，充分挖掘和利用地方的文化及自然资源，发展地方特色的旅游项目。

三、旅游项目策划方法

1. 文化差异与文化认同

从文化学的角度来看，旅游动机有两类：一是文化差异，一是文化认同。文化差异会形成旅游吸引力，使游客产生旅游动机。如异国情调与民族风情旅游项目、各种民俗节庆旅游活动等，会吸引大量游客。如深圳华侨城主题公园群（见表 8.6、图 8.6），洋快餐的肯德鸡、麦当劳，除吸引青少年以外，也吸引了追求新鲜的食客。文化认同是追求一种文化认同的旅游动机，如寻根谒祖游等。

2. 典型集中

有特色的项目和分散的项目经过整合与包装，形成规模较大、水平较高的旅游项目。如深圳的主题公园锦绣中华民俗文化村、欢乐谷等，还有大型节庆活动也往往是整合和集中了地方文化旅游资源进行包装推出。

3. 逆向思维

与旅游者一般的思维习惯逆向而行的策划方法，如深圳野生动物园就是属于逆向思维法。人们所熟识的动物园一般为笼式动物园，动物在笼内，因此可称为封闭式动物园。深圳野生动物园的动物不在笼内而在笼外，人却在笼（车）中，成为开放式的动物园，从而成为我国国内第一座城市野生动物园。这一项目新奇而且还向游客宣传保护动物的理念。

4. 借鉴与引进法

旅游产品具有不可移动性，因此可根据市场需求借鉴和引进一些旅游项目，如城市和城市近郊的生态旅游项目。

5. 时空搜索法

时空搜索法是从空间轴和时间轴两个向量上搜寻与本地区位、市场及资源条件的最佳交叉点的方法，如：深圳华侨城主题公园群主题文化时空搜寻（见图 8.5）。

在两个轴上的极端方向的旅游项目往往能吸引更多的旅游者，如现今旅游在时间轴上两大趋势：古和今。追求返朴归真的复古思想和追求高科技的发展思想在目前旅游界占据重要地位，因此民俗街区传统建筑的保护、农家乐旅游、农舍旅馆及现代高科技的游乐项目受到欢迎。这是回顾传统文明，享受现代文明的两种趋势。

在空间轴上寻找的是空间差异性，如城市人下乡、农民进城、国人出境也是目前旅游发展的空间移动规律，要据此来策划一些旅游项目。如在城郊建立面向城市儿童和青少年的生态观光农园或体验农园，开展“当一天农民，当一天果农，当一天渔民”等活动；农村儿童到城市游乐园旅游，农民进城购物游览。在两个方向上可以策划很多旅游项目。

表 8.6　华侨城主题公园群

	空间		时间		文化		形态		主题内容	
	中国	世界	古老	现代	认同	差异	静态	动态	自然	人文
锦绣中华	√				√		√		√	
世界之窗		√				√	√		√	
民俗文化村	√		√			√		√		√
欢乐谷		√		√	√			√		√

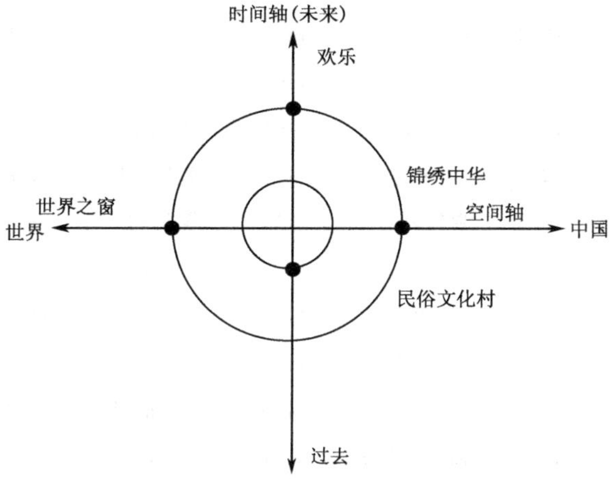

图 8.5　深圳华侨城主题公园群主题文化时空搜寻

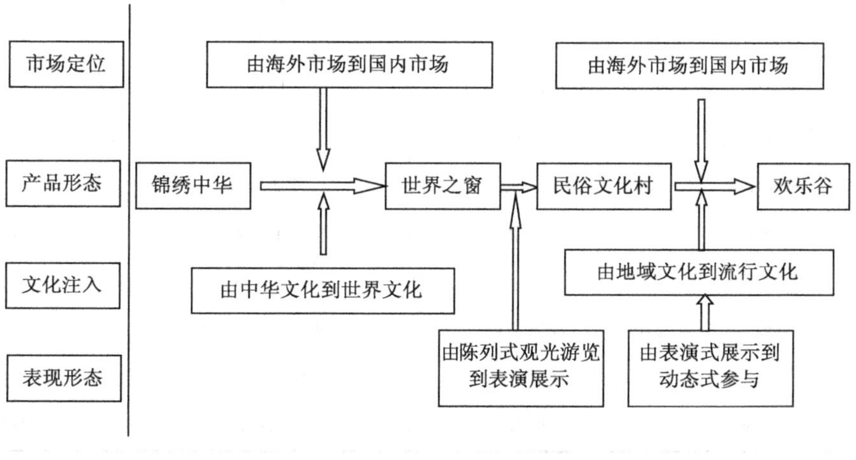

图 8.6　华侨城主题公园群创意策划图

四、旅游项目库

按旅游活动的六要素和旅游资源类型来策划设计旅游项目库，对旅游规划有十分重要的实用作用。旅游项目库如表 8.7 所示。

表 8.7　按旅游活动的六要素来策划设计旅游项目库①

旅　行

1100	**人力旅行**	1202	骆驼	1401	飞艇	1413	水下观光船
1101	步行	1203	马、驴、骡	1402	热气球	1414	汽车
1102	越野步行	1204	牛马车	1403	飞机	1415	电车喷气汽车
1103	自行车	1205	其他兽力车	1404	直升机	1416	太阳能车
1104	划船	1206	兽力雪橇	1405	水上飞机	1417	摩托
1105	竹筏木筏皮艇	1300	**自然力旅行**	1406	蒸汽机船	1418	火车
1106	水底观光走廊	1301	滑翔	1407	游艇	1419	轻轨
1107	坑道	1302	滑翔跳伞	1408	游轮	1420	小火车
1108	栈道	1303	帆船	1409	飞翔船	1421	其他动力旅行器
1109	人力桥	1304	漂流	1410	太阳能船	1422	索道缆车
1200	**兽力旅行**	1305	溜索、荡索	1411	气垫船	1423	自行爬山车
1201	大象	1400	**动力旅行**	1412	潜水艇	1424	升降梯

饮　食

2100	**冷餐会**	2300	**酒吧茶肆**	2500	**自动餐**	2606	饮品
2101	地方酒席	2301	酒吧	2501	熟食	2700	**野饮**
2102	异地风情酒席	2302	咖啡馆、茶馆	2502	烧烤	2701	烧烤
2103	异国风情酒席	2303	饮用水	2503	水煮	2702	水煮
2200	**风味小吃**	2304	自动售货机	2600	**方便食品**	2703	蒸煮
2201	浸制	2400	**快餐**	2601	冲泡食品	2800	**野餐**
2202	手工	2401	现卖堂吃	2602	轻便食品	2801	阳伞野餐
2203	烧烤	2402	现做堂吃	2603	宇航（高能）食品	2802	桌凳野餐
2204	烘烤	2403	现做外卖	2604	保鲜食品	2803	席地野餐
2205	腌制	2404	即时外卖	2605	干食品	2804	随行野餐

① 国家旅游局人事劳动教育司. 1999 旅游规划原理. 北京：旅游教育出版社

住　宿　　　　　　　　　　　　　　　　　　　　续表

3100	**市镇旅馆**	3201	山地度假村	3302	汽车卧车	3405	毡包旅馆
3101	星级旅馆	3202	山上度假村	3303	轮船旅馆	3406	渔民船居旅馆
3102	青年旅馆	3203	宇宙度假村	3400	**乡土风情旅馆**	3500	**野营**
3103	公寓	3204	其他风情度假村	3401	穴居土著旅馆	3501	穴居野营
3104	别墅	3205	一般度假村	3402	巢居土著旅馆	3502	帐篷野营
3105	汽车旅馆	3300	**机动卧室**	3403	生土建筑旅馆	3503	露营
3200	**度假村**	3301	火车卧车	3404	竹木建筑旅馆		

购　物

4100	**旅游用品**	4105	野营装备	4202	工艺品	4304	其他特产
4101	鞋帽手套雨具	4106	垂钓及水上运动装备	4300	**土特产**	4400	**特价商品**
4102	服装	4107	其他旅游用品	4301	特产食品	4401	各类特价商品
4103	食品	4200	**旅游纪念品**	4302	特产日用品		
4104	摄影录像器材	4201	自然物产	4303	特色生产工具		

观光旅游

5100	**天象景观**	5207	其他蚀余	5405	草原	5513	各类园林
5101	风、云、雨、雪	5300	**水象景观**	5406	其他生物景观	5600	**风俗民情**
5102	日月星辰	5301	江河	5500	**历史文化**	5601	特色村镇
5103	佛光	5302	湖泊	5501	社会经济文化遗址	5602	乡土建筑
5104	海市蜃楼	5303	海洋	5502	军事遗址	5603	民俗街区
5105	彩虹	5304	瀑布	5503	古城和古城遗址	5604	节庆
5106	极光	5305	溪涧	5504	长城	5605	集会
5107	陨石	5306	冷泉、热泉	5505	宫廷建筑	5606	风俗礼仪
5200	**地象景观**	5307	现代冰川	5506	宗教建筑	5700	**科教**
5201	山岳	5308	冰雪	5507	陵墓陵园	5701	科技设施
5202	典型地质构造	5400	**生物景观**	5508	石窟	5702	科幻设施
5203	化石点	5401	野生动物栖息地	5509	古代工程	5703	科技城
5204	自然灾变遗迹	5402	树木	5510	牌坊山门	5704	考古博物
5205	岩溶地貌	5403	古树名木	5511	石刻碑碣	5705	影视基地
5206	风蚀地貌	5404	奇花异草	5512	雕塑	5706	研修实习基地

娱乐体育　　　　续表

6100	**自然娱乐**	6402	快艇拖曳跳伞	6607	电视	6909	赛马
6101	冲浪	6403	汽车越野	6608	舞会	6910	保龄球
6102	潜水	6404	赛车	6609	卡拉 OK	6911	草地保龄球
6103	帆板	6405	汽车练习	6610	各种沙龙聚会	6912	体育竞技观演
6104	帆船	6406	摩托车	6611	节庆活动	6913	高尔夫球
6105	跳伞	6407	水上摩托艇	6612	宗教活动	6914	网球
6106	激流或波浪娱乐	6408	摩托艇	6613	风俗礼仪	6915	足球
6107	滑沙、滑草	6409	碰碰船	6700	**智力娱乐**	6916	篮球
6108	滑雪、滑冰	6410	碰碰车	6701	迷宫	6917	排球
6109	风筝	6411	游艇	6702	猜谜	6918	沙地排球
6010	其他自然力娱乐	6412	翻滚车	6703	棋牌	6919	乒乓球
6200	**器械与健身娱乐**	6413	月球车	6704	越野智力比赛	6920	羽毛球
6201	摇曳、旋转（器械）	6500	**理疗**	6705	电子游戏	6921	手球
6202	攀滑滑溜（器械）	6501	避暑	6706	虚拟现实	6922	马球
6203	搬运装置	6502	避寒	6707	其他智力娱乐	6923	门球
6204	跳弹跨越（设施）	6503	冲击振动理疗	6800	**生产娱乐**	6924	垒球
6205	多人自行车	6504	潮湿法理疗	6801	狩猎	6925	棒球
6206	跳跳自行车	6505	推拿气功	6802	诱捕	6926	曲棍球
6207	滑车	6506	针灸	6803	网捕	6927	冰球
6208	滑板	6507	药膳	6804	渔猎	6928	水球
6209	划船	6508	理疗浴（咖啡药浴等）	6805	垂钓	6929	桌球
6210	水上自行车			6806	放牧及饲养	6930	其他体育竞技活动
6211	脚踏轨道车	6509	沙浴	6807	农林种植收获		
6212	波浪车道	6510	温泉浴	6808	采撷(莲藕、药材等)		
6213	越野自行车	6511	矿泉浴	6809	食品加工		
6214	雪橇	6512	负氧离子浴	6810	纺织		
6215	武术气功	6513	森林浴	6811	锤炼打制		
6216	体操健身	6514	氧吧	6812	建造制作		
6217	健美减肥	6515	桑拿浴	6900	**体育竞技与军事娱乐**		
6218	游泳	6516	蒸汽浴				
6219	人造波游泳	6517	冰水浴	6901	彩弹实战		
6300	**动物娱乐**	6600	**文化观赏娱乐**	6902	射击		
6301	动物训养喂养	6601	文化艺术馆	6903	射箭		
6302	训兽表演	6602	音乐	6904	相扑		
6303	斗鸡、斗牛	6603	电影	6905	击剑		
6304	放生	6604	球幕电影	6906	军事娱乐		
6400	**动力娱乐**	6605	戏剧	6907	其他军体竞技		
6401	汽车拖曳跳伞	6606	茶馆书场	6908	赛艇		

表 8.8 按资源类型来策划设计旅游项目库一览表

游憩方式设计分类	设计内容	旅游资源特征	设计举例
观光类	自然风光类（包括名山、大河、江湖、瀑布、自然遗产和其他的自然风光等）城市风光（包括独特城市建筑、现代都市风光、城市绿化带以及城市观光游憩带、CBD、RBD等）名胜古迹观光	赏心悦目、心旷神怡	童话世界——九寨沟天山
文化类	文化遗产艺术馆（博物馆、艺术馆、美术馆、纪念馆）民风民俗类（祭祖、民族风情）历史类（历史人物和历史遗迹）宗教类（寺庙佛塔、清真寺、教堂、舍利塔等）文学类（文学名著大师居室、电影旅游等）历史文化名城类古镇游（湘西凤凰、西塘等）	历史文化性	江南古镇周庄巴渝十佳古镇
商务类	商务游 政务游 购物游 奖励旅游	消费层次高、行程比较紧	北京商务游香港购物游
度假类	海滨度假 旅游山地度假 乡村度假 温泉（SPA）	环境幽雅游玩档次高	农家乐
康体类	高尔夫 滑雪 球类（网球、保龄球、乒乓球等）体育观战赛车户外（极限、滑翔、攀岩、远足、露营、溪降、登山、水上运动）	精彩、刺激	
教育类	修学旅游 校园旅游 教育旅游（中国教育旅游集团）包括生物、科普、农业、航空等爱国主义教育基地 冬令营、夏令营	知识性趣味性	北大、清华一日游
交通类	景区类的交通工具（环保车、索道、黄包车、电动车和观光车）豪华列车 自驾车游艇、豪华游轮 直升机 飞船 小火车	旅游范围广、流动性大	三峡旅游的"东方皇后"号泰山索道
奇异类	探险旅游（极地探险）狩猎旅游 野外素质拓展地质旅游（地质公园、喀斯特地貌岩洞、石林等）海洋旅游沙漠旅游 摄影旅游 军事旅游	新鲜、奇异、刺激	青海都兰国际狩猎场路南石林
生态类	生态旅游 郊游 农村观光旅游（农家乐）国家公园游（植物园、文化公园、一般公园等）自然保护区（草原、湿地、森林公园等）	和谐、恬静	
节事类	民族节日（藏历年、彝族火把节、傣族泼水节）传统文化节（体育节、舞蹈节、音乐节）地方特色节日 旅游交易展览会（大连国际服装节、青岛国际啤酒节等）博览会（昆明世界园艺博览会）	商业聚焦公众吸引形象塑造	内蒙古那达慕达会中国国际旅游交易会
养生类	沐浴疗养（森林浴、空气浴、泥浴、阳光浴、牛奶浴、荷浴、沙浴）民族医药（藏药、蒙药）	强身、舒心	

续表

游憩方式设计分类	设 计 内 容	旅游资源特征	设计举例
主题类	影视城 嘉年华 游乐场儿童乐园	人为塑造科技含量高	

资料来源：林峰，李莹．2004旅游产品游憩方式设计技术．中国旅游报

思考题：

1. 如何进行旅游功能区的划分？
2. 旅游规划中对旅游功能区的划分主要明确哪些内容？
3. 旅游区的空间布局模式主要有哪几种类型？
4. 旅游项目策划的主要内容有哪些？
5. 旅游项目的策划要遵循哪些原则？
6. 旅游项目库主要包括哪几类的旅游项目？
7. 娱乐体育项目主要包括哪几个方面？

第九章　旅游产品规划

学习目的： 通过本章学习了解旅游产品的概念、特点、类型，旅游产品的阶段模式，旅游产品创新开发方法、原则，旅游主题产品的策划，旅游线路规划等。

第一节　旅游产品的概念

一、旅游产品的概念

从旅游供给角度来看，旅游产品是凭借旅游资源和旅游设施向旅游者提供其在整个旅游活动过程中所需的全部服务，包括供给旅游者的一切吸引物及其他必需品，前者如娱乐活动、博物馆、风景点、节庆活动等，后者如食、住、交通、导游服务等。旅游产品可分解为三个核心要素：①旅游吸引物；②旅游交通；③旅游服务。其中，旅游吸引物的地位和作用是主要的，这是引发旅游需求和实现旅游目的的对象，而旅游交通和接待服务则是实现旅游目的的手段。

旅游产品是一种服务业的产品，目前人们已普遍认识到服务业的产品实际上是有形的制品和无形的服务的组合，因此，服务产品被称为“制品服务组合”，制品服务组合是以满足目标市场的需求为目的的有形产品与服务的组合。

旅游产品即是一种有形产品与无形服务的组合。如苏州乐园之类的主题公园就是由游乐项目这样的有形成分和乘坐游乐项目产生的刺激、害怕等感受所组成；博物馆产品则是通过对展品欣赏和游客通过展品形成回顾的历史感受；参观建设物的乐趣不仅由于建设物有形的建设样式、颜色、体量装饰、雕塑等对旅游者产生影响的具体特点，还有气氛、精神感染、对建筑历史的共鸣等无形成分的影响；自然景观同样也是有形成与无形成分的组合，如海滨是有形的，与同伴特别是不同的同伴漫步在海滩的浪漫是无形的。不同的时间和不同的同伴，感觉和经历不一样，无形的成分也不一样。

二、旅游产品的特点

1. 生产和向顾客提供产品的员工本身就是产品的一部分

员工的服务态度、行为举止和形象影响游客的旅游经历，从而严重影响游客对产品的看法，因此生产和向顾客提供产品的员工本身就是产品的一部分。

2. 顾客参与产品的生产过程

旅游产品在某种程度上按照顾客的具体要求来生产。如不同年龄段的游客有不同的历史经历，他们对历史的感情不一样，因而对旅游产品的感知不一样。游客对产品的看法与其本身的经历知识水平、爱好等方面是相关的。

3. 旅游产品具有不可储存性

旅游者购买旅游产品后，旅游企业只是在规定的时间内交付了有关产品的使用权，一旦旅游者未能按时使用，便须重新购买并承担不能按时使用而给旅游企业带来的损失，所以旅游消费者只享有旅游产品的暂时使用权。

4. 旅游产品是不可试用的产品

旅游产品一般是在旅游者来到生产地点时才予生产并交付其使用权的，服务活动的完成需要有生产者和消费者双方共同参与。在这个意义上，旅游产品的生产和消费是同时发生的。并且是在同一地点同时发生的。旅游产品的这种生产与消费的同步性，决定了旅游产品是不可试用的产品。

5. 旅游产品具有不可移动性

在旅游业中顾客需要前往产品的生产地点，而不是将产品运送给顾客。一般旅游产品都是如此，几乎所有旅游的地点都是确定不变的，极少特例除外，如深圳明思克航母世界。

6. 旅游产品的实质是一处经历

由于存在着前面论述过的旅游产品的种种特点和与一般产品的不同之处，因此，目前人们普遍造成将旅游产品看作是一种经历。这种经历是从访问旅游的打算和旅行的计划开始，接下来是访问的过程，包括前往旅游和离开旅游的旅行，以及在旅游的活动，最终，形成旅游的整体印象。

对经历构成影响的因素，有以下几点：①产品的有形成分。主题公园中的有形成分包括游乐项目、商店、餐厅和旅游的整洁。②提供服务的要素。这些要素包括员工的仪表仪容、态度、行为和能力。③顾客的期望、行为和态度。④旅游经营者和顾客都控制的一些因素。如：在某一特定时间使用旅游的游客的构成；旅游的交通状况；天气情况等。上述因素之间的关系很复杂，致使每个顾客的经历都不一样。

尽管旅游产品是经历型产品的绝好例子，但并不是惟一的经历型产品。许多服务项目也具有经历型产品的属性，如餐厅的饭菜。

第二节　旅游产品的创新开发与策划

一、旅游产品的类型

按照不同的划分标准，旅游产品可以分为不同的类型。在旅游规划中比较常用的旅游产品分类主要是按照旅游活动的内容和旅游活动的动机来划分的。

1. 按照旅游活动的内容和旅游活动的动机来划分

文化旅游产品：宗教朝觐游、寻根访祖游、探亲访友游、科学考察游、科普修学游、文物古迹游、民俗风情游；

观光旅游产品：山水风光游、农业观光游；

度假旅游产品：海滨度假游、避暑度假游、避寒度假游；

康体健身旅游产品：疗养健身游、体育健身游、军体探险游；

商务公务旅游产品：商务游、会务游、公务游；

产业旅游产品：工业旅游、农业旅游、商业旅游；

围绕某一旅游活动的主题也可以形成主题旅游产品或称专项旅游产品，如：疗养度假旅游、生态旅游、森林旅游、草原旅游、沙漠旅游、农业旅游、河流旅游、海洋旅游、体育探险旅游、修学旅游、文化旅游、都市旅游、乡村旅游、娱乐旅游等。

我国从 1992 年起，提出主题旅游年的活动，继上世纪推出 '92 中国友好观光年、'93 山水风光游、'94 文物古迹游、'95 民俗风情游、'96 度假休闲游、'97 中国旅游年、'98 华夏城乡游、'99 生态环境游的主题旅游年活动后，本世纪继续开展主题旅游年，2000 年至 2005 年的旅游主题是：

'2000 神州世纪游

'2001 中国体育健身游

'2002 中国民间艺术游

'2003 中国烹饪王国游

'2004 中国百姓生活游

'2005 第三个中国旅游年

与体育健身相关的专项旅游：

2001 年中国体育健身旅游年活动安排：

✚ 攀岩：如湖北宜昌西陵峡口攀岩、九宫山攀岩、浙江丽水鼎湖峰攀岩、广西桂林阳朔月亮山攀岩旅游、安徽岳西司空山攀岩。

✚ 登山：如青藏高原登山旅游（4～6 月或 10～11 月）、海南热带雨林登山活动（暑期）、青海湖南山登山观景（5～10 月）、青海阿尼玛卿山、昆仑山玉珠峰、甘肃祁连山（5～9 月）。

✚ 沙漠探险：如甘肃敦煌玉门关、阳关沙漠、新疆八音郭楞蒙古自治州的塔克拉玛干沙漠徒步探险、内蒙古西部沙漠探险旅游。

✚ 徒步旅游：如西藏青藏高原的甘丹寺（拉萨）—桑耶寺（山南）、拉萨市—直贡寺徒步旅游、沿长城徒步旅游玉门关—嘉峪关—山丹东行至宁夏、内蒙、河北、北京等地，穿越戈壁沙漠徒步探险游、敦煌—玉门关—雅丹魔鬼城—罗布泊沙漠或酒泉—金塔—额济纳旗居延古城遗址、广西桂林—阳朔遇龙河徒步旅游、广西靖西通灵大峡谷徒步游、井冈山徒步游、四川剑门蜀道徒步游。

✚ 自行车旅游：如青藏高原拉萨市—格尔木市（青海），拉萨市—江孜—日喀则市的自行车旅游、内蒙古呼伦贝尔草原、锡林郭勒草原、乌兰察布草原自行车游、江苏“京杭苏州大运河”沿线自行车旅游、河北长城自行车旅游、江苏的上海—苏州—无锡—镇江—扬州—南京自行车旅游、浙江杭州环西湖自行车自助游、广西桂林—阳朔—福利或兴坪漓江岸边自行车游、广西南宁—大新德天瀑布自行车游。

✚ 驾车自助游：如长城—珠峰自驾车探险远征、云南自驾车逍遥游、西藏的青藏、川藏、新藏线自驾车旅游、吉林长白山汽车拉力赛、内蒙古自治区汽车越野旅游，丝绸之路乌鲁木齐—兰州—西安段自驾车旅游。

✚ 漂流旅游：如湖北神农溪土家民俗风情漂流、吉林长白山大峡谷漂流探险游（8 月），广西桂林漓江、五排河漂流、长江、黄河、澜沧江源头漂流、探源（6～9 月），黄河漂流旅游（兰州河口至市区中山铁桥段、兰州市内水车园至鸭嘴滩段）、江西井冈山朱砂河漂流。

✚ 滑雪旅游：如吉林长白山、净月潭、黑龙江亚布力、云南丽江玉龙雪山、四川都江堰龙池、河北崇礼塞北滑雪场。

✚ 高尔夫旅游：如北京、上海、广东、海南、云南、大连、桂林、厦门等省、市的高尔夫休闲健身运动。

✚ 海滨健身旅游：如海南、福建厦门、山东青岛、辽宁大连、广东珠海、广西北海、浙江宁波等地的海上跳伞、摩托艇冲浪、帆船、潜艇海底观光、潜水训练、手摇舢板、海中垂钓、沙滩排球、足球、自行车、皮划艇等。

✚ 武术健身旅游：天津小南河村武术交流旅游、上海“中医大世界”、西安武术二日游、河南太极武术健身游、少林功夫体验游、四川彭祖山长寿之旅、青海民和药水泉、贵德温泉保健游。

资料来源：http://www.ctnews.com.cn

还有以特殊的旅游活动内容而形成的特殊旅游产品，如：空中观光旅游、攀岩旅游、漂流旅游、狩猎旅游等。

2. 旅游产品的功能类型

从旅游产品的功能来看，可以将其分为三个类型，如表 9.1 所示。

表 9.1　旅游产品的类型的划分

层次	特征	项目内容	产品功能	举　例
基础层次	陈列式观光游览	自然资源风光名胜与人文历史遗迹	属于最基本的旅游形式，是旅游规模与特色的基础	深圳锦绣中华、世界之窗景区、黄山、泰山风景区等
提高层次	表演式展示	民俗风情与游乐	满足游客由“静”到“动”的多样化心理需求，通过旅游文化内涵的动态展示，吸引游客消费向纵深发展	深圳民俗文化村景区等
发展层次	参与式娱乐与相关活动	亲身体验与游戏娱乐	满足游客的自主选择、投身其中的个性选择，是形成旅游品牌特色与吸引游客持久重复消费的重要方面	深圳欢乐谷景等

资料来源：马勇、舒伯阳等，1998

3. 旅游产品的阶段模式

从旅游产品的发展阶段来看，旅游产品发展可分为三个阶段模式，如表 9.2 所示。

表 9.2　旅游产品发展的三阶段模式

阶段	产品类型	主　要　特　征	举　　例
第一阶段	人文自然景观型旅游	1. 以名胜古迹、自然山水景观为载体，具有明显的地域特色和局限性 2. 是早期旅游的主要形成并延续至今 3. 借助本地特色，开发成本较低	黄山、泰山、武夷山风景区、曲阜三孔景区等

续表

阶段	产品类型	主要特征	举例
第二阶段	人造景观型旅游	1. 对世界各地自然人文景点的移植荟萃，突破时空局限 2. 是目前旅游发展的主流 3. 主要借助大投入产生轰动效应，但人工痕迹明显难以产生持续吸引力	河北正定大观园、深圳华侨城主题公园群
第三阶段	科技参与型旅游	1. 在旅游中引入高科技的休闲娱乐项目，强调游客的高度参与 2. 代表未来旅游发展的潮流方向 3. 彻底突破时空局限，营造一个充满游戏的崭新、虚拟的文化空间	苏州乐园景区、深圳华侨城欢乐谷景区

二、旅游产品创新开发的昂谱（RMP）分析

针对目前中国区域旅游开发所面临的旅游产品结构性过剩、产品开发由80年代的“低投入高产出”向“高投入高风险高产出”的特征变化，吴必虎（2001年）提出区域旅游开发中应该从资源（resource）、市场（market）和产品（product）三个方面进行程序式评价论证，即所谓的昂谱（RMP）分析模式，为区域旅游规划提供了基本思路（见图9.1）。这一模式在1999年他们所进行的洛阳市旅游发展总体规划中得到了操作性应用。

三、旅游产品的设计与策划

1. 旅游产品设计与策划原则

旅游产品的设计与策划应遵循依托资源、面向市场、突出主题、注入文化、形成系列、塑造品牌的原则。

（1）依托资源

旅游产品的规划设计要充分依托本地资源、充分挖掘和利用资源优势。

（2）面向市场

旅游产品的规划设计要面向市场，在对市场进行充分研究的基础上根据市场的结构和偏好设计出为市场喜闻乐见的旅游产品。如面向年轻人开发刺激的游乐项目，面向城市学生开发农业体验旅游项目。

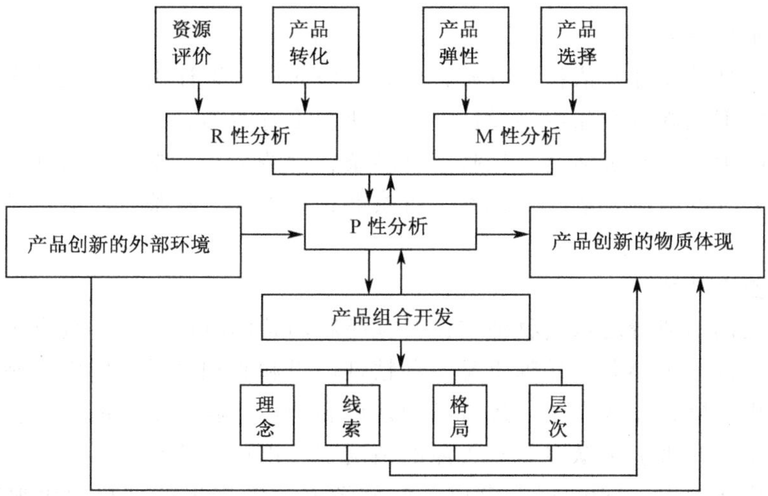

图 9.1 昂谱（RMP）分析模式

资料来源：吴必虎，2001

（3）突出主题

旅游产品的规划设计要围绕某一主题，体现出鲜明的特色，这样才容易吸引目标客源。特色鲜明、主题突出的旅游产品便于形成规模化的旅游产品，提供专业化的服务，促进持续的品牌建设，获得永续的营销推广，从而引起市场的持续关注，产生较大的市场影响。

（4）注入文化

一种文化的表现形式就是一种文化产品。如茶文化节是一种表现形式，也可进而建造茶树、动植物、人物雕塑园，建茶壶型旅馆、茶杯型茶亭则是茶文化的另一种表现形式。旅游产品的设计要注重文化的注入，要在整个旅游活动中的硬件和软件（设施和服务）中都体现出一种主题文化，要体现出人文关怀和富有人情味，要在旅游产品中营造出浓郁的文化氛围，体现出旅游产品的文化品位。因此，在旅游产品的设计中要透彻地分析地方文脉，充分挖掘地方文化内涵，或根据旅游产品的主题注入相关的文化内涵，并对旅游产品进行文化包装。

文化注入包括三个方面：一是注重文化内涵的挖掘与丰富；二是注重文化的表现形式；三是注重过程的文化性如消费活动细节、建筑小品、绿化小品等细节。

(5) 形成系列

旅游产品的设计要依托地方旅游资源，面向市场设计出系列旅游产品。系列旅游产品要围绕旅游产品主题设计出系列化的旅游活动。

如茶园中开展旅游活动，从喝茶（品茶、学茶艺）—吃茶（茶糖、茶菜、茶蛋、茶鸡）—洗浴（茶浴）—玩茶（听茶歌、玩茶具、看茶艺表演）。

(6) 塑造品牌

目前人们的消费已从实物消费进入到品牌消费的时代。品牌具有很强的心理定势，是一种购买导向。品牌也是一种精神境界和心理享受，所以，旅游产品的设计要突出主题、注入文化，进行品牌建设和塑造品牌，实行品牌运营。如目前婚庆蜜月市场在吸引了众多商家关注的情况下，市场竞争日趋激烈，产品的品牌化运营便应运而生，1998 年上海卢湾区旅游办公室推出的“玫瑰婚典”第一天即吸引了 328 对新人参与，以后全市先后有 2000 多对新人加入这一富有文化内涵和浪漫情调的婚礼。目前，上海、南京、无锡、苏州、宁波、杭州、绍兴 7 个城市以“玫瑰婚典”为共同品牌共同举办各具民俗特色的婚庆旅游活动，对长江三角洲地区的婚庆旅游市场发展产生了积极的影响①。

2. 旅游产品的创意策划方法

参考第八章旅游项目规划。

第三节　旅游主题产品策划

主题活动具有渲染娱乐气氛、促进游客参与、丰富游客经历、增强旅游亲和力和强化旅游产品的营销效果、形成市场的冲击力、营造商业卖点、推广旅游形象等优越性，因此，旅游要根据旅游的性质开展旅游主题活动，策划四季旅游主题产品。

旅游活动主要包括有节庆活动、庆典活动、趣味活动、表演活动和综合性的主题旅游线路五大类。

---

① 魏小安等. 1999. 中国新世纪旅游业发展趋势. 广州：广东旅游出版社

一、旅游的旅游节庆主题产品

1. 节庆与会展在旅游发展中的作用

（1）形成宣传热点

节庆活动和大型会展由于其影响大，常常产生轰动效应，因而能吸引媒体的关注。如在云南世界园艺博览会期间，世界各地新闻媒体对世界园艺博览会的报道不计其数。正是由于频繁举办节庆和会展活动，使举办地在各种新闻媒体保持经常性的出现，通过这些免费广告式的公关宣传，提高了当地的知名度。

节庆和大型会展还是塑造自身形象的主要手段。为吸引国内外旅游者的关注，旅游目的地以举办节庆和会展活动来树立自己的形象。如云南通过 '99 世界园艺博览会在全世界树立了绿色和生态的旅游形象。

（2）增加地方旅游收入

举办节庆和会展活动能吸引大批旅游者光临，从而扩大旅游市场的规模，增加当地的旅游收入。如 1998 年在福建泉州举办 '98 国内旅游交易会，正式代表就有 5600 人，非正式代表 4.8 万人，以每人在泉州停留 3～5 天计算，仅代表的直接消费，泉州就可以获得近亿元的收入；云南昆明召开 '99 世界园艺博览会期间仅 1999 年 7 月份，云南省共接待海外游客 2300 万人次，旅游总收入 115 亿元，同比增长 44％。

（3）带动旅游产业

节庆会展期间，代表从外地赶往举办地，要消费航空运输或是其他交通运输产品，在目的地要消费住宿产品，节庆会展期间往往还要参加旅行社组织的各种旅游活动。节庆会展是会议中心、展览中心的主要业务对象，与会代表在当地餐饮、娱乐、购物、通讯等方面的消费也十分可观。厦门市每年的 9 月 8 日举办的贸易洽谈会期间，全岛的酒店客房预定爆满。

2. 旅游节庆产品策划的原则

旅游节庆产品是一项影响面大、参与人数多、经济效益明显的旅游产品。同时，节庆还是塑造和推广旅游形象和旅游产品的有效手段，因而受到越来越多的旅游重视，发展前景十分广阔。旅游节庆活动产品的设计应注意以下几个方面。

（1）主题突出

旅游节庆活动要有明确的主题，其主题还要体现出深刻的文化内涵，以便推广其主题旅游形象。节庆旅游产品还要通过每年的逐步深入，走向深化。同时，节庆主题设计要与国家旅游局每年推出的旅游主题相联系。

（2）根植地方文化

旅游节庆活动要根植地方文化，体现地方文脉，才能使主题旅游活动具有生命力。同时节庆活动可以结合我国丰富的节日和有关的国际节日甚至西方的“洋节日”，如我国的春节、五一节、国庆节、儿童节，西方的圣诞节、情人节，我国的民族节日等。

（3）固定化和规范化

旅游节庆活动的固定化和规范化有利于旅游形象和节庆产品的持续建设和推广，有利于节庆产品品牌形象的持续建设和推广，并逐步固定化和规范化。

（4）运作商业化

旅游节庆活动应采用商业化的运作模式，可以采取以拍卖的方式由专业会展机构与赞助商来承办。

（5）规模化

旅游节庆活动前期的推广、组织要耗费一定的人力和物力，同时，节庆活动只有规模化才能产生较大的影响。旅游如能主办或承办一些全国性和地方性的节庆活动，则更有规模化和市场影响力。

3. 节庆活动的策划与设计

旅游节庆活动的策划与设计，从旅游的角度节庆的定义可归纳为以下五方面的内涵：①以特别的仪式为标志的庆典。②为纪念名人或著名事件，或为庆祝丰收而举行的年度仪式。③为纪念作品、工艺类展览的文化事件。④地区性具有相当规模影响的交易会。⑤具有一定主题的地区娱乐、聚会。如表 9.3 所示。

事件是指历史上或社会上发生的不平常的大事。节庆事件往往在旅游区中扮演十分重要的角色，本身就是一种旅游吸引物。它可延长旅游季节，扩大客源市场；它是旅游区形象主要塑造者，是一些静态吸引物如公共设施改造的催化剂；它对旅游区的宣传促销起着不可替代的作用。旅游区若把这些节庆事件和旅游区

表 9.3　赤壁市相关旅游节庆活动规划

节庆名称	时间	会场	组织者	参加者	主题旅游活动	经费筹措
赤壁三国文化节	4 月	主会场：赤壁景区 分会场：赤壁市区及其他景区	国家文化部、市政府、国内外三国文化研究机构，相关赞助企业相关媒体	社会各界嘉宾、市民、旅游者、三国文化爱好者、影视界及媒体人士	1. “宣传三国文化、凝聚中华智慧”的系列研讨会和表演 2. 围绕主题，每次力推不同特色的系列主题活动，每年形成 1～2 个旅游热点	政府启动资金，景区与企业赞助费、广告费，旅游门票收入及相关消费
三国水上运动节	7 至 8 月	主会场：陆水湖 分会场：陆水湖周边滨湖地带	国家体委、市政府、国内外三国研究会、相关赞助企业、相关媒体	社会各界嘉宾、市民、旅游者、三国文化爱好者、体育爱好者、各地区参赛队	1. 水上竞渡 2. 水上系列竞赛与表演项目 3. 力求项目特色化和趣味化	政府启动资金，各地参赛队报名费、赞助企业广告费、旅游门票收入
赤壁丰收采摘节 赤壁猕猴桃节	9 月	主会场：十里坪、官塘驿 分会场：市郊其他农业基地	国家农业部、市政府、当地政府、赞助企业	社会各界嘉宾、中外客商、旅游者、当地市民	1. 中外客商的农产品交易会 2. 旅游者参与式的瓜果采摘活动 3. 其他专题观光农业旅游活动	政府启动资金、农业基地与企业赞助费，旅游门票收入及相关消费
赤壁山水健康节 五洪山温泉疗养节	11 月	主会场：五洪山温泉区 分会场：雪峰山、陆水湖	国家卫生部、市政府、五洪山、雪峰山相关接待企业、赞助商	社会各界嘉宾、当地市民、旅游者、国内医疗保健机构	1. 登山健身赛 2. 温泉盛会（集中各种健身与专题表演） 3. 保健系列研讨会和医疗推广活动	政府与当地相关企业启动资金、医疗保健企业广告费用、旅游门票及相关消费

资料来源：张立明. 赤壁市旅游发展总体规划 2001～2020

静态的服务、设施有机地结合起来，必定能成功地吸引游客，减少季节差异，扩大旅游区的声誉。节庆事件的策划与实施包括以下程序：①建立县市相关节庆事件资源库，从多角度收集本地区旅游相关节庆事件，按名称、类型、规模、组织者、区位、季节、赞助者、主要活动，参与者人数及产生的影响等指标统一归档。②对节庆事件进行质与量、地区总体形象的贡献率等指标的系统分类效果评价。③筛选主题节庆事件并确定节庆的相关的组织者。④根据目标市场的构成及游客的兴趣，设计出相应的具体节庆产品（主题、内容、规模、地点、时间、程序等）。⑤制定相关政策和行动方案计划保障，即协助组织者制定防止消极影响的相关政策和具体实施行动方案计划，包括贵宾（VIP）优先权、资金计划、行动日程、执行主体、效果评估。

二、旅游的旅游庆典活动

庆典活动的规模一般仅次于旅游节庆活动的一种主题活动，也可以将其规模升格为节庆活动。如深圳世界之窗 2000 年推出了八项庆典活动月：世纪宝宝爬行大赛、百年千禧元婚大典、千禧开元狂欢夜、喷泉激光演化“秀”、世纪婚礼婚俗表演、迎千禧焰火晚会、流金岁月歌舞专场、影视每日一景（华侨城报，1999 年 12 月 17 日）。1988 年北京世界公园精心策划推出了“幸福 98”的系列节庆活动，如表 9.4 所示。

表 9.4　北京世界公园“幸福 98”全年性主题旅游活动一览表

日　期	时　间	活动主题	活动内容	备注
3 月 8 日	1 天	三八妇女节，轻松一日游	歌舞，艺术团抽奖等	五折优惠 24 元/人
5 月～10 月	6 个月	地久天长，金婚、银婚游世界	歌舞，赠送纪念品	免费
8 月 1 日	1 天	向军旗敬礼	歌舞，彩弹枪免费娱乐	五折优惠 24 元/人
9 月 10 日	1 天	寸草心，献园丁	歌舞，艺术团抽奖	五折优惠 24 元/人
10 月 1～3 日	3 天	“与祖国共命运”生日游	游园活动，艺术团抽奖	五折优惠 24 元/人
10 月 28 日	1 天	“人间重晚情”九九重阳登高	代表参加“电视红娘”	五折优惠 24 元/人
5 月～10 月	6 个月	“三代合家欢”	歌舞，合家欢留影	持身份证 24 元/人
5 月～10 月	6 月	“好事成双”双胞胎大聚会	歌舞，电脑画像留影	五折优惠 24 元/人
5 月～10 月	6 个月	“乘虎威游世界”	歌舞，抽奖，送虎卡通	五折优惠
5 月～10 月	6 个月	“特别关爱”给下岗职工	游园活动，歌舞，抽奖	持证件 10 元/人
5 月～10 月	6 个月	天天惊喜	歌舞，抽奖	常设项目
5 月～10 月	6 个月	好运伴你游世界	艺术团抽奖	常设项目
以上活动参与部门：经营策划部、财务部、综合服务部				

资料来源：中国旅游学院，1998，北京世界公园发展研究报告

三、旅游的趣味活动

旅游的趣味活动，增加旅游的亲和力，调动游客的旅游情绪。

旅游的趣味活动参与性强、趣味性强、对游客的吸引力大，能延长游客在旅

游的逗留时间，取材丰富，成本低廉，组织容易，应用面广，在任何旅游地开展都可以结合旅游的情况开展丰富多彩的趣味活动。趣味活动也可与各种节庆活动相结合，成为各种节庆活动的组成部分。趣味活动可分为三种类型：竞赛活动、游戏活动、抽奖活动。

四、旅游的表演活动

表演活动可根据一定的主题在固定的时间内进行，往往成为旅游吸引游客的重要因素。如在湖北洪湖市蓝田旅游景区结合人们熟悉的电影《洪湖赤卫队》聘请洪湖市的歌舞剧团的演员扮演，每天上、下午各表演一场电影中活捉彭霸天的片段，游客可以租借服装扮演电影中的人物随演员一起上船参与活动，表演结束后游客可以与演员拍照。这一表演活动不仅延长了游客的逗留时间，增加了游客的消费，给游客留下了深刻的印象，而且对游客产生了巨大的吸引力，旅游中的每场表演都吸引了大批游客。

深圳民俗文化村的村寨表演活动也成为文化村的品牌产品，备受游客喜爱。在民俗文化村，有“明星村寨”之称的佤寨以剽悍、粗犷的表演“神奇的阿佤山”讲述了原始部落的神秘故事；彝族实景表演“阿诗玛的故乡”以诙谐、幽默的情节演绎着质朴的农家风情；入夜，大型民族服饰舞蹈诗《东方霓裳》以及大型广场艺术《新中华百艺盛会》等艺术精品以恢宏的气势将全天的活动推向高潮，营造了一个“中国红磨坊”的狂欢之夜。中国民俗文化村以“二十四个村寨，五十六族风情”的丰厚意蕴赢得了“中国民俗博物馆”的美誉。

以上四种旅游的主题旅游活动也往往结合在一起进行。

五、旅游综合性的旅游主题线路

旅游可以将各种活动结合在一起推出突出某一个主题的主题旅游线路，它能够树立鲜明产品形象，开拓固定的个性化的客源市场，见如下案例。

案例 深圳市海上田园旅游主题旅游产品策划

深圳西部海上田园旅游区位于深圳市西部，地处沙井镇，为深圳市政府重点投资建设的大型生态旅游。旅游区总控制面积为 24 平方公里，建成的中心旅游度假休闲景区为 1.73 平方公里，是一个集休闲度假，观光娱乐以及生态农业生产示范功能为一体的大型文化主题旅游。

（一）旅行团线路

1. 常规团

A. 香港（深圳）—福永码头—海上田园（或：皇岗口岸—海上田园）

主　　题：海上田园美食乐

旅游套标：门票＋风味餐＋园内游览＋水上木屋＋田园早餐

游览套票：参观：生态文明馆，基塘田园景区（一莱居，耕渔居，天蚕居），戏水乐园景区，绿色文化雕塑区。

餐　　饮：食鱼人家餐厅风味餐

住　　宿：水上木屋

早　　餐：田园早餐

B. 香港（深圳）—福永码头—海上田园

主　　题：海上田园渔农乐

旅游套票：门票＋风味餐＋园内游览

旅游内容：参观：生态文明馆，基塘田园景区（一莱居，耕渔居，天蚕居），戏水乐园景区，绿色文化雕塑区。

餐　　饮：田园餐厅风味餐

2. 学生团

线　　路：香港（深圳）—福永码头—海上田园

主　　题："海上田园，美丽的家园"——2001年海上生态环保秋游活动

内　　容：了解生态环保的过去，现在和未来

（1）基塘田园景区：参与性活动（"渔家乐""农家乐"等），了解海上田园的过去（参观一莱居，耕渔居，天蚕居，有专人讲解并亲手参与制作）

（2）金色年华景区（包括戏水乐园景区）：草坪上主办各种主题活动（如：歌咏比赛等），在戏水乐园景区开展各种游戏竞赛，享受大自然的恩赐（如每位学生发一个小竹篓，比赛摸小鱼小虾，抓泥鳅等）

举办体能竞赛：滚铁环，放风筝，跳绳，拔河等

（3）生态文明馆：全面了解人与自然的和谐发展过程，重点了解生态环保的意义，展望人类珍惜生存环境，保护生态文明的美好未来

（4）观看大型歌舞晚会：丝海彩浪

（5）住宿：露营区

（6）全包价式旅游：包括香港（深圳）/海上田园的交通，门票，园内导游讲解，晚餐，活动费用，露营区住宿，次日早餐等

（7）为每位学生准备一本"田园日记"

具体内容：日记本形式，内含海上田园各个景点的简介，照片，贴集体照及个人照片处，空白日记等等（设计生动可爱，费用另计）

(8) 举办“我与海上田园”(暂定名) 主题征文比赛，获奖者文章在有关报刊上发表，并获得由海上田园赠送的家庭自助游套票。

注：以上内容可根据不同团体的消费层次，灵活组合。

3. 老年团 (主要针对深圳及周边地区)

主题：海上田园金秋保健一日游

借农历九月初九重阳节 (也是中国传统的敬老节)，安排老年团体及离退休老干部游览园区，时间可安排在节假日之外，旨在避免游客多时老年人活动不便，同时也可以弥补节假日之外时间游客量。

具体活动：田园保健医生介绍饮食保健知识，基塘田园景区的水上垂钓比赛，傍晚欣赏田园落日及歌舞演出等。

景区内游览线路：以乘电瓶车游览为主，在重点景点停留。

4. 家庭式自助游及休闲度假客人

主题：提供“世外桃源”式的休闲度假一日或二日游

销售形式：旅游全包式套票 (预售酒店住房，其中含：门票，餐饮，水上游览船票，晚会票，次日早餐等) 与此同时，发放“意见表”及“海上田园会员卡预订单”，为使此类客人成为今后的海上田园会所会员做好前期联络工作。

推介重点：推出园区内的仿生态度假村套房及水上木屋度假区，以少数带动高额消费为重点销售方式。对于旅行社可采取代售此类套票形式。

内容：在为此类游客提供充分休闲度假场所的同时，重点推出“海上田园式”的特色优质服务。具体如下：

(1) 一台小型歌舞表演：对于居住在仿生态度假村的客人专门准备一台小型歌舞，整场演出节目为5个左右，演员为大型歌舞中的优秀者，身着渔家特色服装。节目短小精致，如：独舞，渔家小唱，乐器独奏等，配合海上田园的田园牧歌式休闲主题 (此项为自选性项目，费用另计)；

(2) 一盏渔火灯笼引路：夜晚，入住仿生态度假村或水上木屋区的客人，都有景区内服务人员在夜晚用仿渔家式灯笼在前引路；

(3) 一场家庭自助式烧烤：由景区内服务人员指导，在指定的烧烤区域内，举办烧烤自助餐 (费用另计)；

(4) 一份小纪念品，由海上田园赠送给游客，体现海上田园的人文关怀。

(二) 海上田园2001年9月29日～2002年1月特色旅行团队活动 (见表9.5)

2001年9月29日～10月6日：

开业大吉。每晚20：00～21：00水上巡游及水上灯会

2001年10月10日～11月1日：

海上田园金秋赏菊品蟹团

2001年10月～12月下旬：

“海上田园，美丽的家园”学生团体（系列团）

2001年12月～2002年1月：

海上田园沙蚝宴美食团

2001年10月15日～11月10日

“金秋夕阳红”海上田园敬老特色游

2001年12月24日～12月26日

“田园圣诞夜”活动

2001年12月～2002年1月

海上田园元旦庆祝活动（具体活动参照公司策划计划）

（三）景区演出内容与时间

表9.5 深圳海上田园景区演出内容与时间

地点	节目	时间
闸口	青蛙王子迎宾	10：00～10：30
生态文明馆	青蛙王子游田园	11：30～11：45
休闲广场		15：30～15：45
听风阁	民乐演奏广东音乐	13：00～13：30
		16：30～17：00
大龙船	江南丝竹	10：00～10：30
		11：30～12：00
		13：00～13：30
		14：00～14：30
		15：00～15：30
		16：00～16：30
		17：00～17：30
大凤船		10：30～11：00
		11：30～12：00
		13：30～14：00
		14：30～15：00
		15：30～16：00
		16：30～17：00
		17：30～18：00
吉庆广场	舞剧《丝海彩浪》	19：00～20：00
芦花湖	水上巡游	20：20～21：00

注：表演内容与表演时间如有变动，以园区当日公告为准，雨天停演

第四节　旅游线路规划

一、旅游线路规划

旅游线路是旅游经营者或旅游组织向旅游者推销的产品。在内容上包括在这一过程中旅游者所利用和享受的一切，包括食、住、行、游、购、娱等各种旅游要素，是为旅游者旅游活动所提供的一切设施和服务的总和。

传统的旅游线路设计仅仅面向包价旅游（package tour），其中主要是团体包价。随着包价旅游在旅游市场中所占比重的相对减少，旅游线路设计开始针对散客服务而推出散客小包价。目前旅行社或旅游信息中心为散客设计的旅游线路有两种形式：一是组合选择式线路，即对整个旅程设计有几种分段组合线路，游客可以自己选择和组合，并且在旅游中可以改变原有选择（分段）；二是跳越式线路，即旅行社提供的只是整个旅程中几小段线路或几大段服务，其余皆由旅游者自己设计。随着信息化、网络化和旅游者消费个性化的发展，旅游线路的类型更加多样化、个性化和自助化。

旅游规划中的旅游线路主要包括两个方面，如表 9.6 所示。

表 9.6　旅游线路类型的划分

划分依据	类　型	特　点
按旅游过程	1. 全程旅游线	全包价；适用于团体；传统形式
	2. 局部旅游线	小包价；适用于散客；目前发展较快
按旅游目的	1. 观光旅游线	以游览景点异地风情为主；属基本层产品；每个景点停留时间短
	2. 度假旅游线路	以休假为主；属提高层产品；景点停留时间长
	3. 会议商贸旅游线路	以公务活动为主；属提高层产品；消费高
	4. 奖励旅游线	由企业或政府组织；奖励特殊对象；消费高
	5. 探险旅游线	青年为主；挑战自然极限；风险性大
	6. 专题旅游线	围绕特定主题；活动专项化；属提高层
	7. 研修旅游线	以研修为主；活动专业化；属提高层
按空间跨度	1. 国内旅游线	跨越国内省区；时间长；消费低
	2. 区内旅游线	限于省区内部；时间短；消费低
按时间长短	1. 一日游旅游线	本地市场；时间短；消费低
	2. 二日游旅游线	周边市场；有过夜消费
	3. 三日游旅游线	中远程市场；时间较长；消费较高

旅游规划中旅游线路设计主要包括两个方面：一是以游客逗留的时间为依据的一日游线路、二日游线路、三日游线路及多日游线路；二是设计专题旅游线路形成旅游产品系列。

1997年为迎接香港回归，国家旅游局推出了第二个旅游年，向世界推出绝、奇、美、胜的35个王牌景点和16条旅游专线，16条旅游专线即为：①神州掠影游；②长城游；③长江三峡游；④黄河风情游；⑤奇山异水游；⑥丝绸之路游；⑦江南水乡游；⑧西南少数民族风情游；⑨中原民俗游；⑩冰雪风光游；⑪宗教朝圣游；⑫穆斯林风情游；⑬青少年休学游；⑭女青年之旅；⑮中华健身游；⑯海韵、湖光度假游。

二、旅游线路规划的原则

1. 主题特色原则

旅游线路的设计要突出主题、体现特色。主题突出、形象鲜明、富有特色的旅游线路，对旅游者构成较大的吸引力，因此，要充分挖掘区域内文化内涵，分析区域内旅游资源特色，面向市场，推出主题旅游线路，才能形成区域内的拳头产品和特色品牌。

2. 面向市场原则

旅游线路的设计要面向市场，特别是主题旅游线路要面向不同的目标市场来进行设计，旅游活动中的食、住、行、油、购、娱等方面都要适应市场的需求。

3. 行程不重复原则

旅游线路应该组织为由一些旅游依托地和尽可能多的不同性质的旅游点串联而成的环形回路，以避免往返路途重复，有时表现为环形主线路上连结重要旅游依托地作为中心的多个小环形支线和多条放射线。作为长距离旅游，所经过的各个重要旅游依托地（或集散地）就是大环形路线上的节点，这些节点就成为小环形支线或多条放射中心。对此环形旅游线路，最受欢迎的是将主要购物地安排在最末一站，这样有利于旅游者大量采购各种物品而没有携带不便的困难。

4. 顺序与节奏原则

在旅游路线的设计中，必须充分考虑旅游者的心理和体力、精力状况，并据以安排其结构顺序与节奏，做到动静结合、快慢结合。同样的旅游项目，会因旅游路线的结构顺序与节奏的不同而产生不同的效果。一条旅游路线应如同一部艺术作品，体现序幕—发展—高潮—尾声。在条件许可时，旅游线路规划应尽可能体现出上述特点。

5. 开放性原则

县（市）中由于区域范围较小，旅游景点，特别是高知名度的旅游景点数量有限或者缺乏，因此，在旅游规划的旅游线路的设计中要遵循开放性原则，在完善区内旅游线路的同时，尽量设计出与区外旅游线路的接口，将区内旅游线路与更大区域背景下的区外旅游线路结合在一起，特别是要将区内旅游线路编入到相邻县市开发较早、发展比较成熟、有一定知名度的旅游线路当中去，如编入到旅游国线或是旅游省线当中就有利于县市旅游的发展。

6. 内容的互补原则

旅游线路的设计中，既要体现旅游主题的内容，又要做到在旅游活动项目上的多样化，以丰富旅游者的旅游生活和旅游体验。

三、旅游线路设计

旅游线路的设计要为旅游者提供安全、舒适、愉快的旅游生活，将旅游活动所必需的食、住、行、游、购、娱等旅游要素和旅游服务按时间组合起来提供给旅游者选择。县市旅游规划中旅游线路的设计主要按旅游目的和旅游时间来进行编制。按旅游目的设计的旅游线路一般是设计成为专题旅游线，按时间跨度而设计的旅游线路往往也与专题旅游线路结合在一起来编制。

1. 专题旅游线

将区域内有关某一主题的旅游景点串联在一起设计的专题旅游活动，专题旅游线能够充分利用和整合区域内的优势资源，体现出区域内的旅游特色，形成旅游规模，产生整体的效果。专题旅游线特色突出，形象鲜明，有利于产品的形象推广和产品的市场推广。同时专题旅游线路也便于参与到区外的相关专题旅游线中。

专题旅游线路设计应包括以下内容：①旅游线路名称；②旅游活动范围；③旅游总体特色；④主要旅游景点；⑤旅游主题活动；⑥交通衔接；⑦其他。

如：三国赤壁旅游线[①]

① 《赤壁市旅游发展总体规划》（2001～2020），项目主持人：张立明，参与人员：舒伯阳、黄安民等

线路名称：三国赤壁旅游线
推广线路名称：三国赤壁军事文化旅游线
旅游活动范围：赤壁古战场景区→黄盖湖→沧湖→陆逊营寨
旅游总体特色：引人发思古之幽情的旷远的历史文化氛围，大江、山水格局所构成的天然军事体育场地。
主要旅游景点：赤壁古战场、黄盖湖、沧湖、陆逊营寨。
主题旅游活动：游陆水、观赤壁、进军营、听三国、学英雄、长智慧。
交通衔接：区外经长江子龙滩码头进入赤壁景区，也可由公路进入赤壁景区，或由陆逊营寨以陆水河水路通赤壁景区与陆逊营寨，通过江堤公路衔接赤壁与黄盖湖。

2. 按时间的长短编制的旅游线路

按时间的长短编制的旅游线路一般分为一日游、二日游、三日游等，此种类型的旅游线路一般要安排出每日的旅游行程和旅游活动，如赵县旅游线路设计为将旅游时间和旅游专题结合在一起进行编制，如表 9.7 所示。

表 9.7　旅游线路设计方案

名称 时间	观光游览	度假休闲	科普考察	宗教文化	—
一日游	—	—	—	—	—
二日游	—	—	—	—	—
三日游	—	—	—	—	—
—	—	—	—	—	—

思考题：

1. 简述旅游产品发展的阶段模式。
2. 分析我国旅游产品的发展所处的阶段及其原因。
3. 简述旅游产品开发的昂谱（RMP）分析方法。
4. 旅游产品设计的原则有哪些？
5. 简述节庆会展活动产品在区域旅游中的地位和作用。
6. 简述节庆活动策划的原则。
7. 简述旅游线路设计的原则。

第十章　旅游商品的开发

学习目的： 通过本章学习了解旅游商品的概念及其作用、旅游商品存在的问题、旅游商品开发的原则和旅游商品开发思路。

随着我国旅游业的崛起，旅游商品的生产和销售也有了迅速的发展，而且有逐年递增的趋势。在住宿、交通、邮电、餐饮、购物、娱乐等各个服务项目中，旅游购物是创汇最高的项目之一。旅游商品已成为我国旅游外汇收入的最重要的构成部分，在整个旅游业的发展中占有极其重要的地位。因此，在旅游业高速发展的今天，更应注重旅游商品的生产、开发研究，使得旅游商品的生产、开发与旅游业的高速发展相适应，带动其他相关产业，扩大就业机会，从而更好地促进旅游业以至于整个国民经济的发展。

第一节　旅游商品及其作用

一、旅游商品的概念

旅游商品是通过人们的经济和文化活动生产出的具有价值和特殊使用价值的消费品。其中，旅游服务是构成商品的重要因素。这种提法属于广义旅游商品的概念。广义旅游商品的概念中，旅游商品主要由三部分构成：可视服务、多种旅游组合、服务理念和非可视服务。有些学者不同意把旅游服务划入旅游商品，也不主张旅游服务成为旅游商品的组成部分。

狭义旅游商品主要是指旅游途中旅游者购买的一切物品。目前，大多数学者将旅游者购买的纪念品统称为旅游商品。本书中的旅游商品主要是指狭义的旅游商品。从狭义旅游商品的定义中可以看出，旅游商品与一般商品存在着区别，最根本的区别在于购买的对象不同，即消费者不同。在旅游商品消费中，旅游者是消费者，他们所选购的物品都具有旅游纪念品的属性。而对于一般商品的消费，其消费对象是非旅游的一般消费者。

二、旅游商品的作用

1. 增加外汇收入

增加外汇收入一般有两种途径：一是通过对外贸易获得贸易外汇收入，二是通过非贸易途径获得非贸易外汇收入。在当今世界贸易竞争激烈、关税壁垒林立的背景下，旅游业作为非贸易外贸收入的来源渠道，作用是非常突出的。而旅游商品作为旅游业的重要组成部分，能提高旅游收入，加深旅游者对旅游景点的记忆，起到对旅游业的旅游品牌形象宣传的作用。

2. 扩大就业机会

很多旅游商品的生产是属于劳动密集型产业，因此，发展旅游商品的生产和销售有利于促进就业。从世界旅游业吸收就业人员看，全世界每年新增就业人员中，每 15 个人中就有 1 人进入旅游业工作。旅游业吸收就业人员分别是农业的 1.7 倍，纺织业的 3.8 倍，汽车工业的 4.8 倍，金属工业的 6.2 倍。

3. 带动相关产业

旅游商品作为人类消费的一个重要组成部分，与其他行业密切相关，因此，旅游商品的发展会在很大程度上促进整个国民经济的发展。旅游商品的发展需要当地其他产业的密切配合，比如：印刷业、纸制品（包装）以及食品业等产业。也可以说，旅游商品的发展与其相关产业具有互动作用。

4. 促进贫困地区脱贫

贫困问题是全人类面临的巨大难题，世界许多国家都十分关注并提出许多解决问题的对策及措施。从实际上看，贫困地区多数是农村和经济欠发达地区，但同时也多是旅游资源丰富的地区。因此，可以通过开发贫困地区旅游资源，大力发展旅游业，充分发挥贫困地区旅游资源富集的特点，开发特色鲜明、品位较高的旅游产品和旅游商品。通过旅游产品和旅游商品的完美组合，带动贫困地区人民群众脱贫致富，使旅游经济成为贫困地区脱贫新的经济增长点。一些区域经济较落后，有的目前仍以农业为主，第二产业和第三产业相对薄弱。在经济飞速发展的今天，这些区域要实现经济的可持续发展，在保障第一产业产值的情况下，应使其在国民生产总值中的比重有所下降。相应的，应加大对第二产业特别是第三产业的投入。通过特色鲜明、高品位的旅游产品和旅游商品，使旅游业成为地区的经济增长点，实现县城的经济可持续发展。

5. 促进各民族优秀传统文化得到发掘、振兴和光大

旅游商品的发展能够促进各民族优秀传统文化得到发掘、振兴和光大。因为，一方面成功的旅游商品富有鲜明的地方特色，能极大地刺激旅游者的消费需求，另一方面旅游商品的发展能够促进民族文化的个性更加突出。因此旅游商品的生产和消费通过各种物质文化的广泛交流，使民族文化的精华得到锤炼，增强了民族文化特色及地方特色对旅游者的吸引力。旅游商品的发展是发掘历史文化的一个过程，也是旅游者了解当地地区和人民，进行文化交流的重要途径，同时也使这些区域更加了解外界，获得更多的商品信息，加快对外开放的步伐。

第二节 旅游商品开发原则

随着我国旅游业的发展，旅游商品逐渐引起人们的重视。一方面传统旅游商品和古老的工艺得以保存、恢复和发展，并在一定程度上加以创新，另一方面，千篇一律的单调局面已被冲破，许多地区的旅游商品正走上个性化的道路，走向繁荣，其特征为紧紧依靠当地文化传统，充分利用当地的资源和技艺，表现自己的特色和个性，逐渐形成自己的拳头旅游商品。

但是，目前，我国旅游商品仍然普遍存在不足之处，如缺少主打旅游商品、旅游商品不成系列等问题。

一、旅游者的消费心理分析

在对区域游商品进行开发时，应了解旅游者的消费心理。旅游者的消费心理，是旅游商品开发的依据，是旅游商品的生产以及销售的基础，对它的分析对于旅游商品的开发至关重要。

1. 旅游者的消费目的

根据调查分析结果表明，旅游者在旅途过程中进行旅游商品消费时，主要有以下几个目的：①回忆旅游地点或在某地的经历；②馈赠亲友；③炫耀自己走过的地方，表明自己眼界开阔和富有；④有收藏各地旅游商品、工艺品和古董爱好；⑤自己使用。

2. 促进旅游消费的因素

在对旅游者的旅游消费进行分析时发现，旅游者在购买旅游商品，进行旅游

商品消费时主要考虑以下几个方面。

(1) 购买旅游商品的地点

旅游者在购买旅游商品时，从旅游的意义上分析，旅游商品在某种程度上都有纪念的意义，无论从十分珍贵的古董、文物到最便宜的日用消费品都带有十分明显的旅游纪念的印记。正是因为要买富有纪念意义的旅游商品，大多数的旅游者在进行旅游商品消费时，首先要考虑到购物的地点。旅游者都喜欢在原产地或具有纪念意义的地方购买自己所喜欢的旅游商品，只有这样，所购买的旅游商品才具有纪念意义，才能唤起在旅途中的美好回忆。比如，许多旅游者到墨西哥乡村旅游时，他们首选的都是宽边草帽、披风、面具、以及太阳钟等；而到中国丽江的旅游者，他们首选的是做工精湛的银器、富有民族特色的民族服装以及当地盛产的干鲜水果。具有鲜明的特色和优良品质的旅游商品，是激发旅游者进行旅游商品消费的重要因素。特色鲜明的旅游商品必须有质量作保证，形成具有地方特色的名产。例如，北京的景泰蓝、四川的竹编、天津的杨柳青年画、景德镇的瓷器等。正由于此，这些旅游商品才会享誉国内外，对旅游者形成了很大的吸引力。

(2) 旅游商品的艺术价值

旅游商品的艺术价值，在旅游者进行旅游商品消费时是至关重要的。因为旅游商品蕴含着浓郁的纪念意义，其艺术特色与艺术价值十分重要。被旅游者认可的具有艺术价值的旅游商品，会在很大程度上刺激旅游者的旅游消费。

(3) 商品的包装和价格

旅游者在外出旅游进行旅游商品购物时，除了自己需用的一部分外，总要带回一部分，作为礼品和纪念品馈赠给亲朋好友。因此旅游者对旅游商品的包装要求很高，既要求造型美观，又要求大小适中。在当今国际市场上，包括旅游商品市场，包装已经成为一门科学，同时又是增值的手段和提高旅游商品品位的办法。所有的旅游者都十分重视旅游商品的轻便性。以石雕类旅游商品为例，许多旅游者常常是想买又不敢买，主要原因是太重，携带极不方便。至于旅游商品的价格要求合理和灵活，应该照顾到大多数旅游者的购买能力，做到既不因为旅游商品价位低而使经济效益受损，也不要因为旅游商品的价位太高而使众多的旅游者望而却步。

(4) 售货员的态度

在旅游者进行旅游商品购物时，售货员的态度是影响旅游者是否购买旅游商品的重要因素。售货员在对进行旅游商品购物的旅游者服务时，不仅要求态度热情、彬彬有礼，更重要的是要了解不同旅游者的购物心理和需求，同时要熟悉所出售的旅游商品的特点，能够在关键时刻帮助旅游者下定决心购买旅游商品。通过这样的“买”、“卖”，旅游者得到的不仅仅是旅游商品，同时也从中得到了温暖和情谊；而对于售货员来讲，得到的不仅仅是所出售旅游商品的利润，同时也得到了旅游者对当地的美好印象，从而加深了旅游者与当地人民之间的感情。从某种意义上讲，售货员的服务是旅游者了解当地民俗风情的一个重要的窗口。

二、旅游商品的开发原则

优秀的旅游商品可以代表一个地方的文化品质，甚至成为其象征。旅游者也希望购买的旅游商品能够真正代表旅游目的地的优秀文化，具有较高的文化品位。在研究分析了旅游者在进行旅游商品购物时的心理，了解了旅游者的旅游商品消费倾向，明确清楚地知道了他们到底喜欢怎样的旅游商品之后，旅游商品的开发才有了依据。根据旅游者购物心理分析，在进行旅游商品开发时应遵循以下几个原则：

1. 突出特色

旅游商品的特色是构成对旅游者产生消费吸引力的重要组成部分。特色旅游商品在某种程度上被认为是景点回忆的延续，没有特色的旅游商品不能激发起旅游者的购买欲望，不能引起旅游者的消费行为。因此，旅游商品必须具有鲜明的特色。如河北赵县的赵州桥是当地最富有特色的旅游资源，在设计赵县旅游商品时，应充分突出赵州桥，将赵州桥设计为赵县旅游商品中的品牌形象，把赵州桥这一无形资产转变为赵县的有形资产。

2. 融入文化

随着社会经济发展和人们生活水平的提高，文化含量高的消费在人们消费结构中的比重将相对上升。旅游商品消费是一种娱乐性、休闲性的消费活动，其目的是为了丰富和美化人民的生活，陶冶人们的情操，使人们在进行旅游商品购物的同时，开阔视野、增长知识，满足人们对物质资料和精神文化的双重消费。一些区域历史悠久，有着浓厚的文化蕴含，在设计旅游商品时，应充分体现出地区浓厚的文化底蕴，使得旅游者在进行旅游商品购物的同时，也体会到当地悠久的历史，如画的风光，丰富的文化内涵。

3. 包装精美

旅游商品消费是人们旅游的组成部分，是一种包含着较多精神内容、较高层次的消费方式，旅游商品的合理发展必须能给旅游者以新颖、舒适、优美、健康的感受，用丰富多彩的旅游商品内容来充实旅游者的精神世界。精美的包装则是从另一个侧面满足旅游者在旅游商品购物的同时，对商品美学的要求。再好的商品没有精美的包装，也不会满足旅游者的购物需求。因此，在质量保证的情况下，加大对旅游商品外包装的设计，不但可以为旅游者的购买带来方便，而且可以带动区域相关产业发展，扩大就业机会，可以实现其经济利益和社会效益同步发展。

4. 携带方便

大多数的旅游者在进行旅游商品购物时，都会考虑旅游商品是否携带方便。因为，精巧的旅游商品便于携带，而粗重的旅游商品会引起旅游者在旅游过程中的诸多不便。再富有特色的旅游商品，也会因为它的携带不便而使旅游者放弃。因此，在设计旅游商品时应注意所设计的旅游商品是否携带方便。

5. 高附加值

在进行旅游商品设计时，应突出的旅游商品的高附加值。具有高附加值的旅游商品，不仅会提高旅游商品的利润，而且会激发旅游者的购物兴趣。附加值高的旅游商品往往与精品、高档商品相联系。独具地方特色的旅游商品当与精美的包装相配时，会提高商品本身的档次，同时，也提高了商品本身的利润。

6. 保证质量

质量是任何产品生存和发展的必要前提。因为，旅游商品的核心是商品本身，而商品的核心就是商品的质量，没有质量保障的旅游商品，包装再精美、风格再独特、携带再方便也不会引起旅游者购买的兴趣。从某种意义上讲，质量低劣的旅游商品不但不能促进区域旅游业的发展，而且会给当地旅游业带来负面影响，给整个区域的对外形象造成不良影响，这种损失是巨大的。因为，区域形象不仅关系到区域旅游业的发展，而且关系到整个区域经济的发展。旅游商品是外界了解本地区产品的直接、重要的窗口。高品质的旅游商品，在带来经济效益的同时，也给区域产品进行了形象宣传。

第三节　旅游商品设计与开发思路

根据旅游商品设计开发原则，结合当地旅游资源与自然资源，旅游商品设计与开发时，可按照某一主题开发系列旅游商品。如按照旅游商品材质的不同，将旅游商品分为如下几类：

一、纸制品系列

纸制工艺品主要包括有剪纸、民俗画、字画、扇类、书签、首日封、明信片、石刻中拓下来的书法典籍、以地区风景为基础的扑克牌、精美风景图册、各旅游景点导游册、各景点门票以及旅游商品的各种纸制精美包装。这类纸制工艺品制作工艺相对简单，成本较低。但是它能起到对地区各景点的广泛宣传作用，使旅游者通过这些旅游商品更加全面、深刻地了解本地区旅游，了解本地区的民俗风情。这类旅游商品适用于任何旅游地区。

二、木制品系列

旅游商品中的木制品系列主要包括：各种木制品雕刻模型系列、木版画系列、造型各异的根雕系列。在设计这类旅游商品时，应充分利用区域内具有特色的旅游资源，作为旅游商品的蓝本。这类旅游商品应定位于风格独特、文化含量高、附加值高，还应尽量使商品做工精美、雕刻精细，成为旅游商品中的形象产品和较高档次的旅游商品。这类旅游商品具有很强的纪念意义，同时重量较轻，便于携带，所以深受旅游者欢迎。

三、石刻、石雕系列

石刻、石雕系列旅游商品是对木质系列商品在材质上的补充，是旅游商品中重要的组成部分，主要包括景点的系列石质模型。但这类旅游商品质材较重，在设计和制作时，要注意携带方便。

四、陶瓷系列

陶瓷系列旅游商品主要以反映当地著名的旅游景点为主，兼以反映各地民俗风情。陶瓷系列一般在旅游商品中定位为较高档商品，精美的品质再配以优美的画面，相得益彰，完美组合，成为旅游商品中独具特色的精品。因此，设计陶瓷系列旅游商品时，应突出设计精美、工艺精湛、体现文化含量、附加值高等特点。

五、食品系列

食品类旅游商品主要依托地方资源优势开发新产品，形成有各地特色的食品类旅游商品。如水果系列主要包括果脯、果汁、果膏等；淀粉系列主要包括优质淀粉、葡萄糖、低聚糖、麦芽糖等营养食品、智力食品及保健食品。食品类旅游商品在设计时要注意食品的包装、保质、保鲜，还要注意开发生态食品系列。

六、其他工艺品系列

主要包括各景点的金箔画、仿象牙工艺盘、工艺镜、丝绸、玻璃拉丝制品以及具有地方特色的纺织工艺品，如文化衫、旅行包、遮阳帽等。

总之，旅游商品的设计与开发要依托地方的特色旅游资源与深厚的文化内涵，以多种表现形式，形成富有地方特色的系列化的旅游商品。

思考题：

1. 简述狭义的旅游商品的概念。
2. 简述旅游商品在旅游经济及旅游形象传播中的作用和意义。
3. 旅游商品开发的原则有哪些？
4. 以某一文化为主题，制定系列旅游商品的开发方案。

第十一章　旅游形象策划与推广

学习目的： 通过本章学习了解旅游形象的基本理论、基本内容、旅游形象定位的概念、原理和方法、旅游形象塑造的内容及旅游形象传播途径。

旅游产品的不可移动性，决定了旅游产品要靠形象的传播，使其为潜在旅游者所认知，从而产生旅游动机，并最终实现出游计划。旅游地的形象是吸引旅游者最关键的因素之一，“形象”使旅游者产生一种追求感，进而驱动旅游者前往。因此，要使旅游地旅游业可持续发展，保持旺盛的生命力，关键是要树立与维持旅游地在旅游者心目中的良好形象。在当今激烈的旅游市场竞争中，形象塑造已成为旅游地占领市场制高点的“秘密武器”。

区域旅游形象策划就是在这种背景下应运而生的。它成功地移植了企业形象策划（CIS）的理论和方法，在广告业的影响和旅游市场发展迅猛、竞争激烈等因素的共同作用下，形成一套全新的对旅游地和旅游景点进行形象识别和营销的系统。目前，我国的旅游规划实践大都在对旅游景区进行资源、市场、产品一体化综合开发的基础上，导入了该形象策划方法，更加重视旅游形象设计在旅游业发展中的作用，构造完善的视觉识别系统，强化景点的行销功能，增加其在旅游市场的竞争力。

第一节　旅游形象的基本理论

一、旅游形象的含义

旅游形象，是指人们对旅游景区及其所在地的总体、抽象、概括的认识和评价，是对旅游地的历史印象、现实感知与未来信念的一种理性综合。它既包括旅游者对旅游地的整体环境、各景点的游览和对市民素质、民俗民风等的体验，又包括旅游者对旅游地内在素质，如运行管理、经济水平、城市文化和发展前景等的感知和概括。

旅游者在旅游决策之前要经历三个阶段：第一阶段是梦想阶段，梦想有一个理想的旅游活动，在这一阶段需要形象广告刺激旅游者的旅游动机；第二阶段搜集信息与估计能真正享受理想旅游的可能性，这一阶段需要“咨询”广告为旅游者提供有关信息；第三阶段为实际旅游决策阶段，因此旅游地的旅游形象在旅游营销中十分重要。

二、旅游形象 CIS 系统

CIS（corporate identity system），英文直译为企业识别系统，是 20 世纪 70 年代由经济发达国家新开发出来的一种旨在表现企业鲜明个性和经营特色，传达企业方针与精神，给顾客以新鲜感和独特感的经营技法，后来有学者将其引入旅游形象策划中。该系统由三个方面组成：理念识别（mind identity，MI）、行为识别（behavior identity，BI）和视觉识别（visual identity，VI）。三者既有特定的内容，又相互联系、相互作用，如图 11.1 所示。

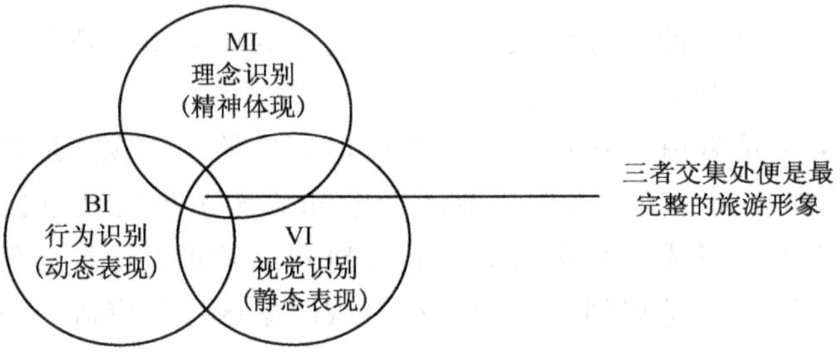

图 11.1　旅游地 MI、BI、VI 之间的关系

1. 理念识别系统

理念识别本意指企业独特的文化和价值观的设计与形成，包括企业经营信条、经营战略、精神标语口号、座右铭等基本内容。主要由组织使命、经营观念、行为规程和活动领域四个部分组成。旅游理念识别，则是指旅游地各方面对待旅游业及旅游者的态度和精神风貌等个性化的思想或观念。它决定了旅游地独具特色的经营理念，是旅游形象 CIS 策划的核心、基础和灵魂。理念识别系统是区域旅游形象系统或旅游地形象系统的核心和灵魂，旅游理念是旅游组织的理念和经营管理观念，即指导思想，属于思想意识范畴。

(1) 组织使命

旅游组织使命指旅游组织开展经营活动所依托的社会使命，它反映了社会的要求，也体现旅游组织的不同的社会价值观，是旅游组织理念最基本的出发点。

（2）经营观念

指旅游组织开展经营活动所依据的一定的思想观念，反映旅游组织管理当局的价值观和思想水平，它具体表现在最高层管理者的经营方针、服务理念和指导思想上。旅游组织经营观念的具体内容主要包括组织精神、质量意识、服务意识、职业道德、组织的凝聚力等等。

（3）行为规程

行为规程是旅游组织在制定公民或员工行为规范时所应遵循的原则性要求，指必须在正确的经营观念指导下，对旅游组织员工的言行提出具体的规定与标准，如员工手册、岗位职责说明书、岗位操作规范、质量标准、劳动纪律等员工行为规范中的原则性要求。

（4）活动领域

活动领域是指旅游组织开展接待服务活动的设施水平和向游客提供的产品类型和服务标准范围。

理念识别系统对不同的组织而言包含三个层次，如表 11.1 所示。

所以旅游形象的理念系统指出了旅游地在特定的时段内表现的特征、规格和类型。理念定位是旅游地旅游形象设计的前提，决定着旅游地形象设计的方向。一般的旅游地往往都会制定出反映旅游地理念、显示旅游地使命、经营观念和行为规程的口号，以鼓励全体员工为树立旅游地良好的形象而不懈努力。形象口号是旅游者易于接受的了解旅游地形象最有效的方式之一，它用精辟的语言、绝妙的创意、构造一个富于吸引魅力的旅游形象，产生强烈的广告效果。这种口号一般寓意深刻，便于传播，同时体现出旅游景区的特点，起到一种识别作用。

表 11.1　旅游 CIS 理念识别系统

层　次	主要内容
政　府	体现政府对旅游业的重视，确定旅游的产业地位、形象定位，显示发展旅游业的决心和信心。加强旅游基础设施建设，制定旅游产业政策，规范旅游市场。营造旅游环境，加强旅游公共设施的配套建设，维护旅游者权益，树立可持续发展的理念
旅游企业	包括企业使命、经营观念、行为规程、活动领域，提供游客满意的旅游产品，树立为游客服务的思想，为游客营造安全、舒适愉快的旅游环境，提供尽善尽美的旅游服务。如旅游景区经营理念、旅游景区发展战略、旅游景区制度管理等
公众（居民）	热情好客、热爱家乡，了解家乡，宣传家乡。培养全民旅游意识，树立“人人都是导游员，个个都是旅游形象”理念，特别是窗口行业的员工

资料来源：赵黎明等. 2001. 县级旅游发展规划的理论与实践

2. 旅游行为识别系统

旅游行为识别是以理念识别为核心和基础，传播旅游组织理念的一种动态识别方式，它渗透于对内的组织、管理、教育以及对社会的一切活动中，是支撑旅游形象系统的第二大支柱。旅游行为识别系统的导入就是调整、完善旅游组织的内外活动，使其规范化、契约化，充分体现旅游组织的经营理念，以获得社会公众对旅游地的识别和认可。

旅游行为识别系统的内容主要分为对内对外两大部分。对内的行为主要有完善的组织制度和管理规范、业务培训、从业人员教育、奖惩活动、工作环境、职工福利及研究开发项目等。对外的行为主要有市场调查、广告活动、公关活动、公益文化活动、促销活动、竞争策略以及与各类公众的关系等。

旅游行为识别系统可从战略、结构、体制、作风、人员、技巧、共同的价值观等七个要素着手，对旅游组织行为进行规范化管理，以实现指挥系统的规范化、组织决策的程序化、服务流程的规范化，并从行为方面围绕理念识别系统来规范组织的行为模式，通过组织结构的设计、从业人员教育培训、公关宣传活动和广告活动，以此来塑造旅游组织的行为形象，直观展示旅游组织理念识别系统的文化境界和风貌。

表 11.2 仍从政府、企业和公众三个层次来说明旅游行为识别系统所涵盖的主要内容。

表 11.2　旅游行为识别系统

组　织	主　要　内　容
政府	1. 成立旅游委员会、旅游专家咨询组，强化旅游行政主管部门的宏观管理职能 2. 制定本地旅游发展规划并严格执行 3. 成立旅游行业协会制定行业服务标准 4. 成立质量检查所，规范企业服务行为，保障旅游者合法权益；出版发行“旅游投诉指南” 5. 作好旅游形象的文字宣传，办好有关的主题节庆活动 6. 加强辖区人民精神文明建设，提高全民旅游意识 7. 加大基础设施建设力度
企业	1. 组建旅游企业集团，严格实行现代企业制度 2. 制定服务程序、服务规范和服务标准 3. 制定内部各种管理制度 4. 加强员工培训 5. 制定旅游景区详细规划
居民	1. 语言文明：文明用语，规范用语（普通话） 2. 行为文明：保护环境，乐于助人

资料来源：赵黎明等. 2001. 县级旅游发展规划的理论与实践

3. 旅游视觉识别系统

视觉识别本是指借助静态的识别符号和视觉化的传播系统，将企业经营理念和价值观有计划、有组织，并准确、快捷地向公众传达出去的各种传递形式。它最能系统化、直观化地表达形象特征，是 CIS 中最具传播力与感染力的一个系统。

旅游组织视觉识别系统的基本内容包括两大部分：基本要素和应用要素。基本要素是指用来传达旅游组织精神内涵的识别符号，包括旅游组织的名称、标准字、标准色、象征图案、造型、宣传标语、口号等。应用要素即基本要素的承载体，它是无处不在和无时不在的，包括旅游组织事务用品、办公设备、建筑装潢、标牌旗帜、员工制服、产品包装、广告媒体，以及其他不属于上述各项的标志物和规范手册等。

表 11.3 分政府和旅游景区两个层次列出了旅游组织视觉识别系统的基本要素所应包含的主要内容。

表 11.3　旅游组织视觉识别系统基本要素的内容

要　素	政　府	旅游景区
旅游地标志	区域旅游标志或旅游地标志，标志物的形状、体量、颜色等均要以历史文化背景作为依托；城市雕塑、园林小品等都要体现整体文化内涵。	与特有景点和文化背景相联系，建设标志性的旅游景点形象。企业标志形象。
旅游组织名称	成立相应的旅游管理组织，并指导成立相关的行业协会。	要好认、好读、好记、好看，做到“音”“意”“形”的完美统一。
旅游地标徽	设计上与本地文化相联系。	紧扣景点文化内涵，与特有事物相联系，与区域旅游的标志大同小异。
旅游地标准字	用中英文对照，既可专门设计，又可请名人题写，注意符合国家关于语言文字的规范标准。	
标准色	颜色的设计要与地方文化和环境相协调，并要体现组织的理念。	
旅游地象征性吉祥物	旅游地形象吉祥物、旅游形象吉祥物，要人格化而且生动有趣。	
旅游地纪念品	首先要体现地方特色和旅游景区、旅游企业的特色，其次要注意迎合旅游者的购物心理：高档的适合收藏，如手工艺品、金银纪念币（章）等；中档的实用，如 T 恤、背包、玩具、明信片、扑克、画册、挂历等。	
旅游地象征性文化	挖掘当地的历史名人文化，制造名人效应；聘请文艺，体育明星作为旅游使者；举办旅游宣传大使（小姐、先生）的评选；聘请明星作为“荣誉市民”等。	

续表

要　素	政　　府	旅游景区
办公及相关用品	包括行政部门（如旅游、外事接待部门）、企事业单位（旅行社、宾馆、饭店、景区）以及相关部门使用的信封、信笺、传真纸、礼品袋及礼仪待客用品、工作人员名片、政府领导班子成员名片等。办公用品及公关用品设计应尽量做到各部门间统一协调，并使用标徽、标准字和标准色，以形成系列式配套。	
指示类应用设计	包括路牌、方向牌、标志牌、景点指导游牌及导游图等。城市内的指示类应用设计应符合国家公用信息图形标准，景点内的指示类应用符号要符合公用旅游信息标准。信息的载体可以多种形式，但须与景点内容相协调，并形成与自然环境和文化环境的和谐。	
广告设计	包括电视、广播、报纸、杂志、因特网广告及旗帜横幅、灯柱模型、大型气球等户外广告，一般由专业广告公司制作完成。	
展示应用设计	为开展招商及展览活动、旅游节庆活动而进行的设计，包括会场、展出展板等。	
光环效应识别符号	通过有关组织的认证或授予的标志，这些标志能提升区域或旅游景区的旅游形象，如世界遗产地、中国优秀旅游城市、国家级历史文化名城、国家文明卫生城市、国家级重点风景名胜区、AAAA 级景区、国家旅游度假区、国家地质公园、国家森林公园等。	

在旅游规划的实践中，区域旅游形象和旅游地形象不同于一般的企业形象，对于旅游区其旅游区内的景观形象就是一种重要的识别形象，为此吴必虎、李蕾蕾（1998）等人提出人地感应系统的概念。

人地感应系统是指人们对旅游地单纯的感官感受，包括第一印象区、光环效应区、地标区、典型镜头区以及视觉识别符号、应用识别符号、非视觉感官识别境况等。我们将第一印象区、光环效应区、地标区、典型镜头区统称为视觉识别物质形象系统，如表 11.4 所示。

表 11.4　旅游地视觉识别物质形象系统内容

形象构成	主　要　说　明
第一印象区	是旅客最先进入旅游目的地的视域空间，主要是指机场、火车站、汽车站、旅游区的门景区等场所，第一印象区给游客良好的印象将会使游客产生先入为主的印象。这些地段的景观处理要求与目的地的整体地方风格协调一致，并充分体现理念系统的意境。
最后印象区	指游客最后离开旅游目的地景区的景点或地区，如城市出入口、旅游景区的出口。最后印象区如果给游客留下不良的印象如叫卖现象等，将会在游客心目中留下极不好的印象，产生 100－1＝0 的印象效果。

续表

形象构成	主　要　说　明
光环效应区	指整个区域旅游形象或旅游地形象中具有决定性意义的地方。光环效应区往往也是旅游景区的标志性的地段，只要这些地点具有良好的形象，旅游者就会产生“爱屋及乌”的印象效果。反之，如果游客在这些地点产生不良的印象，即使其景点的形象再好，旅游者也会形成整个区域的不良印象。光环效应区所有景观地段都必须严格杜绝“视觉污染”，比如垃圾成堆、厕所卫生差、乱扔废弃物、随地吐痰等。
地标区	指能够作为整个旅游区的形象代表的地段或景点，如旅游区的游客中心、标志性景区。地标区在城市中是指能够作为一座城市的形象代表的地段，如上海的外滩，北京的天安门等。
典型镜头区	适用于拍摄成标准图片对外进行旅游营销的视域空间，是旅游区的形象或标志性的旅游景区（点）。这些镜头区具有独特性，广泛用于视觉广告、宣传画及招贴、导游手册、网络主页、旅游景区介绍书籍和光盘等出版物、明信片的制作中。

以河北省赵县为例，其旅游人地感应系统策划如表 11.5 所示。

表 11.5　赵县旅游人地感应系统策划表

要素	地　　点
光环效应	赵州桥公园、石塔路、宗教街、国道街迎宾线
地标区	石桥街、旅游街
典型镜头区	赵州十景：古桥晨曦、东寺钟声、千年古刹、禅灯无尽、梨花盛开、梨园红叶、燕赵风情、古城新貌、勾龙故里、名桥荟萃

第二节　旅游形象定位

旅游业的发展处在与有形商品营销相似的社会背景中。一方面，游客可以选择的旅游地愈来愈多，旅游景点之间的发展竞争越来越激烈；另一方面，旅游业本身还要面临与其类似的其他娱乐活动的冲击。因此，如何扩大旅游景点的市场占有率，吸引更多的游客，成为区域旅游发展中所面对的日益突出的问题。对于旅游规划，科学地定位所规划区域旅游形象，有助于地方合理地制定旅游形象塑造的战略和目标，依据自身特点、同类旅游地的特点以及受众的特点进行有的放矢的形象建树活动。

一、旅游形象定位的原理

1. 旅游形象定位的概念

旅游形象定位的概念是从市场营销原理导出的，市场营销学认为企业的形象定位要与企业产品市场定位联系起来，才能显示出其独特的价值。当代社会，市场竞争加剧，消费者年龄结构、文化背景、经济能力等多方面的差异，导致其需求分化，形成了不同的消费群体，这就要求对市场必须进行多层次的细分。与此同时，任何企业都不可能满足所有消费者的需求，而只能根据自身的条件和特点，准确无误地选择目标市场和目标顾客群，确定自己独特而鲜明的个性形象，从而最大限度地发挥优势，在竞争中取得主动。

旅游形象定位即是根据本地旅游资源的特点，设计有价值、有特色的旅游产品和服务，确定该地区独特的旅游形象，以便使目标市场的顾客了解和理解本地旅游业竞争者的相互位置及差异。

2. 旅游形象定位的影响因素

(1) 地方文脉

“文脉”这一概念是由我国已故著名地理学家陈传康教授引入的，所谓地方文脉，是指旅游地所在区域的地理背景和人文特征的总称，它是综合性的、地域性自然地理基础、历史文化传统和社会心理积淀的四维时空组合。旅游形象作为一种意识形态，其定位必须以地区旅游资源的物质存在特性作为基础，因此应该充分挖掘该地区的文脉，并提炼加工成独特的形象。如山东省曲阜市是我国著名的历史文化名城，孔子的故乡、孔氏后裔的封地以及春秋时期鲁国都城的历史，为其留下了深厚的文化积淀。而相比之下，其关中平原地貌为代表的自然景观，就不具有鲜明的特色，也不那么有吸引力了。

(2) 游客感知

这是指地区旅游形象被目标消费者（游客）所认识与感受的程度。游客的旅游消费实际上是一种文化消费，而旅游城市一般地域相对小，景点相对少，且类型单一，在这种情况下，如果只片面追求若干景点的知名度而忽视了对整个地区旅游形象及文化脉络深层内涵的宣传，就会带来游客感知上的缺憾和误区。

(3) 竞争市场

就国内而言，一个旅游城市的竞争对手主要有两类：一类是与该地区特性类似的同质旅游城市，另一类是与该地区特性相左的异质旅游城市。以曲阜为例，作为历史文化名城，其与陕西的咸阳、山西的平遥显然属于同质竞争旅游城市；然而其与海南省的一些风景优美的度假胜地相比，则明显属异质竞争市场。旅游形象定位就是一个旅游地在与相关地区相比较之后所确定的特定位置。

二、旅游形象的定位原则

1. 既尊重历史，又体现时代特色的原则

现代和未来是历史的延续，旅游形象定位不尊重并体现历史，旅游就会失去赖以存在和发展的根基，文脉当然也无从谈起；不体现时代特色，则缺乏时代气息，同样无法获得准确的旅游形象定位。

2. 既立足当地，又放眼世界的原则

当地文脉的形成需要一个历史过程，且一旦形成，就具有稳固性、连续性和持久性。立足当地挖掘潜力，才能体现特色和区域的个性魅力；其定位又不能囿于当地，就当地论旅游。

3. 既标新立异，又合情合理的原则

旅游在本质上是一种求新求异的活动，新异的经历和感受是每一位旅游者内心的追求与梦想，所以标新立异的原则应该贯穿于形象定位的全过程，但不能异想天开，完全脱离实际。因此要注意遵循合情合理的原则，使潜在的旅游者在心理上能接受的同时，又有一定心理遐想的空间。

三、旅游形象的定位方法

定位理论的核心思想就是“去操纵已存在心中的东西，去重新结合已存在的联结关系”。因此，旅游形象的定位方法也要根据旅游资源的类型、规模、特点以及与其他旅游景点相比较所处的地位来决定。

1. 领袖定位

领袖定位是指对唯我独尊、世界唯一或同类中的“之最”进行定位。由于人们总是对第一的东西印象最深，所以这种定位方式最有气魄，最能引起人们的注意。提起中国，外国人最先想到的就是万里长城、故宫，因为这些是中国的特色，是独一无二的，这种“领袖”优势很容易进入人们的意识，在旅游者心中留下难以磨灭的印象。

某些地方虽然旅游资源的数量和建设规模无法和较大地区相比，但可以在第一或唯一上做文章。比如山西省的平遥，地处内陆，自然景观并不突出，而且面积狭小，县城的直径只有约12华里，但就是这样一个不起眼的小城，却有着古老的历史和保存完好的明清时代的古城风貌，号称“西北第一城”，这就是依靠了这一人无我有的优势进行定位和宣传，吸引了海内外大批游客到平遥观光，甚至还被联合国教科文组织命名为世界文化遗产。

2. 比附定位

比附定位是一种“退而求其次”的定位方式，依托已经被公认处于领袖位置的旅游点，通过对比，使人产生联想，借以提高自身的知名度。市场营销学的实践证明，与原有处于领导地位的第一品牌进行正面竞争往往非常困难，而且失败为多，因此，比附定位避开第一位，但抢占第二位。如苏州市的旅游形象定位为“东方威尼斯”，海南三亚也将自己的形象定位在“东方夏威夷”或“夏威夷第二”，目的无非都是利用威尼斯、夏威夷等世界旅游胜地绝对稳固的旅游形象而较轻易进入游客心中，并占据一个较佳的位置。

3. 逆向定位

逆向定位强调并宣传定位对象是消费者心中第一位形象的对立面和相反面，同时开辟了一个新的易于接受的心理形象。在市场营销学中最经典的案例就是美国的“七喜”饮料的成功定位。当时“可口可乐”正如日中天，于是“七喜”就宣称为“非可乐”，从而将所有的软饮料分为可乐和非可乐二类，“七喜”则自然成为非可乐饮料中的第一位了。

深圳野生动物园的形象定位也属逆向定位。它将人们心目中的动物园形象分为二类：一类是早已为人类熟识的普通笼式动物园，在中国这类动物园以北京动物园最知名，动物品种最丰富；另一类为开放式动物园，游客与动物的活动方式对调，人在“笼”（车）中，动物在“笼”外，从而成为国内第一座城市野生动物园。

4. 空隙定位

空隙定位的核心是根据自身的特点，针对旅游市场的空白和断裂地带挖掘潜力，树立一个与众不同、从未有过的主题形象。与有形商品定位比较，旅游形象定位更适于采用空隙定位。因为尽管目前旅游点的数目呈爆炸性增长，特别是同类人工景点相互模仿严重，但相对来说，仍然存在大量的形象空隙，旅游者仍然期待着个性鲜明、形象独特的新景点出现。

5. 重新定位

旅游产品和其他产品一样，都有一个生命周期的问题。前些年在各地曾经红火一时的主题公园，现在已经落到了“门庭冷落车马稀”的窘地。究其原因，虽有重复建设过多，竞争激烈的因素，但更重要的是缺乏推陈出新，使得该种旅游产品的生命已经走到了尽头。此时，旅游形象的重新定位就不可避免了。重新定位的方式有两种：一是对原有形象的充实改造，二是创造新的形象。

以深圳锦绣中华为例。由于受新开业景点“世界之窗”的冲击，以及主题公园整体不景气的影响，锦绣中华的发展处于游客人数不断下降的阶段。为延长其生命周期，锦绣中华需要重新定位。如何重塑小人国的新形象呢？锦绣中华开始将客源市场定位于珠江三角洲区域的中小学生和各类企业青年员工，并宣传一个爱国主义教育和观摩基地的新形象，取得了成功。

四、旅游形象主题口号的提炼

旅游形象定位最后还要落到形象主题词的提炼上，通过主题词来体现和强化形象定位，并对形象定位起到补充说明的作用。主题词需体现所描述的地区旅游形象的精髓和主要特色，符合精炼、简洁、易记、关联性强等特点，使人一看到或听到该主题口号，就联想到所指代的地区及其丰富的内涵。李蕾蕾(1998)提出了内容源自文脉、表达针对顾客、语言紧扣时代、形式借鉴广告的四原则。

1. 内容源自文脉

主题词的实质内容必须来源于地方独特性，这样才能避免过于空泛。也就是说要充分挖掘和分析该地区的文脉到底是什么，往往差异性和新鲜感才是吸引旅游者的“杀手锏”。抓住了文脉，就树立了自己的风格和特色，这样的主题词才会起到化腐朽为神奇的作用，为景点的形象锦上添花。我们在《福建省漳平市旅游发展总体规划（2000～2020）》[①] 中，根据漳平市的资源特点提出“回归自然漳平走，九龙寻花画中游”的主题口号。武夷山的口号为：“千载儒释道，万古山水茶，世界遗产地，中国武夷山。”

2. 表达针对顾客

主题词的制定必须充分了解游客市场的心理需求和偏好。游客与普通消费者

① 漳平市人民政府委托项目，项目指导郑向敏，项目主持人黄安民，参与人员黄远水、侯志强、颜醒华等

不同，旅游形象主题词的诉求点一般具有一定的自身内涵，即主题词要体现旅游的行业特征，如亲切、欢乐、和平、友谊、交流等，这一点在国家级的旅游口号确定上体现得更为明显一些。如深圳锦绣中华的主题口号为“一步跨进历史，一日畅游世界”。世界之窗的主题口号为“你给我一天，我给你一个世界”。

3. 语言紧扣时代

旅游形象的主题词在表述方面还要反映时代特征，具有时代气息，也就是说要反映旅游需求的热点、主流和趋势。大多数的旅游地在相当长的一段时间内将以本地游客和附近区域游客为主要的客源市场，特别是开展城市周边旅游和周末休闲旅游，就更要密切关注游客兴趣的变化，并随之调整旅游主题。如云南“世博会”的主题是“人与自然迈向 21 世纪”。

4. 形式借鉴广告

从市场营销的角度来看，旅游主题词除了能够打动旅游者的心，激发旅游者的旅游欲望外，还要能被旅游者永久深刻地记忆并能够广泛迅速地加以传播，即要有广告效应。因此，旅游形象主题词要具备广告词的凝炼、生动和影响力，同时，其创意也要借鉴广告艺术，用浓缩的语言、精辟的文字、独树一帜的风格创造出一个魅力无穷的旅游形象。

第三节　旅游形象塑造

地区旅游形象是一个大的宏观系统工程，在形象定位确定之后，具体的塑造工作就成为该系统工程的关键。

一、旅游形象塑造的内容

1. 形象客体的形象塑造

(1) 旅游产品形象塑造

旅游产品是旅游者进行消费的载体，是旅游者认识旅游形象的最直观、最具体的接触点。但同时，旅游产品具有无形性，看不见，摸不着，旅游者事先只能通过图片和介绍了解其性能，想象其品质，这种特性使得旅游产品的形象比一般的物质产品形象更为重要。健康和良好的形象有助于提高旅游产品的品位和档次，增加其心理效应和心理附加值。旅游产品活动还要通过形象化的口号加以概括，以便于游客传播。如我们在《河北赵县旅游发展总体规划》中提出赵县旅游产品的形象口号是："看千年古桥，赏万倾梨花；韵古老民俗，悟柏林禅寺。"

（2）旅游服务形象塑造

旅游市场的竞争，归根结底是争夺旅游者的竞争。旅游业的特殊性决定了旅游者的消费不是以获得物质为目的，而是为了满足自己的文化追求和感情需要。因此，不断提高服务质量就成为旅游业的立业之本。服务形象塑造就是要塑造一种服务态度诚恳、热情，服务技能娴熟、高超，服务过程及时、快捷，服务项目完善、周到，服务方式新颖、别致的形象。

2. 形象主体的形象塑造

形象主体即地区旅游形象的塑造者——人。这是一个广义的概念，其中既包括区域旅游业的领导、旅游企业的员工，更包括旅游景点所在区域的广大居民。

（1）领导形象

领导形象是指公众对于地方领导者的总体看法和评价，既包括领导者的外在形象，如仪表、气质、工作方法、交际方式等，又包括领导者的内在素质形象，如理论水平、决策能力、创新精神、道德水平、信念和意志力等。领导是旅游地管理机构的缩影，因此是旅游形象的当然代表之一。一个高素质和精明的领导者，往往会让人对当地的旅游安全、管理及服务水平产生信赖感，这一点在招商引资时表现得尤为突出。

（2）员工形象

员工是旅游企业的基本组成人员，是形成企业力量的主体。在内部，旅游企业政策的实施、任务的落实、目标的实现以及形象的宣传，都离不开员工的支持与配合。而同时，他们又距离旅游者最近，成为区域旅游形象的代表，他们的一言一行、一举一动随时都在传播旅游地的有关信息，传播着旅游地的形象，因此，员工形象的塑造是塑造旅游形象的基础。

（3）居民形象

这是旅游形象塑造所特有的。旅游消费实质上是一种文化消费，因此对于旅游地的环境、秩序、社会风气、居民素质等有着很高的要求，特别是地域面积相对较小的区域，每一个居民都有可能直接面对旅游者，所以他们也是形象主体中不可忽视的一部分。

3. 环境的形象塑造

环境分为自然环境和社会环境。两者都和旅游形象塑造息息相关。

(1) 自然环境形象塑造

这里的自然环境不仅包括旅游景区内的环境，也包括旅游地所在地的布局建设、市容市貌、绿化美化等。对旅游者来说，旅游地的环境是他们认识和识别该旅游地形象的窗口。优美、整洁、高雅、有序的环境，能给旅游者留下一个良好的印象，使整个旅游过程更加舒适、轻松、心旷神怡，从而提升旅游景观在旅游者心中的形象和地位。

(2) 社会环境形象塑造

社会环境主要是指旅游地社会生活的各个层面的状况，包括社会风气、风俗习惯、安全状况、以及当地居民对旅游者的态度等。它反映的是一个区域的文明水准和文化程度。它虽然是旅游活动中附带产生的形象，但随着参与性、个性化旅游需求的增长，这部分形象的塑造将越来越重要。

二、旅游形象塑造的策略

区域旅游形象的塑造是一个宏观系统工程。其塑造策略包括以下几个方面。

1. 旅游开发与城镇建设一体化

政府应充分重视城镇旅游形象塑造工程，将旅游形象塑造纳入城市总体规划建设的框架中，并成立诸如旅游管理委员会之类的机构，对涉及旅游发展的重大问题统筹规划，加大宏观协调力度，以便解决城市发展与旅游发展存在的矛盾。

当前特别突出的是旧城文物保护与新区开发的冲突。旧城中往往包含着大量的旅游资源和文化遗产，但出于经济利益的考虑，很多城市在旧城区修建了大量的商用建筑或进行房地产开发，使得历史文化资源的固有价值大大降低，破坏文物的事件屡见不鲜。历史古迹越来越少，但对外宣传却依然是历史文化名城的招牌，“盛名之下，其实难符”。即使游客来此旅游，也是乘兴而来，败兴而归。因此政府应从开发和保护的辩证关系考虑，对旧城文物资源进行封闭式保护，另辟新区进行现代化建设，走出一条城镇发展与旅游资源保护相协调的可行之路。

2. 确定标志旅游形象的建筑物

标志性建筑物具有让人一看就能马上联想到其所代表地方的效果，如纽约的自由女神像、埃及的金字塔等。此类建筑物的确定有两种途径：一是经过对现有建筑的筛选，确认成为标志性建筑；二是新建建筑物，可以是单体建筑，也可以是雕塑、广场等体现地方特色、与地方历史和现实有高度关联性的物质单体。

就区域而言，要充分考虑所选取的标志性建筑的规模、高度、外形与周围景观的协调，突出建筑作品的历史性、文化性和民族性，既不能盲目追大求洋，也不能雷同于一般建筑，落入千人一面的窠臼，这样才能经受岁月的考验。

3. 旅游信息系统的建立和完善

(1) 应考虑建立旅游信息咨询中心

一方面，在机场、车站、码头等公共场所设立接待点，直接为散客服务；另一方面，开展网络服务，所有的旅游服务性设施都应具有网络服务功能，并于上述公共场所的出入口等明显处设立电脑终端，采用触摸式屏幕系统显示旅游地的各方面信息，以使游客的旅程更方便、更自由、更愉快。

(2) 要加速国际信息标识的建设

应运用中英双语和图形来标识交通系统、旅游服务设施系统、提示警示系统及公共服务系统，并考虑制作动态解说系统如景点语音解说、文物和风景录像带、CD、VCD幻灯片等进一步加强旅游形象的渗透力和感染力。

4. 开展与形象定位紧密结合的主题节庆活动

鲜明而一致的主题活动往往能稳定地在人们心目中构造一个积极的形象，成为旅游形象塑造的有效手段。旅游城市策划主题节庆活动应注意以下问题：①节庆活动的主题必须与地方的旅游吸引物相协调，通过举办一个或多个节庆事件使主题更加活泼、生动。②举办一个特别事件，使之成为旅游地永久性、制度化的旅游识别标志，从而成为本旅游区的象征。③多次举办同一个事件或活动，使旅游主题鲜明突出，从而避免形象的离散和自相矛盾。④还可以定期或不定期举办专题学术会议，在提高地方知名度的同时，提高其文化层次，为旅游形象的塑造服务。

5. 改善服务质量，优化旅游产品形象

服务接待水平将最终决定游客对旅游地的主观评价和满意程度，并直接影响到游客重游率的高低和旅游地整体形象的好坏。因此，应不断加强对服务主体的思想文化教育和专业培训，全面提高其素质，强化服务质量意识，逐步完善服务质量监督机制和激励机制，提高整体服务水平，促进服务质量与国际接轨。同时

应以旅游形象定位为指导，对旅游产品进行深加工、新包装，不断丰富其文化内涵，提高其品位和档次，树立名牌旅游产品的形象。

6. 加强文明建设，提高居民素质，强化全民旅游意识

社会风气、居民素质及当地居民对旅游发展的态度等是影响旅游业健康、持续发展的重要因素，营造优良的旅游市场秩序和优美的旅游环境也越来越成为地区发展旅游业的当务之急。具体来讲，要加强居民的爱国主义、思想文化和社会公德教育，提高居民的整体素质和强化全民旅游意识，增强其热爱家乡、建设家乡、珍惜资源、保护环境的历史责任感；同时开展全民旅游教育，大力宣传旅游对地方经济的重要作用，树立其为旅游者服务的意识，创造良好的旅游环境，加强旅游法制建设，防止和避免旅游活动中有损国格和人格的事件发生。

7. 加强市容市貌建设、做好绿化美化工作

我国城市一般都有规划不力、市容不整、环境脏乱的问题存在，因此应该因地制宜地进行城市规划，着力实行城市的洁、亮、净、美工程，给旅客留下强烈的印象。此外，对于交通沿线、城市出入口、景区出入口等，要做好绿化美化工作，高标准地进行绿地公园、绿化广场、绿化小品、城市雕塑等设施的建设。同时加强沿线环境的整治，并以鲜明的标志、统一的宣传口号、精美的风光图片向游客和行人展示本地的良好形象。

第四节　旅游形象的传播

根据传播的定义，传播由三个基本要素组成：传播者、信息和受传者（受众）。旅游景区形象传播主要是运用传播学的一般原理对传播的三要素传者、信息和受众进行设计。

根据旅游景区的市场定位来进行受众分析，通过分析不同的目标受众来制定形象传播方案。在受众选择中有目标受众和潜在受众，潜在受众即为一般的公众，将一般公众培养成未来的目标受众。

旅游形象传播途径很多，主要有网络传播、社会传播、人际传播媒介、常规新闻媒介、公关活动媒介、户外媒介及其他一些传播途径。

一、网络传播策略——Internet 媒体

随着互联网的发展进入电子商务阶段，可以肯定，若干年后的商务信息活动

主要是通过 Internet 传递和进行，Internet 将成为商业信息社会的神经。旅游信息传播最符合于网上传播，随着个人计算机的普及，未来将有越来越多的人利用国际互联网来安排自己的旅行，目前我国各类旅游网站有旅游资讯网（http://www.chinaholiday.com）、携程旅行网（http://www.ctrip.com）、意高旅游网（http://www.egochina.com）、中华旅游网（http://www.etravelchina.com）、灵趣中华旅游网（http://www.linktrip.com）等全国大型综合旅游网;、信天游（http://www.travelsky.com）、中国旅行顾问网（http://www.lohoo.com）、中华旅游报价网（http://www.china-traveller.com）等以订票、订房、订团为主的网站；西部旅游信息网（http://www.intowest.com）、云南旅游信息网（http://www.tourmfo.com.cn）等地方性区域性的旅游网；新浪网（http://www.sina.com.cn）、搜狐网（http://www.sohu.com）、网易和 e 龙综合性门户网站旅游频道；国家旅游局官方网站（http://www.cnta.com.cn）、中国旅游报网（http://www.ctnews.com.cn）北京旅游信息网（http://www.bjta.gov.cn）和各地方旅游局的网站等旅游机构宣传自身形象而制作的网站，大部分旅游景区为宣传自身形象也制作了本旅游景区的网站。旅游区和景区应将自己的网站登录到各类网站以扩大影响便于搜索。目前，国家旅游局正在实施的金旅工程是中国旅游业的信息化的系统工程，金旅雅途网已经建成旅游业的电子商务平台，旅游地和旅游景区将可利用这一平台来推广旅游景区形象。

二、社会传播

社会传播是指形象信息的非商业传播。如金庸先生的武侠小说中涉及过许多名山大川，对读者建立旅游景区的印象有相当的影响，如表 11.6 所示。

表 11.6 金庸小说对人们出游行为的影响

项目 \ 人数及比例		人数（人）	占样本总数比例（%）	其中			
				男生（人）	占男生（%）	女生（人）	占女生（%）
能从看过的书中列举一些景点	大学生	113	58.8	55	52.9	58	65.9
	中学生	58	40.6	28	41.8	30	39.5
对书中出现的地方旅游有兴趣	大学生	138	72.4	68	65.8	70	79.6
	中学生	120	83.9	51	76.1	69	90.8
在旅途中能回忆起小说中的地方	大学生	106	55.2	60	57.7	46	52.3
	中学生	75	52.4	37	55.4	38	50.0

资料来源：吴必虎等，1999

李蕾蕾（1999 年）还总结出其他有关旅游景区的信息：

新闻发生地：发现奇特景观的报道、劫机与坠机等反面新闻报道。

游记：如《徐霞客游记》。

文学作品描述地或故事发生地：如英国古典文学作品，金庸武侠小说。

电影或电视的地点影像信息：如《红高粱》、《大红灯笼高高挂》、《廊桥遗梦》的故事发生地或拍摄地。

口头文学：神话与传说的发生地成为旅游点，内容构成旅游点的导游解说词。

课本信息：特别是中小学的语文课本。

邮票等风景和地点的图像信息、货币、烟盒、火柴盒、门票等各种消费品及其包装上所留下的图案信息。

名人的国籍与出生地的信息：如毛泽东的故乡韶山。

历史事件或战争的地点：如中国的古赤壁，二战战场（柏林墙的观光意义）与纳粹集中营。

股票上市：随着市场经济的发展，旅游景区经营服务类的旅游企业不断上市，如张家界、泰山旅游、黄山旅游、中视股份、华侨城、峨眉山、京西旅游等，这些旅游上市公司不仅可为本公司的发展开辟融资渠道，同时也可极大地提升相关旅游景区的知名度，传播良好的旅游形象。

三、公关活动媒介

如政府间的交流和外事活动时的宣传，旅游新闻发布会的召开，系列旅游节庆活动和相关的学术会议的举办等。此外，在各种招商引资会上还可以将本地旅游形象作为投资环境的一部分加以介绍。

四、文化传播

文化传播的方式有：①设计与当地旅游景观相关的宣传画册、明信片、挂历、邮票、首日封、风景 VCD 片。②出版与旅游资源有关的书籍史料和小说，整理有关的民间传说、民间故事、旅游景点介绍导游图等。③创作推广地方音乐和戏曲、歌曲。④拍摄以当地旅游资源为背景的电影、电视剧及有关专题片，或争取电视台有关旅游栏目以当地的旅游景区为外景现场直播有关节目。

五、人际传播其他传播方式

指通过人际间的相互宣传来有效地影响公众的消费观念和消费方式，包括邀

请专家学者、权威人士参观访问，组织影视体育明星协助宣传，内部公众的宣传

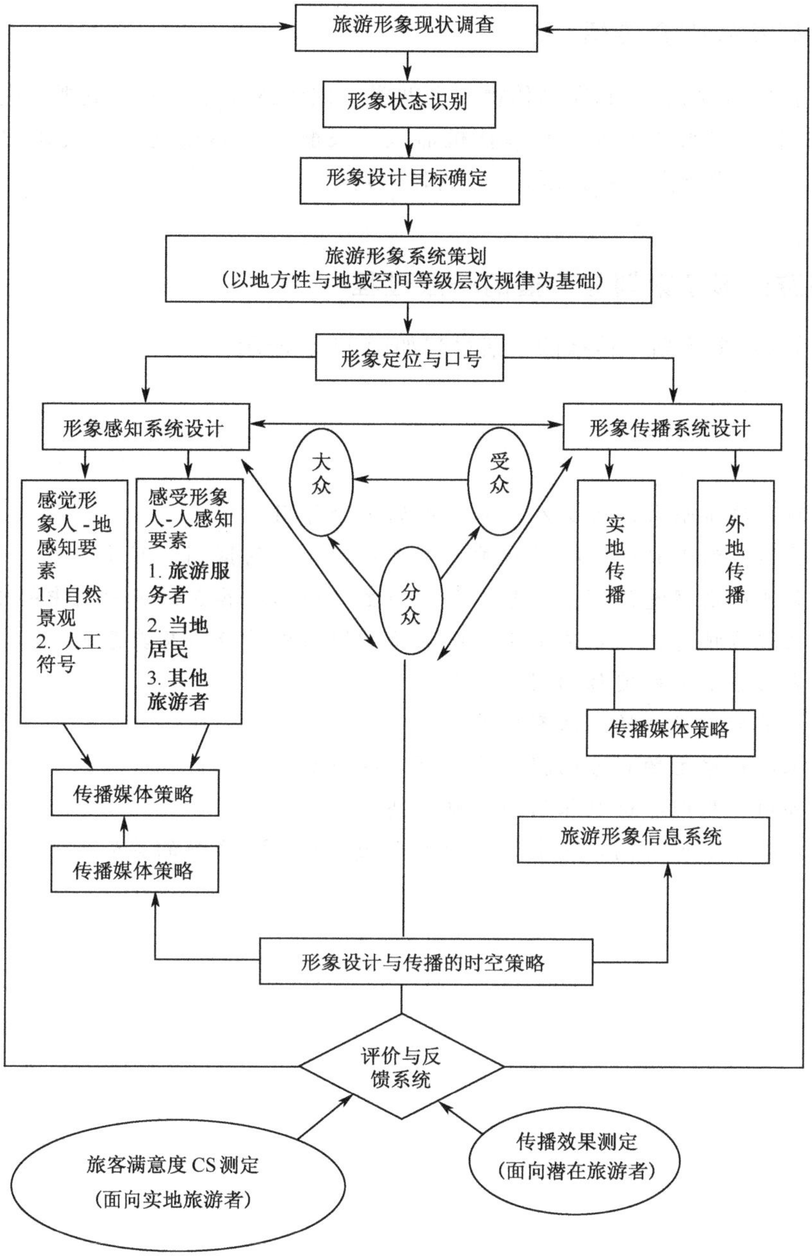

图 11.2　旅游区形象策划的 TDTS 模式

资源来源：据李蕾蕾（1999）修改

表演队以及旅游业经营管理人员和普通员工的精神风貌等。

六、常规新闻媒介传播

分为电子传播媒介和印刷传播媒介两类。前者既涵盖广播、电视、电话、光纤和建筑装饰照明系统等，又包括机器人、飞艇、立体充气等现代化的传播媒介；后者主要指三大类：报纸、杂志和图书。

七、旅游区形象策划与传播的一般过程

旅游区形象策划与传播的一般过程如图 11.2 所示。

思考题：

1. 简述旅游形象的含义及在旅游规划中的作用。
2. 简述旅游形象的 CIS 系统要素及各要素之间的区别与联系。
3. 简述旅游视觉识别系统基本要素的主要内容及其在旅游规划中的应用。
4. 旅游地视觉识别物质形象系统在旅游规划中的应用及其意义。
5. 影响旅游形象定位的因素有哪些?
6. 旅游形象定位的方法有哪些?
7. 旅游形象主题口号的提炼要遵循哪些原则?
8. 如何利用网络进行旅游地形象传播?
9. 以某旅游地为例，制定该旅游地全面导入 CIS 系统的策划方案。

第十二章　旅游服务设施规划

学习目的： 通过本章学习了解旅游服务设施规划的主要内容和布局原则、了解住宿设施和餐饮设施规划的原则和内容。

旅游服务设施，指为旅游者的游憩、观光以外的活动提供服务所须凭借的条件，是旅游活动要素中的重要组成部分，是影响游客旅游体验的重要因素。旅游服务设施的规划要根据旅游区的功能分工和布局，根据旅游接待体系规划进一步明确旅游服务设施的位置、规模、档次、结构、风格、数量及其用地。

旅游服务设施通常在旅游开发建设中投资比重较大，因此，规划建设不当不仅会造成巨额资金浪费，还会对生态环境和景区视觉环境造成严重影响。合理的旅游服务设施规划，则有利于促进景区建设，优化产品，保护环境。旅游服务设施内容主要包括旅馆、餐馆、商业服务及社会服务设施等等，本章主要以《河北省赵县旅游发展规划》为例讨论住宿和餐饮设施规划。

第一节　旅游服务设施规划的主要内容和布局原则

一、旅游服务设施规划的主要内容

1）确定服务设施等级与空间布局。

2）估算服务设施的规模。

3）确定服务设施的风格、特色、体量、色彩等。

二、旅游服务设施建设与布局原则

旅游服务设施建设与布局应遵循以下原则。

1. 突出特色

旅游服务设施不仅是旅游活动的配套和接待设施，而且其本身也是一种旅游资源，目前有些学者（郭来喜、吴必虎，2000 年）已提出将旅馆等作为旅游资源，归为社会旅游资源类。旅游服务设施其本身具有吸引力，因此旅游服务设施要当作景观进行建设，突出其特色，包括建设外形、体量形状、颜色等，如建森林小木屋、吊脚楼、水果、植物、动物等形状的旅游服务设施等，使得服务设施建设景观化。

2. 和谐统一

旅游服务设施要与景区环境和谐统一，其体量、高度、规模、色彩、装饰、建筑小品等都要与景区整体环境和谐统一。如在文物古迹景区，设施建设要古香古色，忌用现代建筑材料；在森林旅游区设施建设体量不宜过大，给人约隐约现的感觉，在建筑小品方面要体现景区的特色和文化内涵，如在林区建木栅栏式的围墙，树墩状的休息凳，水果或树木状的垃圾筒、树枝状的方向指示牌等。

3. 大集中、小分散

为了便于发挥基础设施的规模效益和环境保护，旅游设施的布局应尽量集中，特别是要以镇级居民点为依托，以便充分利用现有的水、电、路等基础设施，同时也便于环境的集中、综合治理，使服务设施配套和形成规模，与当地居民共同享用有关的公共服务设施。这样既可减少旅游投资，又可促进地方建设，形成良好的人际感应系统，更为重要的是减少了对景区的环境污染和视觉污染及对景区的破坏。

但为了方便旅游者，有些服务设施要相对分散，根据旅游活动线路规划进行布局如医疗急救点、安全保护设施、电讯服务设施、小食品店等小型服务设施，小型服务设施经营灵活、流变性高，但亦事关旅游区的整体形象，应通过规划加以控制，以确保整个风景区特色鲜明，和谐统一。

4. 注重环境保护

旅游设施特别是大型旅游设施要尽量集中布局，依据现有集镇，同时在水中和林区尽量不建住宿和餐饮设施，遵循“游乐在林中、在水中，食住在林外，在岸上”的原则，同时设施布局还要注重风向水的流向等。

第二节 旅游住宿设施规划

一、旅馆业现状分析

旅游业现状分析主要分析旅馆业的数量、规模、档次结构功能，平均客房出租率等情况，如表12.1所示。

表12.1 旅馆业现状分析表

旅馆类型 / 数量		社会旅馆				星级酒店			
		普通旅馆	风情旅馆	农家客舍	其他	一星级	二星级	三星级以上	别墅
数量（家）									
房间数（间）									
床位数（床）									
平均客房出租率	淡季								
	旺季								
	全年								
客人平均住宿夜数（夜）									
……									

还要对星级酒店的其他功能如康乐、餐饮服务、会议服务等设施进行现状分析。

二、住宿设施发展原则

对于行政区域，因其地理位置、经济发展水平、旅游业发展有其自身的特点，因此为了提高设施利用效率，提高经济效益和方便旅游者，住宿设施发展应遵循以下原则。

1. 住宿设施多样

要因地制宜地建设星级饭店、社会旅馆、度假村、乡土风情旅馆、农家客舍及野营地等，以适应不同类型、不同档次的游客需要。

2. 充分利用现有设施

县市中一般都有一家甚至几家规模较大的旅馆和一批规模较小的旅馆，由于旅游意识不强，这些旅馆可能存在设施设备不全、服务水平不高等状况，因此，在旅游业发展初期，为减少投资，充分利用现有设施，可将有一定规模的旅馆按照星级酒店的标准进行改造，并加强服务软件建设，成为县市近期对外接待的窗口；对于规模较小的旅馆也要按一定的标准（如整洁、卫生、方便、舒适）进行改造，形成旅游定点旅馆；对于农家旅馆要积极引导发展，提高服务水平和旅游意识。

3. 以市场为导向

住宿设计投资较大，要充分研究市场需求的特点，根据市场需求来决定住宿设施的数量、规模、结构和类型。

4. 服务功能的综合化

饭店内的设计应注意服务功能的综合性和多样性，集住宿、餐饮、娱乐、购物、通讯等功能于一体，各饭店要根据自身的定位和特点强调其中一种或多种功能。

5. 要注意县市的区位特点

如果县市大中城市较近，交通便捷，就要严格控制高档饭店的发展数量和星级饭店的发展规模，积极发展度假旅馆、乡土风情旅馆。由于县市旅游季节性较强，若县市周边缺乏大中城市作为依托，也要适当控制高档酒店的数量和规模。

6. 突出特色

由于县市所处的区位条件和环境背景限制，一般游客，特别是消费水平较高的游客喜欢到大中城市居住。因此，县市旅馆要突出特色，以特色吸引游客，例如建筑特色、活动特色、餐饮特色等，这样才能留住客人，使旅馆不仅是旅游住宿之地，还是吸引力的旅游吸引物。

7. 遵循一定的布局原则

饭店业的选址十分重要，应遵循一定的布局原则：①综合考虑交通，通讯的便利和周围的环境。②与城市发展的长远目标一致，促进城市建设与旅游开发一体化发展。③相对集中于生活方便的市区。④明确饭店的市场目标。

三、住宿设施规划[①]

以河北省赵县为例

1. 住宿设施结构

(1) 住宿设施档次结构

规划期内主要以发展中低档住宿设施为主，因为赵县离省会石家庄较近，故要限制发展高档住宿设施，同时，由于赵县旅游资源级别较高，可适量建设少量中高档饭店作为赵县对外的窗口和形象，也可以作为省会石家庄的补充设施。床位基本比例由社会旅馆 80%，星级酒店 20%，发展至规划期末社会旅馆占 40%，星级饭店占 60%，其中星级饭店中三星级占 30%，一至二星级占 70%，如表 12.2 所示。中、远期在赵县城区建三星级饭店一座，星级饭店以市区为主，东部梨园以度假别墅、乡土风情旅馆为主。

表 12.2　各期期末不同档次床位数比例

年　份	普通旅馆	一星和二星级饭店	三星级以上饭店、高档别墅
2005 年	80%	15%	5%
2010 年	60%	30%	10%
2020 年	45%	40%	15%

(2) 饭店规模结构

根据赵县的实际情况，赵县饭店的规模结构应以小型（200 间客房以下）为主，度假别墅以分离式建筑为主，以适应市场的需要灵活增建。

2. 住宿设施规模与数量

(1) 计算公式

各发展期末床位数、房间数根据以下公式进行预测

$$预测床位数=\frac{预测年游客量\times 住宿平均夜数}{年总夜数\times 客房出租率}$$

$$预测房间数=\frac{预测床位数}{房间的平均床位}$$

① 本节和下节中的案例取自《赵县旅游发展规划 2001～2002》，项目主持人：赵黎明

根据行业统计资料分析，一般认为客房出租率75%～80%为最佳，它既有利于客房硬件的维修，又利于服务与管理。本规划中住宿设施按平均出租率计算，房间床位数按平均床位数计算。按行业一般规律，标准间平均床位为2张，度假村平均为1.7张，城市酒店一般为1.2张，根据赵县区位条件和发展状况，近期内酒店按每间1.9张床位计算，中、远期按每间1.6～1.7张床位计算。

(2) 平均客房出租率

根据赵县的情况，一年中的旅游活动主要是3～10月份，其他时间的旅游者较少，平均客房出租率近期按70%，中期按75%，远期按80%计算。

(3) 游客平均住宿夜数

根据赵县区位条件和旅游开发状况，游客一日游的比例，近期按60%计，中期按50%计，远期按40%计，过夜游客中按二日游（住1夜）、3日游（住2夜）、四日游（住3夜）所占比例分别按表12.3所示比例计算。

表12.3　规划期各期期末旅游者旅游天数的比例

年份	一日游比例	二日游比例	三日游比例	四日游比例	平均住宿
2005	60	30	8	2	0.52
2010	50	32	13	5	0.73
2020	35	30	20	15	1.15

则：游客平均住宿夜数$=\sum_{D=1}^{4} P \cdot D$

式中：D 为游客过夜夜数；

P 为不同过夜夜数所占的比例。

则各期游客平均住宿夜数为

2005年：$30\% \times 1 + 8\% \times 2 + 2\% \times 3 = 0.52$

2010年：$32\% \times 1 + 13\% \times 2 + 5\% \times 3 = 0.73$

2020年：$30\% \times 1 + 20\% \times 2 + 15\% \times 3 = 1.15$

(4) 规划各期床位需求数及星级饭店房间数；

根据各规划期末游客预测值（见表12.4）预测各规划期末床位及客房需求数（见表12.5）。

表 12.4　各规划期末游客预测值

时间	游客人数（人次）
2005	520 000
2010	870 000
2020	2 160 000

1）近期（2000～2005 年）

本期游客平均住宿夜数为 0.52，客房平均出租率按 70%，社会旅馆按 80%，星级饭店按 20%计：

$$预测床位数=\frac{520\ 000\times 0.52}{365\times 70\%}=1058\ 张床位$$

其中：社会旅馆床位数＝1058×80%＝8470 张床位

星级饭店床位数＝1058×20%＝211 张床位

$$星级饭店房间数=\frac{211}{1.9}=112\ 间$$

2）中期（2006～2010 年）

本期游客平均住宿夜数按 0.73 夜计，客房平均出租率按 75%，社会旅馆按 60%，星级饭店按 40%计：

$$预测床位数=\frac{870\ 000\times 0.73}{365\times 75\%}=2320\ 张床位$$

其中：社会旅馆床位数＝2320×60%＝1392 张床位

星级饭店床位数＝2320×40%＝928 张床位

$$星级饭店房间数=\frac{928}{1.7}=546\ 间$$

3）远期（2011～2020 年）

本期游客平均住宿夜数按 0.95 夜计，客房平均出租率按 80%，社会旅馆按 45%，星级饭店按 55%计：

$$预测床位数=\frac{2\ 160\ 000\times 0.95}{365\times 80\%}=7028\ 张床位$$

其中：社会旅馆床位数＝7028×45%＝3163 张床位

星级饭店床位数＝7028×55%＝3865 张床位

$$星级饭店房间数=\frac{3865}{1.6}=2416\ 间$$

表 12.5　规划期各期各种类型床位预测表

年　　份	总计	社会旅馆	星级饭店	其　　中			
				一星、二星级饭店		三星以上饭店	
				床位	房间（间）	床位	房间（间）
2005 年	1 058	847	211	159	84	52	28
2010 年	2 320	1 392	928	696	409	232	137
2020 年	7 028	3 163	3 865	2 811	1 756	1 054	660

3. 住宿设施区域布局

赵县住宿设施主要布局在县城和梨园区，其他地方不宜兴建住宿设施，近期应主要依托现有的宾馆和旅馆的改造来解决游客住宿，对赵州宾馆按二星级涉外酒店标准进行改造，使其成为近期赵县对外接待的形象窗口。社会旅馆主要是对环境、卫生、设施、服务等方面进行改造，提高其软、硬件水平，宗教游客的住宿依托柏林寺，梨园地区的住宿依托现在旅馆进行改造，并可兴建度假森林小木屋和少量度假别墅。

中期兴建三星级酒店一座，作为赵县新的对外接待的形象窗口和旅游形象的组成部分，东部梨园区进一步兴建度假别墅和梨园宾馆。远期根据度假休闲市场的需要继续在东部梨园区兴建度假别墅，在县城内建一至二星级宾馆。

第三节　旅游餐饮设施规划

一、旅游餐饮服务发展对策

1. 餐饮文化发展对策

餐饮文化发展对策有：研究和开发地方菜、民族菜系列菜谱；引进国内其他菜系和西餐；在城区内发展快餐业和小吃业；结合各种节庆活动和文化娱乐活动开发餐饮产品；精致化本地菜肴，注意食品的卫生与质量；创造本地的特色餐饮品牌。

2. 酒店内餐饮服务

要求方便、卫生、快速，就餐环境优雅，并具有严密的安全防范措施；能够提供具有浓郁地方特色和本酒店特色的食品，并根据其主体客源市场提供多种特色菜肴；使菜式精致化。

3. 旅游定点、推荐餐饮服务

选择部分菜肴具有特色、卫生过关、服务和管理良好的餐饮企业为定点推荐餐饮服务点。对定点餐饮企业进行不定期检查，对那些不符合定点标准的餐饮企业要及时撤销其定点标志；菜系形成“小而专、大而全”的格局；合理布局餐饮，与旅游景点和游客流动规律相结合。

4. 社会餐饮

社会餐饮发展中应注意的首要问题是餐饮卫生问题，旅游部门应该与相关部门通力合作，以保护旅游者的利益和本地旅游餐饮业的声誉。

5. 乡土风情旅馆和旅游定点农家餐饮

开发体现地方特色的食品；游客可参与食品的加工制作过程，提高餐饮业的可参与性和餐饮服务的娱乐性；严格卫生质量监督管理；开发生态食品或绿色食品。

二、旅游餐饮设施规划

以河北省赵县为例。

1. 旅游者的用餐量

旅游者的用餐量按照天数计算。即一日游游客用餐 0.5 天，二日游用餐 1.5 天，三日游用餐 2.5 天，四日游用餐 3.5 天。则各期期末的旅游者用餐天数根据以下公式计算：

$$各期期末旅游者用餐天数 = A\sum_{i=1}^{4} x_i y_i$$

式中：A 为旅游者人数；

x_i 为 i 日游旅游者的用餐天数；

y_i 为 i 日游游客所占比例。

则各期期末旅游者用餐天数为

2005 年：

520 000×(60%×0.5+30%×1.5+ 8%×2.5+ 2%×3.5)=530 400天

2010 年：

810 000×(50%×0.5+32%×1.5+13%×2.5+ 5%×3.5)=1 070 100天

2020 年：

2 160 000×(40%×0.5+35%×1.5+15%×2.5+10%×3.5)=3 132 000 天

2. 所需要的餐位数

设各餐馆的平均翻台率为 2，即每个用餐时段内每桌能够接待两批顾客，则各期期末需要的餐位数，按下列公式计算：

$$各期期末所需餐位数=\frac{期末旅游者用餐天数}{全年天数\times设施利用率\times翻台数}$$

则各期期末需要的餐位数为

2005 年：530 400/(365×75%×2)=969个

2010 年：10 701 000/(365×80%×2)=1833个

2020 年：3 122 000/(365×85%×2)=5048个

3. 档次分配

餐馆的档次分配按照表 12.6 所示比例。

表 12.6　不同时期餐馆档次分配表

比例 餐馆级别 / 年份	普通餐馆 %	中档餐馆 %	高档餐馆 %
2005 年	80	15	5
2010 年	60	30	10
2020 年	40	45	15

游客的平均住宿夜数按表 12.3 中比例计算，则各期期末应该拥有的各种档次的餐馆餐位数量为表 12.7 中所示：

表 12.7　各期期末不同档次餐馆餐位数

比例 餐馆级别 / 年份	普通餐馆	中档餐馆	高档餐馆
2005 年	775	145	49
2010 年	1100	550	183
2020 年	2019	2271	758

思考题：

1. 旅游服务设施规划主要包括哪些内容？
2. 在山地旅游区旅游服务设施的布局有何特点？
3. 在水景旅游区旅游服务设施的布局要注意什么？
4. 住宿设施布局的原则有哪些？
5. 如何预测住宿设施的规模与数量？
6. 简述餐饮服务发展对策？
7. 为何在旅游目的地要大力开发地方特色菜系？
8. 在住宿设施建设中如何处理地方特色与标准化的矛盾？
9. 如何测算旅游地餐饮规模？

第十三章　旅游交通规划

学习目的：通过本章学习了解旅游交通在旅游发展中的重要作用、旅游交通规划的主要内容、公路的主要技术指标、旅游道路规划的主要内容和旅游交通规划的定量方法。

搞好旅游交通规划，提高旅游景点间的可达性，提高交通便利程度，保证游客“进得来，出得去，散得开”，对于一个地区旅游业的发展来说，意义重大。

区域旅游中应充分依托其中心城镇，旅游地可以把周围的大中城市作为自己旅游交通的中转站，致力于完善本地与该城市之间的交通连接，从而达到对外连接的目的。这样做，可以利用现有的交通资源，节省大量的人力、物力、财力，将重点放在完善区内景点间交通现状上

第一节　旅游交通规划的内容

旅游交通规划主要包括道路系统规划，旅游交通线路规划和交通方式规划三个方面①

一、道路系统规划

道路系统规划的主要内容包括旅游交通预测数据的分析和评价，主次干道的系统布局，主要桥梁、特色桥梁、索道、隧道，主要停车场，停车观景点位置；自行车、行人专用道路系统，游路系统规划。

二、旅游交通规划

旅游交通规划的内容包括：对外交通（铁路站线、港口码头、航空港、公路、长途

① 国家旅游局人事与劳动教育司.1999.旅游规划原理.北京：旅游教育出版社

客运枢纽站、公共交通班次等等)；内部交通与对外交通的衔接(客运换乘枢纽、售票网点、班次衔接等)；内部公共客运交通(特色交通、班次、线路、停靠点等)；自主交通(机动车出租、自行车、船艇、马匹出租、网点布局等)。

三、交通方式

交通方式是对交通工具的选择。不同的旅游流规模，不同性质的线路，对旅游交通工具有不同的要求。常规的交通工具有喷气机、火车、轮船、汽车等。可根据旅游活动，交通线路、交通设施、客运量等规划安排特色交通，如乘牛车、马车、竹排、狗拉雪撬、索道、直升机、水上飞机、飞艇、热气球等，测算主要交通工具的数量。在景区内的交通规划中要提倡绿色交通方式，如电瓶车、租借自行车、畜力等。

第二节　公路的主要技术指标

旅游道路规划根据旅游区与所依托城镇之间或景区之间的联系，以及旅游区内各项用地的功能、交通流量、人口环境容量，结合资源条件与现状特点，确定道路系统，并有利于建筑布局和管线的铺设。旅游交通规划的道路主要包括旅游区或景区至所依托城镇之间的道路和旅游区内或景区内的道路规划。

旅游道路要充分依托区域内的一般公路，同时加强一般公路的绿化建设。旅游区内有村镇的道路可按村镇道路建设标准进行规划，旅游专用公路可参照上述两类道路标准适当提高，同时要加强道路沿线的绿化美化建设，选好景观行道树种，加强道路两侧的绿化景观和小品建设。景区内的道路规划可列入景区内的基础设施规划。

一、公路的技术指标

公路是联系村镇与城市之间、村镇与村镇之间的道路，应按现行的交通部标准《公路工程技术标准》(JTJ01-88)的规定(见表13.1)来进行规划。公路按使用任务、性质和交通量大小分为两类五个等级。

1.汽车专用公路

(1)高速公路

具有特别重要的政治、经济意义，专供汽车分道高速行驶并控制全部出入的公路。一般能适应按各种汽车折合成小客车的年平均昼夜交通量①为 25000 辆以上，计算行车速度为 60～120km/h。

表 13.1　各级公路主要技术指标汇总

<table>
<tr><td rowspan="2" colspan="2">公路等级</td><td colspan="8">汽车专用公路</td><td colspan="6">一般公路</td></tr>
<tr><td colspan="4">高速公路</td><td colspan="2">一</td><td colspan="2">二</td><td colspan="2">二</td><td colspan="2">三</td><td colspan="2">四</td></tr>
<tr><td colspan="2">地形</td><td>平原微丘</td><td>重丘</td><td colspan="2">山岭</td><td>平原微丘</td><td>山岭重丘</td><td>平原微丘</td><td>山岭重丘</td><td>平原微丘</td><td>山岭重丘</td><td>平原微丘</td><td>山岭重丘</td><td>平原微丘</td><td>山岭重丘</td></tr>
<tr><td colspan="2">计算行车速度/(km·h^{-1})</td><td>120</td><td>100</td><td>80</td><td>60</td><td>100</td><td>60</td><td>80</td><td>40</td><td>80</td><td>40</td><td>60</td><td>30</td><td>40</td><td>20</td></tr>
<tr><td colspan="2">行车道宽度/m</td><td>2×7.5</td><td>2×7.5</td><td>2×7.5</td><td>2×7.0</td><td>2×7.5</td><td>2×7.0</td><td>8.0</td><td>7.5</td><td>9.0</td><td>7.0</td><td>7.0</td><td>6.0</td><td colspan="2">3.5</td></tr>
<tr><td rowspan="2">路基宽度/m</td><td>一般值</td><td>26.0</td><td>24.5</td><td>23.0</td><td>21.5</td><td>24.5</td><td>21.5</td><td>11.0</td><td>9.0</td><td>12.0</td><td>8.5</td><td>8.5</td><td>7.5</td><td colspan="2">6.5</td></tr>
<tr><td>变化值</td><td>24.5</td><td>23.0</td><td>21.5</td><td>20.0</td><td>23.0.</td><td>20.0</td><td>12.0</td><td>—</td><td>—</td><td>—</td><td>—</td><td>—</td><td>7.0</td><td>4.5</td></tr>
<tr><td colspan="2">极限最小半径/m</td><td>650</td><td>400</td><td>250</td><td>125</td><td>400</td><td>125</td><td>250</td><td>60</td><td>250</td><td>60</td><td>125</td><td>30</td><td>60</td><td>15</td></tr>
<tr><td colspan="2">停车视距/m</td><td>210</td><td>160</td><td>110</td><td>75</td><td>160</td><td>75</td><td>110</td><td>40</td><td>110</td><td>40</td><td>75</td><td>30</td><td>40</td><td>20</td></tr>
<tr><td colspan="2">最大纵波/%</td><td>3</td><td>4</td><td>5</td><td>5</td><td>4</td><td>6</td><td>5</td><td>7</td><td>5</td><td>7</td><td>6</td><td>8</td><td>6</td><td>9</td></tr>
<tr><td colspan="2">桥涵设计车辆荷载</td><td colspan="4">汽车—超 20 级
挂车—120</td><td colspan="2">汽车—超 20 级
挂车—120
汽车—20 级
挂车—100</td><td colspan="2">汽车—20
挂车—100</td><td colspan="2">汽车—20
挂车—100</td><td colspan="2">汽车—20
挂车—100</td><td colspan="2">汽车—10
挂车—50</td></tr>
</table>

(2) 一级公路

联系重要政治、经济中心，通往重点工矿区、港口、机场，专供汽车分道快速行驶并部分控制出入的公路。一般能适应按各种汽车（包括摩托车）折合成小客车的年平均昼夜交通量为 10000～25000 辆，计算行车速度为 40～100km/h。

(3) 二级公路

联系政治、经济中心或大工矿区、港口、机场等地的专供汽车行驶的公路。一般能适应按各种汽车（包括摩托车）折合成中型载重汽车的年平均昼夜交通量为 4500～7000 辆，计算行车速度为 40～80km/h。

① 交通量:单位时间内通过公路其一断面的汽车数量

2. 一般公路

(1) 二级公路

联系政治、经济中心或大工矿区、港口、机场等地的高运输量繁忙的城郊公路。一般能适应按各种车辆折合成中型载重汽车的年平均昼夜交通量为2000～5000辆，计算行车速度为40～80km/h。

(2) 三级公路

沟通县级以上城市，运输任务较大的一般公路。一般能适应按各种车辆折合成中型载重汽车的年平均昼夜交通量为2000辆以下，计算行车速度为30～60km/h。

(3) 四级公路

沟通县、乡(镇)、村，直接为农业运输服务的公路，一般能适应按各种车辆折合成中型载重汽车的年平均昼夜交通量为200辆以上，计算行车速度为20～40km/h。

以此五个等级的公路构成全国公路网，其中二级公路相互交叉，既有汽车专用公路，又有一般公路。

二、旅游道路规划

旅游道路规划主要包括所规划的区域或旅游区对外的道路和区内道路规划。本部分内容主要是以旅游区为例分析旅游区道路现状、道路的等级系统等。

1. 道路系统

旅游区道路系统分为对外交通道路和旅游区内的交通道路系统两大系统。

旅游区内的交通又可分为以下几种类型：可供大小车辆进入的道路；限制大客车进入，仅供小车进入的道路；限制机动车辆进入，但电瓶车、畜力车、人力车可进入的道路；人行游路。

2. 道路现状分析

可按表13.2分析道路现状。

表 13.2　风景区道路路段状况表

道路名称	起始点	长度(km)	宽度(m)	路面状况	等级	备注

3. 道路规划

主要规划道路起始点、长度、宽度、路面状况、等级建设期等方面的内容。

第三节　旅游交通规划的方法

一、旅游交通规划的系统分析方法

在介绍旅游交通规划的系统分析方法之前，可以先看一个例子，以说明旅游交通道路系统各道路通行能力变化的波及效果。

图 13.1 是一个包含有四个旅游景点的某地区旅游交通道路系统简图。图中节点表示各旅游景点，节点间的连线表示景点之间的道路，箭头方向表示道路的起始方向，连线旁边的数字表示现有道路的交通流量，括号内的数字表示该道路的交通容量。可以看出，该地区的旅游交通道路系统已经超负荷。为了减轻拥挤，可以拓宽道路。如果不从系统角度来进行考虑，而仅选择道路 12 进行拓宽，使其通行能力变为 400(交通容量变为 400)，拓宽后道路系统的交通流量在各条道路上的变化：因为道路 12 进行了拓宽，其交通状况得到了改善，故其原先的交通流量不会减少；但是，由于其相邻路段 13 比较拥挤，故必然有一部分交通流量(50)由路段 13 转移到路段 12 上来，这样，便形成了拓宽道路 12 后新的交通流量状况，如图 13.2 所示。

从图 13.2 可以看到，由于拓宽了路段 12，其上的交通状况有所改善，但是路段 24 上的交通状况却更加拥挤。拓宽路段 12 并没有从根本上提高整个道路系统的通行能力，因此失去了其应有的效果。事实上，在这个简化的道路系统中，由于其截面通行容量为 400，故单纯的拓宽其中任意一条路段都不可能提高整个系统的通行能力。从这个例子可以看出，不从道路系统的整体出发考虑，是不可能解决根本问题的。在上面的例子当中，我们假定该地区的交通流量是静态的，即整个系统的交通流量没有随着时间推移，在现实生活当中，这种假定是不科学的。因而，为了科学合理地进行旅游交通规划，必须进行系统分析。系统分析的流程图如图 13.3 所示。

在旅游交通规划中，其规划的目的是综合考虑本地区旅游业和经济发展情况，

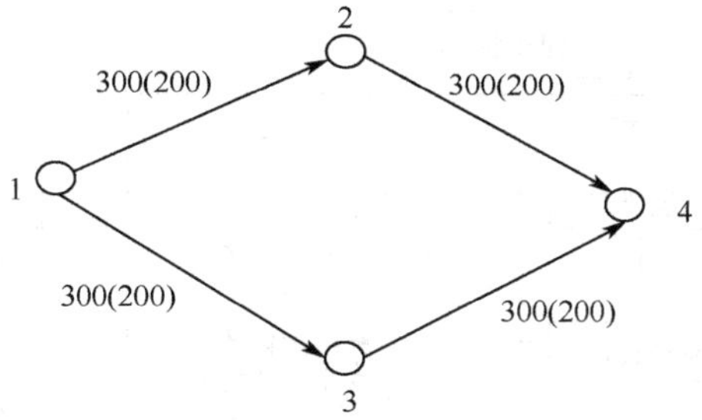

图 13.1　某地区旅游交通道路系统图

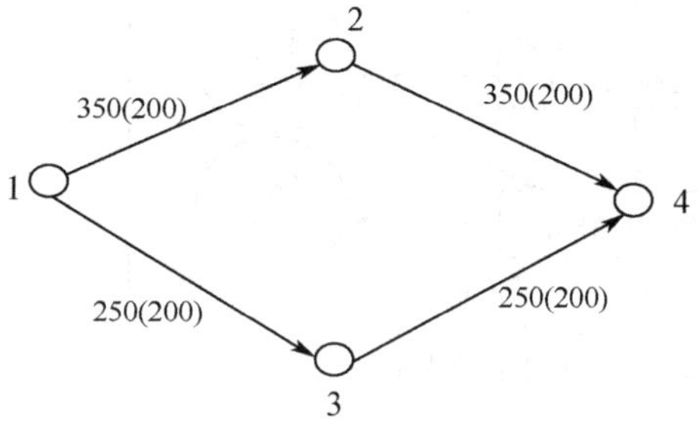

图 13.2　拓宽路段 12 后某地区的交通流量状况图

在现有的道路交通设施和管理水平的基础上，采用定量和定性的手段，科学预测本地区未来交通流量以及交通方式的变化，运用系统学的原理和方法，达到优化道路系统，改善本地区交通状况的目的。

在旅游交通规划中，我们所分析的旅游交通系统的范围指以下几个方面：① 全部交通方式。② 交通系统的所有构成要素(作为运输对象的人与货物、车辆即交通网)。③ 全部的移动(所有起终点的人流和物流)。④ 出行活动全体(包括每一次移动从起点至终点所利用的全部交通方式和全部设施在内的总的出行的概念)。

也就是说，旅游交通道路系统、当地的经济活动方式以及交通流量模式彼此相互关联，共同构成了旅游交通规划所要研究的对象系统。它们三者存在以下关系：① 交通流量模式是由旅游交通系统以及经济活动方式共同决定的。② 交通流量模式的变化反过来又可以改变当前的旅游交通系统以及经济活动模式。

旅游交通规划首先要充分分析当前的旅游交通系统、经济活动模式以及交通流量模式，在此基础上，根据未来旅游业可能的发展情况所造成本地区的旅游交通、经济活动的变化，调整当前的交通流量模式，以适应这种变化。因此，旅游交通

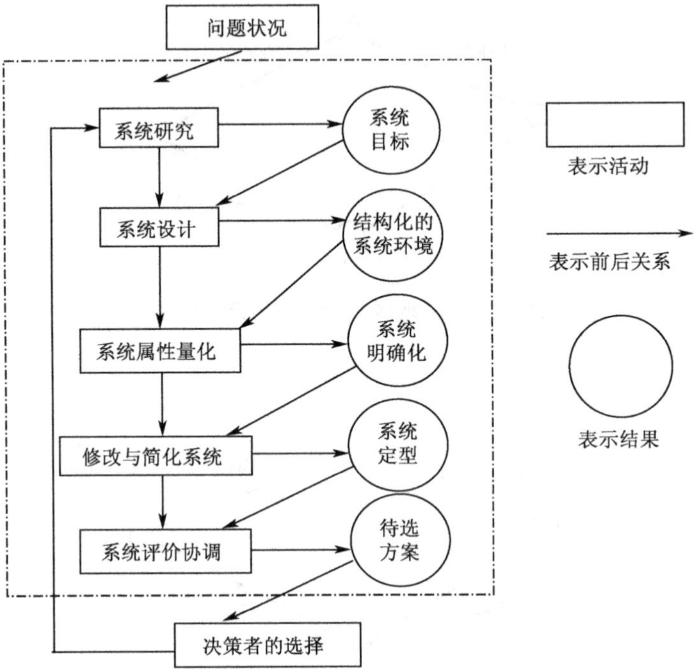

图 13.3　系统分析流程图

资料来源：顾培亮，1998

规划的系统分析是这样的：首先确定本地区旅游交通规划的目标，在详细调查本地区交通资源、经济活动方式的基础上，充分分析本地区旅游交通水平以及经济活动水平；根据本地区的发展规划以及实际情况预测由于旅游业和经济发展所带来的旅游交通流量变化；采用数学规划方法，平衡分配变化的交通流量，寻找出当前交通系统中不适应的部分，设计可供选择的几套改进方案；最后，对改进方案进行评价以供决策者选择。

二、旅游交通流量与交通流量 OD 分布预测

旅游交通规划，最主要的任务就是保证旅游者到达各个景点的道路畅通，使旅游者能够进得来、散得开、出得去，从而达到旅速游慢，旅短游长的目的，以推动旅游业持久稳定地发展。

旅游交通流量的预测，一般可以分为定性和定量两种方法。

1. 旅游交通流量定性预测方法

定性预测，主要是依据预测者的经验和知识，通过对预测事件及其影响因素的分析、判断和推理，寻找出该事件未来发展变化的趋势。这种方法，通常用于由于统计资料缺乏或难以获得，或者某些仅仅需要对未来的发展态势进行判断的情况。常用的方法有类推法、德尔菲法和主观概率法。

(1) 类推法

它是指预测者对与被预测事件相关或相近事件的发展趋势进行分析和研究，然后通过逻辑推理来预测事件的发展态势。通常采用相关类推法和对比类推法两种方法。

(2) 德尔菲法

也称专家调查打分法。其具体处理步骤如下：① 成立预测领导小组，确定预测主题，选定专家小组成员，设计和制定调查所用的征询表。② 向专家小组成员寄发征询表和背景材料，由专家以不记名形式回答后寄回。预测者收到寄回的征询表后，进行归纳和汇总。③ 对征询结果进行处理和判断。如果专家意见趋向一致或足以说明问题，征询工作便可结束；否则，返回第二步。④ 当专家小组意见基本一致时，一般可采用中位数和上下四分位法对征询结果进行归纳，得到预测值和离散程度。

(3) 主观概率法

该方法也是一种专家调查法，其具体步骤如下。

1）成立预测领导小组，确定预测主题，选定专家小组成员，设计和制定调查所用的主观概率征询表。该征询表的一般格式如表 13.3 所示。

表 13.3　主观概率征询表

征询表编号：　　　　专家编号：

累积概率(%)	1.0(1)	12.5(2)	25.0(3)	37.5(4)	50.0(5)	62.5 (6)	75.0(7)	87.5(8)	99.0(9)
您对预测目标的上限预测									
附注									

资料来源：杜学，1996

表内的概率为累积概率。在(1)栏概率为 1%下填写专家个人估计的最小预测值，表示估计实际发生值不大于该数值的可能性只有 1%；在(9)栏概率为 99%下填写可能的最大预测值，表示估计实际发生值不大于该数值的可能性为 99%；

中间各栏由小到大填写最小预测值和最大预测值之间的中间值。累计概率一般划分为 9 等份较为适宜。

2）将征询表和有关背景材料分送有关专家，由专家填表后寄回。由于不同专家对同一事件往往会提出不同的主观概率；因此，预测者在收到寄回的征询表后，要对征询表进行平均化处理，得到主观概率汇总表。

2. 旅游交通流量定量预测法

定量预测，是在统计资料详细充分、准确的基础之上，利用数学方法，根据所预测事件的历史变化或相关因素的变化，模拟该事件的现有运行情况，从而对该事件未来发展变化趋势的一种量化说明，可采用时间序列法和回归分析法等方法。这些方法已在前面介绍，这里从略。下面介绍截面数据流量预测法。

对于旅游交通而言，最显著的特点就是季节性，即在一年当中，旅游交通流量随季节和时间的推移而发生明显的、有规律的变化。旅游旺季、节假日期间，旅游交通流量骤然增加；旅游淡季期间，旅游交通流量急剧减少。而旅游交通规划的目的，就是要保证旅游旺季期间的交通通畅。

在移动平均和指数平滑两种方法中，都采用了对原始时间序列数据修匀的做法，这实际上就是均化了旅游交通的淡、旺季节之分，在作旅游交通流量年度总量预测时是可行的，因为以一年为单位，自然就没有了旅游淡旺季节之分。但是，如果我们将原始时间序列数据细分到月度，这种修匀化的做法就不适宜了。为此，我们可以采用截面数据流量预测法。其具体处理方法如下。

将旅游交通流量的月时间序列列出。因为交通流量变化的季节性，即在不同年份的相同月份，交通流量具有同样的淡季或旺季，具有相同的变化趋势；而在不同月份之间的变化特征往往有显著差异。因此，我们采用月度数据的横断面进行建模。

设原始数据序列为 $Y_t(t=1,2,\cdots)$，Y_t 为月度数据，表示旅游交通流量，按月周期顺序表示的新时间序列如表 13.4 所示。

表 13.4 按月周期顺序表示的时间序列表

	1	2	…	m	…	12
1	Y_1	Y_2	…	Y_m	…	Y_{12}
2	Y_{12+1}	Y_{12+2}	…	Y_{12+m}	…	Y_{12+12}
⋮	⋮	⋮	⋮	⋮	⋮	⋮
k	$Y_{(k-1)12+1}$	$Y_{(k-1)12+2}$	…	$Y_{(k-1)12+m}$	…	$Y_{(k-1)12+12}$

把原始时间序列 Y_t 分割为 T 个子序列，$s_{y1,t}$，$s_{y2,t}$，…，$s_{yT,t}$，其中第 k 个子序列 $s_{yk,t}$ 是由 Y_t 所在年度的第 k 个月的取值构成，即 $s_{yk,t}=Y_{(k-1)T+k}$，$t=1,2,\cdots,l(k)$。

这样，$s_{yk,t}$便由一些具有某种相同或类似变化特征的数据构成。我们可对旺季中的某月(m)建立如下多元回归模型：

$$s_{ym,t}=c_1+a_1s_{ym,t-1}+b_1s_{ym-12,t}+d_1s_{ym,t-2}+e_1s_{ym-12,t-1}+f_1s_{ym-12,t-2}+\varepsilon \tag{13.1}$$

对于模型最后形式的确定，可采用逐步回归法筛选解释变量。

3. 交通流量OD分布的预测

通过上面介绍的各种方法，我们可以从总量上预测得到某区域的旅游交通流量。但是在实际中，由于各旅游景点之间、旅游景点与旅游者临时居住地之间是分离的，因此各旅游景点间、旅游景点与旅游者临时居住地间便会发生各地点之间的发生、吸引交通流量。如图13.4所示。

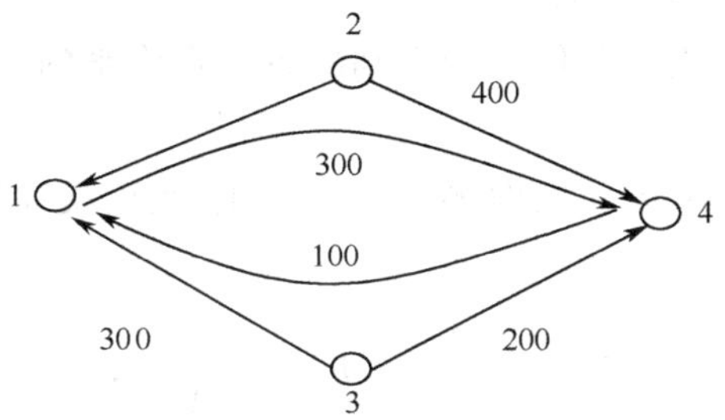

图13.4　旅游交通流量分布图

上面为我们假设一次出游情况时间断面的交通流量分布图。图中的节点表示各旅游景点以及旅游者临时居住地，其中节点1、4为旅游景点，节点2、3为旅游者临时居住地；图中带箭头的弧表示旅游者的前进方向，弧旁边的数字表示发生的交通流量。

根据交通流量分布图，我们便可以列出旅游交通流量的OD分布表。分布表通常为二维，设分布图中共有n个节点，则分布表的形式可用表13.5表示。

表13.5　旅游节点OD分布表

	1	2	…	j	…	n	合计
1	t_{11}	t_{12}	…	t_{1j}	…	t_{1n}	G_1
2	t_{21}	t_{22}	…	t_{2j}	…	t_{2n}	G_2
⋮	⋮	⋮	⋮	⋮	⋮	⋮	⋮
i	t_{i1}	t_{i2}	…	t_{ij}	…	t_{in}	G_i
⋮	⋮	⋮	⋮	⋮	⋮	⋮	⋮
n	t_{n1}	t_{n2}	…	t_{nj}	…	t_{nn}	G_n
合计	A_1	A_2	…	A_j	…	A_n	T

其中：t_{ij} 表示以节点 i 为起点，节点 j 为终点的交通流量；

G_i 表示节点 i 发生的交通流量；

A_j 表示节点 j 吸引的交通流量；

T 表示研究区域总的交通流量。

因此，可以得到以下各式：

$$G_i=\sum_j t_{ij},A_j=\sum_i t_{ij},T=\sum_i\sum_j t_{ij}=\sum_i G_i=\sum_j A_j \tag{13.2}$$

假定我们要预测的OD交通流量的分布形式和现在已有的OD表的分布形式相同，我们可以在此基础上预测研究对象区域目标年的OD法。具体步骤如下：

第一步：用 t_{ij} 表示现状OD表中节点 i,j 间的交通流量。$G_i^{(0)},A_j^{(0)}$ 分别表示现状发生交通流量和吸引交通流量；

第二步：用 G_i,A_j 表示我们预测得到的各节点将来的发生交通流量和吸引交通流量；

第三步：用下式计算第 m 次时各节点的发生、吸引交通流量的增长系数 $F_{gi}^{(m)}$，$F_{aj}^{(m)}$，令 $m=0$。

$$F_{gi}^{(m)}=\frac{G_i}{G_i^{(m)}},\ F_{aj}^{(m)}=\frac{A_j}{A_j^{(m)}}; \tag{13.3}$$

第四步：然后根据计算得到的 $F_{gi}^{(m)},F_{aj}^{(m)}$，采用某函数推算出各节点间交通流量的近似值 $t_{ij}^{(m+1)}$

$$t_{ij}^{(m+1)}=t_{ij}f(F_{gi}^{(m)},F_{aj}^{(m)}); \tag{13.4}$$

第五步：根据计算得到的 $t_{ij}^{(m+1)}$，可以得到各节点间发生和吸引的交通流量

$$G_i^{(m+1)}=\sum_j t_{ij}^{(m+1)},\ A_j^{(m+1)}=\sum_i t_{ij}^{(m+1)}; \tag{13.5}$$

第六步：若 $F_{gi}^{(m+1)}=\dfrac{G_i}{G_i^{(m+1)}},F_{aj}^{(m+1)}=\dfrac{A_j}{A_j^{(m+1)}}$都接近于1时，停止迭代；否则，令 $m=m+1,G_i^{(m)}=G_i^{(m+1)},A_j^{(m+1)}=A_j^{(m)}$，返回第三步。

在第四步中的函数 f，通常采用以下几种形式，要根据实际情况来进行选择

$$f=\frac{1}{2}\left(\frac{G_i}{G_i^{(0)}}+\frac{A_j}{A_j^{(0)}}\right) \tag{13.6}$$

$$f=\frac{G_i}{G_i^{(0)}}\cdot\left[\frac{A_j}{A_j^{(0)}}\Bigg/\frac{\sum_j A_j}{\sum_j A_j^{(0)}}\right] \tag{13.7}$$

$$f=\frac{G_i}{G_i^{(0)}}\cdot\frac{A_j}{A_j^{(0)}}\cdot\frac{L_i+L_j}{2} \tag{13.8}$$

其中：$L_i=G_i^{(0)}/\sum_j\left(t_{ij}^{(0)}\cdot\frac{A_j}{A_j^{(0)}}\right)$

$$L_j=A_j^{(0)}/\sum_i\left(t_{ij}^{(0)}\cdot\frac{G_i}{G_i^{(0)}}\right)$$

三、旅游交通流量平衡分配以及道路改造方案的评价

在我们得到旅游交通流量以及交通流量的OD分布预测结果以后，就可以在现有道路系统上进行旅游交通流量的平衡分配了。

1. 旅游交通流量平衡分配模型的建立

在旅游交通流量平衡分配模型的建立之前，我们需要对现有道路系统进行转化，具体的简化原则如下：① 节点代表主要道路交叉点以及旅游景点；节点间的连线则代表在两点之间存在一条道路，但这种连线既不代表道路的形状也不代表道路的长度。② 窄而容量小的道路不予考虑。③ 根据旅游交通流量发生、吸引节点，依据节点次序依次标注各条道路编号，要求不能够出现回头路的情况。

根据交通规划理论，在交通发生量一定的情况下，影响交通OD间各路段走行时间的主要因素是各路段上的交通流量，即各路段上的走行时间是其上交通流量的函数。用公式表示为

$$t_i=\varphi(q_i) \tag{13.9}$$

其中：t_i 表示路段 i 上的走行时间；

q_i 表示路段 i 上的交通流量。

显然，这应该是一个单调递增函数。

国际上广泛采用的走行时间函数为由美国道路局(bureau of public road，BPR)开发的道路走行时间函数，其形式为

$$t_i(q_i)=t_i(0)\left\{1+\alpha\left(\frac{q_i}{C_i}\right)^{\beta}\right\} \tag{13.10}$$

其中：C_i 表示道路 i 的交通容量，即单位时间里道路 i 可通过的稳态交通流量(稳态时道路 i 上的车辆数)；

α,β 为参数，这里 $\alpha=2.62$；$\beta=5$；

$t_i(0)$表示道路 i 的自由走行时间。

根据交通规划的Wardrop平衡原理，即在交通网络达到平衡时，所有被利用的路线具有相等而且最短的行走时间，未被利用的路线与其具有相等或更长的行走时间。平衡分配模型即是求满足这种平衡准则的路段交通流量。

下面将介绍在旅游交通平衡分配模型中使用的变量：

q_i 表示路段 i 上的交通流量；

t_i 表示路段 i 上的走行时间；

$t_i(\cdot)$表示路段 i 的走行时间函数；

$f_{(k)}^{rs}$ 表示出发地为 r，目的地为 s 的第(k)条路径上的交通流量；

$C_{(k)}^{rs}$ 表示出发地为 r，目的地为 s 的第(k)条路径的总走行时间；

$\delta_{i,(k)}^{rs}$ 为 0-1 变量。如果路段 i 在出发地为 r，目的地为 s 的第(k)条路径上，则 $\delta_{i,(k)}^{rs}=1$；否则，$\delta_{i,(k)}^{rs}=0$；

N 表示网络中节点的集合；

L 表示网络中路段的集合。

对于交通网络中交通流量的分配，应该满足交通流守恒条件，即各起终点间的交通量应该全部分配到网络中去。根据上述约束条件，以及交通网络中所有车辆走行时间的总和为最小这一目标函数，我们可以得到赵县旅游交通流量平衡分配模型，用公式表示为

$$\min Z=\sum_i\int_0^{q_i} t_i(\tilde{\omega})\,\mathrm{d}\tilde{\omega}$$

$$st.\begin{cases}\sum\limits_{(k)} f_{(k)}^{rs}=q^{rs} & \forall r,s \\ f_{(k)}^{rs}\geqslant 0 & \forall r,s \\ q_i=\sum\limits_r\sum\limits_s\sum\limits_{(k)} f_{(k)}^{rs}\delta_{i,(k)}^{rs} & \forall i\end{cases} \tag{13.11}$$

对旅游交通流量平衡分配模型的说明：① 目标函数 Z 是求交通网络中所有交通流量的走行时间总和，模型求解的目标是降低交通网络系统的走行时间，使其达到最小。② 约束条件 1 表示交通网络中出发地为 r，目的地为 s 的所有路径上的交通流量之和应该为出发地 r 与目的地 s 之间发生的交通量，即流量守恒。③ 约束条件 2 表示交通网络中出发地为 r，目的地为 s 的任意路径上的交通流量不小于 0，即交通流量的非负约束。④ 约束条件 3 表示路段 i 的交通流量等于交通网络中所有通过该路段路径上交通流量之和。

2. 旅游交通平衡分配模型的求解

旅游交通规划模型通常有两种解法：平衡分配法和增量分配法。下面，分别对在这两种求解方法加以介绍。

(1) 平衡分配法

平衡分配法实质上是非线性规划求解中的最速下降迭代法：任意选择一个迭代起点 q_i，q_i 已知，则 t_i 是可以求出的，故可用 0-1 分配法求得下一步迭代下降的

方向，并求出迭代步长，进行下一次的迭代。对于停止迭代的准则，可以根据两次相邻迭代中交通流量的变化来判定。如果变化很小，即认为已达到平衡而停止迭代。其求解的具体步骤为：

开始：初始化，按照 $t_i^0 = t_i(0)\quad \forall i$ 实行一次 0-1 分配。得到各路段的交通流量 $\{q_i^0\}$，令 $n=1$；

第一步：更新，令 $t_i^n = t_i(q_i^n)\quad \forall i$；

第二步：寻找下一步的迭代方向，按照 $\{t_i^n\}$ 实行一次 0-1 分配，并得到一组附加交通流量 $\{y_i^n\}$；

第三步：确定步长，求满足下式的 α_n：

$$\sum_i (y_i^n - q_i^n) t_i [q_i^n + \alpha_n (y_i^n - q_i^n)] = 0 \quad 0 \leqslant \alpha_n \leqslant 1;$$

第四步：确定新迭代点，令 $q_i^{n+1} = q_i^n + \alpha_n (y_i^n - q_i^n)\quad \forall i$；

第五步：收敛性检验，如果 $\{q_i^{n+1}\}$ 已满足规定的收敛准则，停止计算。$\{q_i^{n+1}\}$ 即是要求的平衡解；否则令 $n=n+1$，返回第一步。

(2) 增量分配法

增量分配法是一种近似的平衡分配法。这种方法的基本思想是将起始点交通量平分为若干等份，循环地分配每一等份起始点交通量到网络中。每一次循环分配一等份的起始点交通量到相应的最短路径上，每循环分配一次重新计算并更新各路段的走行时间，然后按更新后的走行时间重新计算交通网络各起始点间的最短路径。下一循环中按更新后的最短路径分配下一等份的起始点交通量。其计算步骤如下：

开始：初始化，将每组起始点交通量平分成 N 等份，即使 $q_{rs}^n = q_{rs}/N$。同时，$n=1$，令 $q_i^0 = 0\quad \forall i$；

第一步：更新，令 $t_i^n = t_i(q_i^{n-1})\quad \forall i$；

第二步：增量分配，按第一步计算所得 t_i^n，用 0-1 分配法将 $1/N$ 的起始点交通量 q_{rs}^n 分配到交通网络中去，这样得到一组附加交通流量 $\{w_i^n\}$；

第三步：交通流量累加，即令 $q_i^n = q_i^{n-1} + w_i^n\quad \forall i$；

第四步：判定，如果 $n=N$ 则停止计算。当前的路段交通流量即是最终解；如果 $n<N$，令 $n=n+1$，返回第一步。

(3) 交通流量平衡模型求解方法的比较与选择

从上述两个求解方法的介绍来看，平衡分配法能够用严格的数学推导求得平衡模型的解析解，而增量分配法只能够得到平衡分配模型的近似解；平衡分配法事先不知道模型求解的迭代步骤，每一次迭代之前都需要重新计算下降方向以及最速迭代步长，而且还要设定停止迭代的误差限值，而增量分配法则可以预先设定迭代步骤，不需要寻找下降方向以及计算迭代步骤。而且，虽然增量分配法得到的是近似解，但这种近似不过是有时会将过多的交通流量分配到某些容量很小的路段上；在旅游交通规划当中，恰好需要寻找到那些有可能成为将来交通瓶颈的路段，因此增量分配法的解不会影响到该交通规划的结果。

3. 旅游交通道路改造方案的评价

在对旅游交通平衡分配模型进行求解之后，我们可以知道哪些路段在未来的几年当中会出现交通拥挤，拥挤情况如何，在此基础之上，可以设计几套道路系统改造方案，并对这些方案进行评价。

旅游交通道路系统改造方案可先选取一定的评价指标体系，如图 13.5 所示。

- 旅游交通道路改造评价
  - 道路设施水平
    - 总量指标
      - 道路总长度(公里)
      - 区域内总的通行能力(辆/小时)
      - 区域内车辆平均车速(公里/小时)
    - 比率指标
      - 道路覆盖率
      - 高等级公路(省二级公路以上)所占比率
      - 旅游高峰时道路饱和度
  - 经济可行性
    - 总量指标
      - 所需总投资(万元)
      - 净现值(万元)
      - 完成时间(年)
    - 比率指标
      - 内部收益率
      - 效益费用比

图 13.5　旅游交通道路系统改造方案评价指标体系

即我们主要从改造后的道路设施水平和道路改造的经济效果两个方面来进行评价。也就是权衡改造道路所带来的交通便利与为改造道路而要付出的经济代价。具体的评价方法为模糊综合评价法。

四、景区内道路交通规划

案例　湖北大洪山国家级重点风景区旅游交通规划[①]

大洪山风景区内道路多为林区简易公路，近年来修建的公路也属等外级，路

① 本案例取自湖北省计委、湖北省旅游局联合委托项目《湖北明显陵—大洪山区域旅游综合开发规划》，项目主持人：张立明，参与人员：黄安民、方中权、涂建华、胡道华等

窄、坡陡、弯急,路况较差。随州、钟祥、京山所属的三大块在景区内没有公路相连,交通极不方便。因此,开发大洪山风景区的当务之急是改建、新建景区道路。根据大洪山风景区范围大,景点相对分散的特点,规划的道路应保证各景区有便捷的交通联系,能适合风景区的特点,并形成合理的网络系统,还应有利于景源、景观和风景环境的保护。

风景区内规划道路分为三级。

一级道路:贯穿整个风景区的环形干道,兼旅游及交通性为一体,要求达到山区三级公路标准,铺设黑色路面,路面宽 7 米左右。

二级道路:联系景区间的干道,兼旅游及交通性,路面宽 5 米左右。

三级道路:直接通往各景点的游览道,路面宽 3 米左右。

1. 大洪山风景区道路问题与规划原则

纵观整个大洪山风景区,景区内道路交通主要有以下不足:① 道路等级不高,绝大多数为泥结碎石路,而且一部分路面年久失修,路面破损,影响通达性。② 整个景区没有比较大的停车场,基本上都是停靠路边及闲置空地。随着旅游开发的进行,停车场将面临车位不足的问题。③ 没有开通专线旅游车。④ 随州、钟祥、京山三地各自为政,没有对旅游资源进行优化组合,因此,三地的景区(点)相互独立,没有道路联结起来。

因此,需要提高道路的等级,增建停车场,开通旅游专线,修建联通三地景区的环形主干线路。由于山区地形复杂,在实施道路规划时应注意以下几点:① 游览步行小道基本在原有山道基础上改建,宽度以 2 米为宜。② 不得因追求道路等级标准而损伤景源与地貌,不得损坏景物与景观。③ 应避免深挖高填,因道路通过而形成的竖向创伤面的高度或竖向砌筑面的高度,均不得大于道路宽度,并应对创伤面提出恢复性补救措施。④ 当道路纵坡较大时,要避免长距离上下坡,以保证行车安全。⑤ 不同纵坡下的限制坡长参考值见表 13.6。

表 13.6　道路纵坡与限制坡长

道路纵坡(%)	5～6	6～7	7～8	8～9	9～10	10～11
限制坡长(米)	800	400	300	150	100	80

2. 宝珠峰—洪山寺景区

(1) 现状

道路:景区道路总长达 103 千米,基本能满足整个景区旅游观光的需要,各主要景点都有一定的通达性，虽然各级道路数量不少，但由于本景区自1988年被批准为国家级风景名胜区以来，极少开发，路面状况较差，只有黄土垭经长岗到土门（长13千米）为水泥路面，而此路不在主景区地域范围内，另有土门到山门（长10千米）为石块路面。其他主要景点范围内的道路全部为泥结碎石或石阶路，大部分年久失修，路面破损，各路段状况如表13.7所示。

表13.7 大洪山风景名胜区道路各路段状况表（随州景区）

起始点	长度(km)	宽度(m)	路面状况	等级	备注
土门—山门	10	5	石块	2	
洪山寺—小泉湾	2	5	泥结碎石	2	部分为水泥路面
洪山寺—求子岩	2	5	泥结碎石	3	
洪山寺—林关垭	4	3	破损石阶		经桥河古道
洪山寺—山门	6	5	泥结碎石	3	
洪山寺—剑口	0.5	5	泥结碎石	3	
林关垭—白龙池	1	5	泥结碎石	3	
林关垭—黄龙池	2	5	泥结碎石	3	
南风垭—黄龙池	2.5	5	泥结碎石	3	
南风垭—白龙池	5	5	泥结碎石	3	
南风垭—桥头	10	5	泥结碎石		年久失修，很少用
山门—余家湾	3	5	泥结碎石	3	
黄土垭—双门洞	15	7	泥结碎石	3	
长岗—三里峡	6	5	泥结碎石	3	经过张三坡
长岗—黄土垭	5	7	水泥	2	
长岗—土门	8	7	水泥	2	
白龙池—双门洞	10	3	泥结碎石		山间小路
小泉湾—俩王洞	3	2	石阶路		
林关垭—黄龙池	1	2	泥结碎石		山间小路

停车场：主要景区（点）内除小泉弯度假村有两处空地可供20辆左右车辆停泊外，无其他正规停车场，去洪山寺景区的车辆多停放在道路两侧。

专线旅游车：目前没有开通专线旅游车。

（2）规划

1）提高道路等级，增强可进入性

规划从山门到小泉湾度假村，全部铺成7米的石块路；

规划洪山寺至求子岩的5米泥结碎石路面扩建为7米沥青路面，便于同绿林景区联结；

规划山门经南风垭至白龙池的5米泥结路面扩建成7米沥青路面；

修复桥河古道、小泉湾至俩王洞的石阶路(见表13.8)。

2) 新建游道,增加区内景点的连通性

表13.8　规划道路各路段状况

起始点	长度(km)	宽度(m)	路面状况	等级	备注	建设期
土门—小泉湾	8	7	石块	2	改建	近期
洪山寺—求子岩	2	7	沥青	1	改建	近期
土门—白龙池	8	7	沥青	1	改建	近期
白龙池—双门洞	10	7	沥青	1	新建	远期
白龙池—张三坡	10	5	沥青	2	新建	近期
余家湾—郎头寨	3	3	石块	3	新建	近期
洪山寺—林关垭	4	2	石阶		修复桥河古道	近期
小泉湾—剑口	3	2	石阶		新建皮夹河步道	中期
林关垭—宝珠峰	1	2	石阶		修复登山步道	近期

由于东部的洪山寺景区与西部的双门洞景区设有道路直接连通,因此从洪山寺到双门洞需要绕道长岗镇,经黄土垭才能到达,行程近40千米。规划从白龙池到双门洞新建7米沥青路(长10千米),作为联结东西景区的主干线,缩短行程近30千米;规划从张三坡至白龙池修建5米沥青路,此路将直接改善从长岗镇进入主景区的通达性;修建皮夹河石阶步道,形成从小泉湾度假村至剑口的沿河景观道;修建从林关垭至宝珠峰顶的登山石阶步道,以满足部分游客徒步登宝珠峰的需要;修建余家湾至郎头寨5米碎石路。

3) 增建停车场

考虑到小泉湾度假村游客的数量及主景区洪山寺的停车能力,小泉湾处的停车场基本能满足本景点的需要,不再扩建或新建停车场。规划在洪山寺建4000平方米的停车场一处,能供约150辆车停放,在土门建10000平方米停车场一处,供大型车辆停放,约能停放300辆。

4) 开通专线旅游车

规划开通随州至小泉湾度假村的专线旅游车2辆(对开),一天4次(每车2次)。

3. 大洪山风景区对外交通规划

(1) 现状

大洪山风景区对外交通以公路为主,干线公路环绕整个风景区。东北有216国道(汉口—孟楼),西有207国道(经河南安阳—常德),南有315国道,汉黄一级汽车专用道及黄(石)宜(昌)一级汽车专用道。铁路东有汉丹线,西有焦柳线,大洪山外围的武汉、襄樊、老河口、沙市均有航班通往全国各地,大洪山风景区和外围随州、钟祥、京山之间每天都有班车往来,随州市火车站为汉渝线二级站,对外交通方便,如图 13.6 所示。

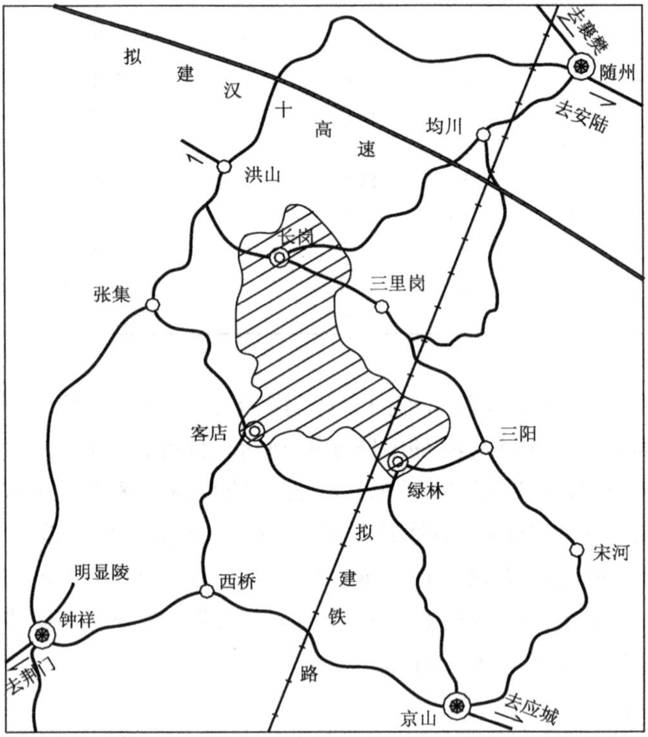

图 13.6　大洪山风景名胜区对外交通示意图

纵观整个大洪山风景区,其对外交通的通达性明显强于景区内部道路的通达性,景区周围各城镇均有水泥或沥青路相连,形成了经过长岗、客店、绿林的内环线及经过随州、钟祥、京山的外环线。对外交通状况如上图所示。

从图中可以看出,游客进入随州辖区的线路有三条:随州—均川—三里岗—土门;三阳—三里岗—土门;洪山镇或张集—长岗—土门。进入钟祥辖区的线路有二条:张集—客店;西桥—客店。进入京山辖区的线路有二条:京山—绿林镇;三阳—绿林镇。

各路段状况如表 13.9 所示。

（2）规划

尽管整个景区对外交通的数量及等级基本能达到一定的要求，但突出的问题是进入景区特别是进入主景区所花费的时间太长。从随州经过柳林、三里岗进入大洪山风景区（随州辖区）全程约 80 公里、需要 3 小时，由于到洪山寺景区的游客主要来自武汉（另有一部分来自随州、襄樊），因此，从武汉到达大洪山洪山寺景区需要近 7 个小时，旅途所费时间太多；到达绿林景区也需要 3.5 小时；规划将长岗作为整个景区的入口，在入口处建 $10000m^2$ 停车场，游客通过长岗至白龙池的拟建景区游道进入主景区。将长岗经均川至随州的道路建成 7 米水泥路面，使从随州进入风景区的时间缩短近两个小时。随着汉十（武汉—十堰）高速公路的建成，来自武汉、襄樊的游客可经高速公路从长岗进入景区，将会比原有线路节省一半的时间，使景区的可进入性大为提高。另外，近期拟建的铁路穿过景区，也将使整个景区的可进入性得到较大的改善。

表 13.9　大洪山风景名胜区对外交通各路段状况表

区间	长度(km)	宽度(m)	路面状况	等级	备注
长岗—均川	35	7	泥结碎石	3	
均川—随州	17	7	沥青	2	
土门—三里岗	15	7	水泥	2	部分泥结碎石
三里岗—均川	48	7	水泥	2	经过柳林
长岗—张集	30	7	水泥	2	
张集—钟祥	52	7	水泥	2	
钟祥—明显陵	7.5	7	水泥		
钟祥—九里乡	1.5	12	水泥	2	
九里乡—明显陵	6	7	沥青	2	
钟祥—客店	31.5	5	沥青	2	部分水泥路
钟祥—京山	62	9	沥青	2	经过西桥
客店—西桥	27	7	水泥	2	
京山—绿林	50	7	沥青	2	

思考题：

1.简述旅游交通规划的主要内容？

2.旅游景区的交通方式主要有哪些？

3.综述旅游交通规划的分析方法。

第十四章　旅游规划中的环境管理

学习目的：通过本章的学习，了解旅游规划中环境管理的重要性，掌握不同类型旅游区规划设计应达到的环境质量标准、旅游规划环境指标的选取和旅游容量的概念。

随着我国改革开放的不断深入，经济建设的迅猛发展，人民生活水平的日益提高，在国家政府的大力倡导下，我国的旅游事业不断发展，为经济发展作出了巨大的贡献，成为许多地方的支柱性产业，显示出蓬勃的发展势头。然而，各地游客的成倍增长，给旅游目的地的环境带来了巨大的压力。一个旅游区所能容纳的游客人数是有限度的。游人的过度密集会引发许多环境、经济问题及社会矛盾。例如：① 在生态环境方面：植物、土壤、大气、水、生物等遭到破坏，导致生态失调。② 在社会环境方面：拥挤度上升，生活环境恶化，民风民俗的改变，宗教信仰受到冲击，生活方式被改变，道德受到冲击。③ 在经济方面：物价上涨。这些对于合理开发利用旅游资源，保持优美的旅游环境，科学规划管理旅游，确保资源开发使用的有效性和永续性都是十分不利的。

旅游的环境管理的内容包括制定景区环境质量标准、选择景区环境的评估方法，并对景区环境质量进行有效的监测与控制。地方旅游规划中的旅游项目和旅游活动规划，要充分考虑到环境的管理，要依据国家的有关环境保护的法律法规和有关的环境质量标准进行规划。

第一节　旅游环境质量标准

一、不同类型旅游区规划设计应达到的环境质量标准

旅游的环境质量应达到有关环境保护国家标准：

在环境空气质量标准(GB3095-1996)中属一类区，应执行一级标准，城市区域环境噪声标准(GB3096-1993)中属 0 类标准区域，地面水环境质量标准(GB3838-1988)中根据旅游活动的类型执行不同的质量标准。

国家旅游局制定的《旅游规划通则》(送审稿)中对不同类型的旅游区的环境设计作出了建议性的规定。旅游区根据不同的产品类型及旅游容量,采用不同的环境质量标准。对跨两种或两种以上产品类型的旅游区,应采用较高的环境质量标准。

1. 人文景观型旅游区的规划设计应当达到的环境质量标准

人文景观型旅游区的规划设计应当以达到以下环境质量标准为目标:① 绿地率不少于30%。② 大气环境达到《环境空气质量标准》(GB3095-1996)一级标准。③ 人体直接接触的娱乐水体达到《景观娱乐用水水质标准》(GB12941-1991)A类标准,与人体非直接接触的景观娱乐水体达到《景观娱乐用水水质标准》(GB12941-1991)B类标准,生活饮用水水质达到《生活饮用水卫生标准》(GB5749-1985),其他水体达到《地面水环境质量标准》(GB3838-1988)。④ 环境噪声达到《城市区域环境噪声标准》(GB9693-9673、16153-1996)。⑤ 公共场所卫生达到《公共场所卫生标准》(GB9633-9673、16153-1996)。

2. 自然景观型旅游区和度假型旅游区的规划设计应当达到的环境质量标准

自然景观型旅游区和度假型旅游区的规划设计应当以达到以下环境质量标准为目标:① 除滑雪、海滨和河湖型旅游区外,其他旅游区绿地面积不少于50%。② 大气环境达到《环境空气质量标准》(GB3095-1996)一级标准。③ 人体直接接触的娱乐水体达到《景观娱乐用水水质标准》(GB12941-1991)A类标准,与人体非直接接触的景观娱乐水体达到《景观娱乐用水水质标准》(GB12941-1991)B类标准,生活用水水质达到《生活用水卫生标准》(GB5749-1985),其他水体达到《地面水环境质量标准》(GB3838-1988)。④ 环境噪声达到《城市区域环境噪声标准》(GB3096-1993)0类标准。⑤ 公共场所卫生达到《公共场所卫生标准》(GB9633-9673、16153-1996)。

专项旅游产品应按照专项产品环境质量保护的特殊要求进行规划设计。

3. 不同质量等级旅游区应达到的环境质量标准

在中华人民共和国国家标准《旅游区(点)质量等级的划分与评定》(GB17775-1999)中制定了旅游环境质量等级包括空气质量、地表水质量、景观环境和环境氛围四个部分。

在国家标准GB/T 17775-1999中对不同A级的旅游区(点)应达到的环境质量标准进行了限定,如表14.1所示。

表 14.1 不同 A 级旅游的质量标准

环境质量标准 / A 级	空气质量 GB3095-1996	噪声质量 GB3906-1993	地面水环境质量 GH2B
AAAA 级景区	一级	0 级	达到规定
AAA 级景区	一级	0 级	达到规定
AA 级景区	一级	0 级	达到规定
A 级景区	二级	1 类	达到规定

二、旅游规划中应遵循的环境质量标准

1. GB3095-1996 环境空气质量标准(节选)

(1) 环境空气质量功能分类

一类区为自然保护区、风景名胜区和其他特殊保护的城区。

二类区为城镇规划中确定的居住区、商业交通居民混合区、文化区、一般工业区和农村地区。

(2) 环境空气质量分级标准

环境空气质量标准分为三级。一类区执行一级标准,二类区执行二级标准,如表 14.2 所示。

2. GB3096-1993 城市区域环境噪声标准(节选)

(1) 标准值

城市 5 类环境噪声标准值如表 14.3 所示。

0 类标准适用于疗养区、高级别墅区、高级宾馆区等特别需要安静的区域。位于城郊和乡村的这一类区域分别按严于 0 类标准 5dB 执行。1 类标准适用于以居住、文教机关为主的区域。乡村居住环境可参照执行该类标准。

(2) 夜间突发噪声

夜间突发的噪声,其最大值不准超过标准值 15dB。

表 14.2　各项污染物的浓度限值

污染物名称	取值时间	浓度限位			浓度单位
		一级标准	二级标准	三级标准	
二氧化硫 SO_2	年平均	0.02	0.06	0.10	
	日平均	0.05	0.15	0.25	
	1 小时平均	0.15	0.50	0.70	
总悬浮颗粒物 TSP	年平均	0.08	0.20	0.30	
	日平均	0.12	0.30	0.50	
可吸入颗粒物 PMlo	年平均	0.04	0.10	0.15	
	日平均	0.05	0.15	0.25	
氮氧化物 NO_x	年平均	0.05	0.05	0.10	
	日平均	0.10	0.10	0.15	mg/m^3（标准状态）
	1 小时平均	0.15	0.15	0.30	
一氧化氮 NO	年平均	0.04	0.04	0.08	
	日平均	0.08	0.08	0.12	
	1 小时平均	0.12	0.12	0.24	
一氧化碳 CO	日平均	4.00	4.00	6.00	
	1 小时平均	10.00	10.00	20.00	
臭氧 O_3	1 小时平均	0.12	0.16	0.20	
铅 Pb	季平均		1.5		
	年平均		1.00		
苯并[a]芘 B[a]P	日平均		0.01		
	年平均		7①		
	1 小时平均		20①		
氟化物 F	月平均	1.8②	3.0③		
	植物生长季平均	1.2②	2.0③		μg/(dm^3.d)

注：①适用于城市地区；②适用于牧业区和以牧业为主的半农半牧区，桑蚕区；③适用于农业和林业区。

表 14.3　城市 5 类环境噪声标准值(等效声级 LAeq:dB)

类别	昼间	夜间
0	50	40
1	55	45
2	60	50
3	65	55
4	70	55

3. GHZB1-1999 地表水环境质量标准(节选)

(1) 适用范围

本标准适用于中华人民共和国领域内江河、湖泊、运河、渠道、水库等具有使用功能的地表水水域。

(2) 水域功能分类

依据地表水水域使用目的和保护目标将其划分为五类：Ⅰ类，主要适用于源头水、国家自然保护区；Ⅱ类，主要适用于集中式生活饮用水水源地一级保护区、珍贵鱼类保护区、鱼虾产卵场等；Ⅲ类，主要适用于集中式生活饮用水水源地二级保护区、一般鱼类保护区及游泳区；Ⅳ类，主要适用于一般工业用水区及人体非直接接触的娱乐用水区；Ⅴ类，主要适用于农业用水区及一般景观要求水域。

同一水域兼有多类功能类别的，依最高类别功能划分。

(3) 标准值

本标准规定了基本项目和特定项目不同功能水域的标准值。满足地表水各类使用功能和生态环境质量要求的基本项目按表 14.4 执行。控制湖泊水库富营养化的特定项目按表 14.5 执行。控制地表水Ⅰ、Ⅱ、Ⅲ类水域有机化学物质的特定项按表 14.6 执行。

表 14.4 地表水环境质量标准基本项目标准值(单价：g/L)

序号	标准值 分类 / 项目	Ⅰ类	Ⅱ类	Ⅲ类	Ⅳ类	Ⅴ类
	基本要求	所有水体不应有非自然原因导致的下述物质： a.能形成令人感观不快的沉淀物的物质； b.令人感观不快的漂浮物，诸如碎片、浮渣、油类等； c.产生令人不快的色、臭、味或浑浊度的物质； d.对人类、动植物有毒、有害或带来不良生理反应的物质； e.易产生出令人不快的水生生物物质。				
1	水温(℃)	人为造成的环境水温变化应限制在： 周平均最大温升≤1 周平均最大温降≤2				
2	PH	6.5～8.5				6～9
3	硫酸盐(以 SO_4^{2-} 计)≤	250 以下	250	250	250	250
4	氯化物(以 Cl^- 计)≤	250 以下	250	250	250	250

续表

序号	标准值 分类 / 项目	Ⅰ类	Ⅱ类	Ⅲ类	Ⅳ类	Ⅴ类
5	溶解性铁≤	0.3 以下	0.3	0.5	0.5	1.0
6	总锰≤	0.1 以下	0.1	0.1	0.5	1.0
7	总铜≤	0.01 以下	1.0(0.01)	1.0(0.01)	1.0	1.0
8	总锌≤	0.05	1.0(0.1)	1.0(0.1)	2.0	2.0
9	磷酸盐(以 P 计)≤	10 以下	10	20	20	25
10	亚硝酸盐(以 N 计)≤	0.06	0.1	0.15	1.0	1.0
11	非离子氨≤	0.02	0.02	0.02	0.2	0.2
12	凯氏氮≤	0.5	0.5(0.05)	1(0.05)	2	3
13	总磷(以 P 计)≤	0.02	0.1	0.1	0.2	0.2
14	高锰酸盐指数≤	2	4	8	10	15
15	溶解氧≤	饱和率 90%	6	5	3	2
16	化学需氧量(COD_{cr})≤	15 以下	15	20	30	40
17	生化需氧量(BOD_5)≤	3 以下	3	4	6	10
18	氟化物(以 F^- 计)≤	1.0 以下	1.0	1.0	1.5	1.5
19	硒(四价)≤	0.01 以下	0.01	0.01	0.02	0.02
20	总砷≤	0.05	0.05	0.05	0.1	0.1
21	总汞≤	0.00 005	0.00 005	0.0 001	0.001	0.001
22	总镉≤	0.001	0.005	0.005	0.005	0.01
23	铬 (六价)≤	0.01	0.05	0.05	0.05	0.1
24	总铅≤	0.01	0.05	0.05	0.05	0.1
25	总氰化物≤	0.005	0.05(0.005)	0.2(0.005)	0.2	0.2
26	挥发酚≤	0.002	0.002	0.005	0.01	0.1
27	石油类≤	0.05	0.05	0.05	0.5	1.0
28	阴离子表面活性剂≤	0.2 以下	0.2	0.2	0.3	0.3
29	总大肠菌群(个/L)≤	200	1000	2000	5000	10000
30	苯并(a)(μg/L)≤	0.5	0.5	0.5	1.0	1.5
31	硫化物≤	0.05	0.1	0.2	0.5	1.0

表 14.5 湖泊水库特定项目标准(单位:mg/L)

序号		Ⅰ类	Ⅱ类	Ⅲ类	Ⅳ类	Ⅴ类
1	总磷(以 P 计)	0.002	0.01	0.025	0.06	0.12
2	总　氮	0.04	0.15	0.3	0.7	1.2
3	叶绿素 a	0.001	0.004	0.01	0.03	0.065
4	透明度(m)	15	4	2.5	1.5	0.5

表 14.6　地表水Ⅰ、Ⅱ、Ⅲ类水域有机化学物质特定项目标准值(单位:mg/L)

序号	项　目	标准值	序号	项　目	标准值
1	苯并(a)芘	2.8×10^{-4}	21	六氧苯	0.05
2	甲基汞	1.0×10^{-4}	22	多氧联酚	8.0×10^{-4}
3	三氧甲烷	0.06	23	2.4 二氧苯酚	0.093
4	四氧化碳	0.003	24	2.4.6 三氧苯粉	0.0012
5	三氧乙烯	0.005	25	五氧酚	0.00028
6	四氧乙烯	0.005	26	硝基苯	0.017
7	三溴甲烷	0.04	27	丙烯	0.0003
8	二氯甲烷	0.005	28	联苯	0.003
9	二氯乙烷	0.005	29		0.000058
10	三氯乙烷	0.003	30	六六六	0.0002
11	二氯乙烷	0.007	31	林丹	0.001
12	氯乙烯	0.002	32	对硫磷	0.005
13	六氧丁二烯	0.0006	33	甲基对硫磷	0.000019
14	苯	0.005	34	马拉硫磷	0.003
15	甲苯	0.1	35	乐果	0.0005
16	乙苯	0.01	36	敌敌畏	0.005
17	二甲苯	0.5	37	敌百虫	0.0001
18	氧苯	0.03	38	阿特拉津	0.0001
19	二氯苯	0.085	39	敌百虫	0.0001
20	二氯苯	0.005	40	阿特拉津	0.003

第二节　旅游环境容量的测算

一、旅游环境容量概述

一直以来,旅游业被誉为"无烟工业",其实不然。从 1841 年托马斯·库克(Thomas Cock)组织的第一次包价旅游至今,旅游业在世界各地取得了巨大的成功。然而经济上给人们带来的巨大收益,却掩盖了它对社会、自然环境的破坏。所以多年来,关于旅游环境方面的研究相对于旅游学其他方面的研究显得更为滞后。在 20 世纪 60 年代以前,学术界对此方面的研究几乎是零,直到 1967 年,由莱佩奇(Lapage)首先引入了旅游容量的概念。但真正深入的研究是到 1977 年,由劳森(Lawson)等写出了《旅游和休闲的发展:旅游资源评价手册》,其中专门探讨了旅游容量的问题。此后随着可持续思想风靡全球,相关的论文、著作不断发表,成就瞩目。

而国内的研究则始于20世纪80年代，由赵红红（1983年）在《苏州旅游环境容量初探》中首次提出了旅游环境容量问题。此后，汪嘉熙、陆林、保继刚、楚义芳、崔凤军、胡炳清等先后对旅游的环境容量问题作出了研究，取得成就，但是，概念体系未统一，测量模型处于定性描述阶段，参数不能科学得出等等都表明研究尚处于起步阶段。

1. 旅游环境容量的概念

环境容量（environmental carrying capacity）这一概念最初来自日本，它指环境单元可容纳某种事物的量。其涵义有两方面：① 容量是相对于一定环境区域而言的。② 环境容量是指某种事物的环境容量，这里所指的事物具有广泛的含义，如水环境容量、土壤中汞环境容量及人口环境容量等等。对游客而言，旅游环境容量是指某一旅游地域单元（如旅游区、游览区、旅游点等）在不破坏生态平衡，达到风景区环境质量要求，并能满足游人的最低游览要求时，风景区所能容纳的游客量。它包含有旅游地环境生态容量和游客感知容量两方面的容量。旅游环境容量也是指旅游的生态系统在保持其生产能力、适应性和再生能力等的同时还能支持一个健康发展机制的能力。容量代表的是人类活动的界限标志，如果超过此界限资源地就会退化。

旅游的环境容量是以旅游作为地域单元的可容纳某种事物的量，指的是旅游生物物理环境和社会环境两部分的容量，它表示一个景区可以容纳的旅游业资源利用及相关基础设施的最大限度。一旦超越，该旅游资源退化，游客满意度降低、对该地社会经济和文化的负面影响就无法避免。另外，不应忽视旅游环境中的社会容量和心理容量。这个定义意味着容量由两部分组成：高质量的自然环境和高质量的休闲体验，具体内容涉及生物物理因素、社会文化因素、心理因素和管理因素等四部分。

旅游环境容量因地域、季节、时间、开发利用者的行为、设施的设计、设施的类型和管理水平的不同，容量也不相同，而且环境本身还具有动态的特点。因此，在实践中不应该将旅游活动与人类其他的活动相分离。鉴于环境容量的这一动态特征，有些学者认为，计算一个旅游的准确容量并不是很科学，转而提出应当研究生态景区可接受的环境变化范围究竟有多大。LAC理论（limits of acceptable chang）认为，只要因开展旅游而带来的负面影响在可接受的范围内的话，都是可行的。尽管如此，对旅游环境容量的计算仍不失为一种操作性较强的景区环境管理方法。

2. 旅游环境容量的基本构成

旅游的环境容量主要包括：环境的生物物理容量；环境的社会、文化容量；环境的心理容量;环境的管理容量等四个方面。

(1) 环境的生物物理容量

环境的生物物理容量主要与自然资源有关。人们认为没有一个生物物理系统可经受得起毫无限制地开发利用。因此,要设定一个明确的开发使用界限,这一界限的确立是建立在对生态系统脆弱性评估的基础上。自然环境的容量水平取决于环境的面积和环境的复杂性,相对来说,这一容量较易测定,也在旅游管理的实践中被广泛利用。

(2) 环境的社会、文化容量

旅游活动一旦超越一定水平,就会对当地居民带来社会、文化方面的负面影响。环境的社会文化容量首先涉及的是作为接待者的主人。值得注意的是,本土居民和旅游者,甚或在他们各自的内部,对带来负面影响的因素认识不同。例如,一个纯粹以旅游业为生的人对旅游业的看法完全不同于一个与旅游业无关的人。这使得对环境的社会文化容量难以进行准确的测量和评估,因此,来自于人类学家及其他专业的社会科学家的帮助非常重要。

(3) 环境的心理容量

指一个景区能保证随时为游客提供高质量旅游体验的同时所接待游客的最大量。视地区、旅游吸引物的类型、每个旅游者(从经验丰富的生态旅游者到普通游客)的具体特点不同,心理容量的范围也不相同。通常,在观景点每位游客需要 20 平方米(或 1 平方米扶手护拦)的空间,在人口密集的营地,每位游客需要的空间为 10 平方米。

(4) 环境的管理容量

它指的是在不影响有效管理的情况下,特定旅游可接待参观的最大程度。管理容量与旅游者可使用的有形设施的类型密切相关。需要考虑的因素有:员工数量、营业时间、解说、标牌服务与设施的限制、停车场空间等。

国家标准(GB/T 18971-2003)《旅游规划通则》提出旅游规划中旅游容量有空间容量、设施容量、生态容量和社会心理容量四类。

二、旅游区环境容量的计算

计算环境容量要拥有资源本身和基础设施方面的信息。对具体的旅游而言,这一信息是具体的、明确的,因此,每一个生态旅游在某些方面或在所有方面,它的环境容量都是明确具体的。环境容量的关键要素包括：旅游活动的类型、季节、每天的游览时间、被开发的资源的安全状况、现有设施和游客的满意度等。在特定的时间、特定的地点，环境容量的水平在很大程度上受到最敏感要素的影响。环境容量通常与资源状况有关，但也可能涉及该地经济或政治。研究工作应该瞄准指标要素，无论在这些指标是生物物种、水质、看得见的损坏、还是游客的满意度。把所有景区的环境容量进行简单相加并不等于整个旅游的环境容量。

国家旅游局发布的《旅游规划通则》的附录部分提示建议的旅游规划指标选取指南中提出了旅游环境容量的测算指标和测算方法。这一方法可供研究旅游环境容量时参考。

1. 旅游规划中旅游容量指标的选取

旅游容量为空间容量、设施容量、生态容量和社会心理容量四类。对于一个旅游来说，日空间容量与日设施容量的测算是最基本的要求。

(1) 日空间容量

日空间容量的测算是在给出各个空间使用密度的情况下，把游客的日周转率考虑进去，即可估算出不同空间的日空间容量。

例如：假设某游览空间面积为 $X_i\,\mathrm{m}^2$，在不影响游览质量的情况下，平均每位游客占用面积为 $Y_i\,\mathrm{m}^2$/人，Y_i 周转率为 Z_i。所以游览日空间日容量为 $C_i=X_i\times Z_i/Y_i$（人），旅游区日空间总容量等于各分区日空间容量之和，即 $C=\sum C_i=\sum X_i\times Z_i/Y_i$。

(2) 日设施容量

日设施容量的计算方法与日空间容量的计算方法基本类似。

例如：假设一个影剧院的座位数为 X_i，日周转率为 Y_i，则日设施容量为

$C_i=X_i\times Y_i$，旅游区日设施总容量为 $C=\sum C_i=\sum X_i\times Y_i$

其中旅游接待设施，如宾馆、休疗养院的日间系数建议为 0.4。

(3) 生态环境容量

生态环境容量的测算是一个比较复杂的问题，但起码要考虑到如下因素：① 土壤密度、土壤组成、土壤温度、土壤冲蚀与径流。② 植被：植被覆盖率、植被组成、植被年龄结构、稀有植物的灭绝、植被的机械性损伤。③ 水：水中病原体的数目与种类、水中的养分及水生植物的生长情况。④ 野生动物：栖息地、种群组成、种群改变、旅游活动对种群活动的影响。⑤ 空气。

生态环境容量的研究，常采用以下列三种方法：① 既成事实分析(after-thefact analysis)，在旅游行动与外境影响达到平衡的系统，选择游客量压力不同调查其容量，所得数据用于测算相似地区环境容量。② 模拟实验(simultion experiment)，使用人工控制的破坏强度，观察其影响程度。根据实验结果测算相似地区环境容量。③ 长期监测(monitoring of change through time)，从旅游活动开始阶段作长期调查，分析使用强度逐年增加所引起的改变。或在游客比例增加时，随时作短期调查。所得数据用于测算相似地区的环境容量。

(4) 社会心理容量

社会心理容量的主要影响因素是拥挤度。对它的测算也是一个比较复杂的问题。目前主要有两个模型可以利用：一是满意模型，二是拥挤认识模型旅游容量的确定。

一般对一个旅游区来说，最基本的要求是对空间容量进行测算，对生态环境容量和社会环境容量进行分析。有时也应对后两个环境容量进行测算。如果上述四个容量都有测算值，那么一个旅游区的环境容量取决于以下三者的最小值：① 生态环境容量；② 社会心理容量；③ 空间容量与设施容量之和。

2. 不同类型旅游的环境容量的计算

(1) 园林型风景区旅游环境容量的计算

园林型风景区常由多个平面分布的景点组成，各个景点由于功能性质、构成要素、资源品味各不相同，所以该类景区环境容量的计算常由各个类型景点的环境容量累加而成。

计算步骤和方法

1) 先计算园林风景区内各景点的旅游环境容量(人次/日)

$$D_{ai} = S_i \times T_i / (SK_i \times t) \qquad (i = 1, 2, 3, \cdots, n) \tag{14.1}$$

式中：D_{ai} 为第 i 类旅游点环境容量(人次/天)；S_i 为第 i 类景点的面积(m^2)；T_i 为景点每天开放的时间(小时)；SKi：为具有代表性的某种景点游人最低活动面积(园林景区基本空间指标即最低活动面积为 $20m^2$/人)；t 为游人平均游览时间。

2) 再计算该园林风景区的旅游区的旅游环境总容量，它由各个分散的景点的旅游环境容量构成。

$$D_a = \sum_{i=1}^{n} (S_i \times T_i / SK_i \times t) \qquad (i = 1, 2, 3, \cdots, n) \tag{14.2}$$

式中 D_a 为旅游环境容量(日容量)，该量乘以该景区全年开放天数即为全年合理的环境容量。

但是，在风景区内不同景点往往存在有饱和区和非饱和区，所以计算中应分别对待。饱和区容量仍按上述公式计算，而非饱和区则要根据实测的数据进行计算，尔后进行相加。

3）计算同时一该风景区的瞬时环境容量

$$d_a = \sum_{i=1}^{n}(S/SK_i) \tag{14.3}$$

式中：各符号指向与上相同。

实例计算——以颐和园为例，各项数据指标来源于保继刚(1987)《颐和园旅游环境容量研究》一文中，如表 14.7 所示。

表 14.7　颐和园旅游环境

<table>
<tr><td colspan="4">总面积：2 966 815m²</td></tr>
<tr><td colspan="3">陆面：766 705 m²</td><td rowspan="3">水面：2 200 110 m²</td></tr>
<tr><td colspan="2">游览区：616 316.77 m²</td><td rowspan="2">非游览区：150 388.23 m²</td></tr>
<tr><td>饱和区：192 316.77 m²</td><td>非饱和区：424 000 m²</td></tr>
</table>

注：据 1500 份抽样表计算游客的平均浏览时间为 4.1 小时，而颐和园每开放时间为 13 小时。

颐和园景区主要由建筑、园林及湖泊等景点组成，各部分之间都较具开放性，游客流动较随意，因而可大致将总的环境容量的计分作三个分量来算，即饱和区、非饱和区和水面三个部分，分别计算如下：(园林风景区的数值，基本空间指标取 20 m²/人)

1）饱和区环境容量：

$D_{a1} = S_1T/(SK_1 \times t) = (192\ 316 \times 13)/(20 \times 4.1) = 30\ 489$ 人

$d_{a1} = S_1/SK_1 = 192\ 316/20 = 9616$ 人

2）非饱和区环境容量，根据实测，非饱和区的人均活动面积大于 200 m²/人，取 200 m²/人为当前值。

$D_{a2} = S_2T/(SK_2 \times t) = (42\ 400 \times 13)\ /\ (200 \times 4.1) = 6722$ 人

$d_{a2} = S_2/SK_2 = 42\ 400/200 = 2\ 120$ 人

若非饱和区游人能增多，达到古典园林游人密度基本空间标准 20 m²/人，则 $D_{a2}' = 67\ 220$ 人，$d_{a2}' = 21\ 200$ 人。

3）水面环境容量

假设园林的管理措施得当，游人的行为未对水面造成污染，在此水面环境，容量按水面目前所有一般只能容纳的旅客来计算。以旺季而言，同一时期内最高载人量为 2438 人，周转系数为 2，全天载人量为 4876 人。即 $D_{a3} = 4876$ 人，$d_{a3} = 2438$ 人，所以，颐和园旅游环境容量为

$$D_a = D_1 + D_2 + D_3 = 42\ 087 \text{人}$$
$$d_a = d_1 + d_2 + d_3 = 14\ 174 \text{人}$$

即该园全天可容游人量 42 087 人，同一时刻可容游人量 14 174 人。

此外，若颐和园的非饱和区也能达到最大值 D_{a2} 和 d_{a2}，则全园的日容量瞬时容量将分别增至 102 585 人和 33 254 人。这也是扩大该园接待能力，使该园进行有效开发规划大有文章可作之处。

(2) 山岳型风景区旅游环境容量的计算

在山岳型景区中，各旅游景点通常都是依次沿线呈带状分布，形成旅游路线，所以在对该类景区旅游环境容量的计算中，除了运用前文所提的总量模式的公式对其中各主要景点的环境容量进行计算外，还要用流量—流速模型的公式对沿途路线的承纳量进行计算，防止线路中人数过多而阻塞，再取二者的最小值，才为该类景区的旅游环境容量。以泰山这一典型的山岳型风景区为例，对其环境容量进行计算。

在泰山主景区中，除岱顶（含南天门）和后石坞属于均质空间的旅游区，可用总量模型计算容量外，其余均为游览线，要用流量—流速模型进行容量计算，具体计算如下所示。

1) 各条游览线旅游环境容量的计算

目前泰山登山旅游的最主要线路有两条：一是泰山中路，从岱宗坊开始，经红门、万仙楼、中天门、南天门，到达岱顶；另一西路，从天外村乘车经环山公路到中天站，与中路线路汇合，到达岱顶。所以对泰山游线容量的计算主要可划分为三部分，即红门—中天门，天外村—中天门和中天门—南天门三部分游览线路来计算。如若直接按中、西二线来计算容量，则在中天门至岱顶一段线路中会产生游人叠加，使得出的容量值大大超出。

同时据一份 1995 年 9 月 30 日对于泰山中路出山人数的日分布图显示（略），该日除 24：00～次日 4：00 时段无游人活动外，其余时间均有游人活动发生。所以推测，除冬季即 1、2、3、11、12 五月（因冬季泰山封雪可游览时间可能减少）外，其余季节的可浏览时间，即对游人有效开放时间为 20 小时①。

此外，三段游览线路容量计算涉及的参数指标，如表 14.8 所示。

红门—中天门游线环境容量为

$$D_{m1} = L_1 / d_1' = 3800/5 = 760 \text{人次}$$
$$D_{a1} = V_1 T_2 / d_1' = [3800/\ (110/60) \times 20]/5 = 8290 \text{人 / 日}$$

① 各项数据出于崔凤军等《泰山旅游需求时空分布规律及旅游者行为特征的初步研究》

$$D_{a1}' = D_{a1}/R_1 = 8290/46\% = 18021 \text{ 人/日}$$

表 14.8　各条游览线容量计算指标

参数 / 游览线	线路长 (L)	游客/车辆行程需时间	线路最佳游客/车辆密度 (d′)	游线日开放时间/车辆日营运时间 (T)	每辆车载客量 (N)	游人游览该线的比例 (R)
红门—中天门	3800m	110 min	5m/人	20h		46%
中天门—南天门	2700m	120 min	1.8 m/人	20 h		100%
天外村—中天门	11660m	35min	750 m/人	15 h	30 人	50%

资料来源：崔凤军等，泰山旅游环境承载力及其时空分异特征与利用强度研究

中天门村—南天门游线环境容量

$$D_{m2} = L_2/d'_2 = 2700/1.8 = 1500 \text{ 人次}$$

$$D_{a2} = (V_2 \times T_2)/d'_2 = [2700/(120/60) \times 20]/1.8 = 15000 \text{ 人/日}$$

$$D'_{a2} = D_{a2}/R_2 = 15000/100\% = 1500 \text{ 人/日}$$

天外村—中天门游线环境容量

$$D_{m3} = (L_3/d_3') \times N = (11660/750) \times 30 = 466 \text{ 人次}$$

$$D_{a3} = (V_3 \times T_3)/d_3' \times N = [11660/(35/60)]/750 \times 30 = 11993 \text{ 人/日}$$

$$D'_{a3} = D_{a3}/R_3 = 11993/50\% = 23986 \text{ 人/日}$$

2）主要景点旅游环境容量计算

岱顶和后石坞是泰山最主要的旅游区，其中岱顶包含南天门、玉皇顶、天街等，在该旅游区可观赏旭日东升等六大奇观，欣赏碑刻、碑文等，所以在基本空间指标的确立上主要从游客感知容量的角度来考虑。而后石坞则主要进行探险/生态旅游，因此环境容量的计算上更要从确保生态的角度来考虑。为此，同样是山岳型景区的景点，岱顶的游客最佳密度为 8m²/人，而后石坞则综合考虑了生态的因素，将密度定为 200m²/人。该点在表 14.9 中也将得以体现。

表 14.9　泰山主要景点旅游环境容量计算指标

参数数 / 景区	游览面积(m^2)	游客平均游览时间(h)	游客最佳密度(m^2/人)	开放时间(h)	浏览几率(%)
岱　顶	2.6×10^4	4	8	20	100
后石坞	10×10^4	1	200	10	100

资料来源：崔凤军等，泰山旅游环境承载力及其时间分异特征与利用强度研究

岱顶环境容量

$$D_{m4}=(S_4/d'_4)=(2.6\times 10^4)/8=3250 \text{ 人次}$$

$$D_{a4}=D_{m4}(T_4/t_4)=3250\times(20/4)=16\ 250 \text{ 人 / 日}$$

$$D_{a4}'=D_{a4}/R_4=16250/100\%=16\ 250 \text{ 人 / 日}$$

后石环境容量

$$D_{m5}=S_5/d_5=(10\times 10^4)/200=500 \text{ 人次}$$

$$D_{a5}=D_{m5}(T_5/t_5)=500\times(10/1)=5\ 000 \text{ 人 / 日}$$

$$D_{a5}'=D_{a5}/R_5=5000/10\%=50\ 000 \text{ 人 / 日}$$

3）泰山风景区旅游环境容量计算

利用日容量 D_{ai} 各值来计算

$$\begin{aligned}\text{TECC}&=\text{Min}(D_{a1}'\ D_{a2}'D_{a3}'\ D_{a4}'D_{a5}')\\&=\text{Min}(18\ 021\ 15\ 000\ 23\ 986\ 16\ 250\ 50\ 000)=15\ 000 \text{ 人 / 日}\end{aligned}$$

利用瞬时环境容量 D_{mi} 各值来计算

$$\begin{aligned}\text{TCEE}&=[(D_{m1}+D_{m2}+D_{m3}+D_{m4}+D_{m5})\times \text{有效开放时间}]/\\&\quad\ \text{游客完成全部游览活动所需时间}\\&=[(760+1\ 500+460+3\ 250+500)\times 20]/8\\&=16\ 190 \text{ 人 / 日}\end{aligned}$$

经比较，取泰山风景区旅游环境容量 TECC＝1500 人/日

（3）海滩型景区旅游环境容量的计算

海滩型的景区在景点构成要素上比较单一，一般由沙滩和海水构成，二者呈带状平行分布，所以游客可流动的空间极为广阔，一般不受什么限制，在此可将游客视为均质分布。同时，一般海滩景区不似普通风景区以观光游览为主，而更多地带有游乐度假的性质，所以类似游乐场等娱乐设施是其不可少的一部分，该区域的休闲娱乐游也就成为多数游客海滩游览活动的必然选择，在此特别将娱乐场所考虑其中。所以在该类景区旅游环境容量的计算时，可分别根据海域、沙域和娱乐场所的各自面积及各自的基本空间标准计算各自的容量，再进行平行相加。

1）海域 TECC 的计算

$$D_{a1}=S_1/d_1 \tag{14.4}$$

式中：D_{a1} 为海域旅游环境容量；S_1 为可活动海域面积（m^2）；d_1 为基本空间标准（m^2/人）。

$$d_1=\max(d_1'\ d_1'') \tag{14.5}$$

式中：d_1' 为考虑生态自然环境因素的基本空间标准；d_1'' 为考虑游客感知因素的基本空间标准。

由于海滩类景区的旅游活动常是一种参与性极强的度假游览的旅游活动，游客直接投身自然，因而游客的活动极易对游览地的生态自然造成种种影响，所以 d_1 大小的确定应在不导致海域——这一较为完整的生态圈中所包含的各要素，如水质、海洋生物等受到不利影响，不能恢复而产生负面效果的范围之内。当然这些数据的确定应得到相关环保方面研究成果的支持。此外，再综合游客感知方面的因素。

2）沙域 TECC 的计算

$$D_{a2} = S_2/d_2 \tag{14.6}$$

式中：D_{a2}为沙域旅游环境容量；S_2 为可活动沙域面积（m^2）；d_2 为基本空间指标（m^2/人）。

同样，d_2 的确立也要考虑游客感知及环境自然生态方面因素，即

$$d_2 = \max(d_2{}'\ d_2{}'') \tag{14.7}$$

通常 $d_2{}'$在确定时主要要考虑沙滩的自然与人工纳污能力，这方面需要较多环保方面研究成果的数据支持。

3）娱乐场所 TECC 的计算

$$D_{a3} = S_3/d_3 \tag{14.8}$$

式中：D_{a3}为娱乐场所旅游环境容量；S_3 为可活动娱乐场所面积（m^2）；d_3 为人均基本空间指标（m^2/人）。

4）景区旅游环境总容量

$$D_a = D_{a1} + D_{a2} + D_{a3} \tag{14.9}$$

$$D_m = (D_{a1} + D_{a2}) \times (T/t) + D_{a3} \times (T'/t') \tag{14.10}$$

式中：D_a 为景区瞬时容量；D_m 为景区日容量；T 为海滩每日开放时间；t 为游客的人均海滩逗留时间；T'为娱乐场所每日开放时间；t'为游客的人均娱乐场所逗留时间。

实例计算——以北戴河风景区为例。

据有关资料显示：北戴河海岸线长 15 公里，宜活动的海域面积 37.5 平方公里，沙域面积 15 平方公里，娱乐场所 20 平方公里，沙滩开放时间 18 小时，人均逗留时间 3 小时，娱乐场所开放时间 14 小时，人均逗留时间 3 小时，在此由于缺乏从环境保护角度的研究数据，因而 d_1 和 d_2 都取 $10m^2$/人，而 d_3 取 40 m^2/人，具体计算如下：

$$D_{a1} = S_1/d_1 = 37\ 500/10 = 3\ 750\ 人$$

$$D_{a2} = S_2/d_2 = 15\ 000/10 = 1\ 500\ 人$$

$$D_{a3} = S_3/d_3 = 20\ 000/40 = 500\ 人$$

$$D_a = D_{a1} + D_{a2} + D_{a3} = 3\ 750 + 1\ 500 + 500 = 5\ 750\ 人$$

$$D_m = (D_{a1} + D_{a2}) \times (T/t) + D_{a3} \times (T'/t')$$
$$= [(3\ 750 + 1\ 500) \times 18]/3 + (500 \times 14)/2 = 35\ 000 \text{ 人 / 日}$$

得知，该景区旅游环境瞬时容量 57 500 人，日容量 35 000 人。

(4) 溶洞景区旅游环境容量的计算

在溶洞型的景区游览中，游人一般都是呈线型，沿洞的路线分布。因此该类景区环境容量的计算是一种典型的运用流量—流速模型的计算。

第三节　旅游环境的保护与管理

一、旅游环境的保护原则

景区环境保护是景区旅游可持续发展的保障，景区开发必须坚持景区环境保护原则。

1. 严格遵循国家有关政策和法规

严格贯彻执行国家环保局、国家旅游局、建设部、林业部和国家文物局联合下发的《关于加强旅游区环境保护工作的通知》(1995 年 11 月)、《风景名胜区管理暂行条例》(国务院 1985 年 6 月 7 日颁布) 和《风景名胜区建设管理规定》(建设部 1993 年 12 月 20 日发布) 及国家环境保护总局、国家旅游局、国家文物局、建设部、林业部、宗教局、土地局等有关部门和各种地方性的法规和规章。规划地应全面落实和贯彻环境保护法、森林保护法、水资源保护法、野生动物保护法、风景旅游资源保护规定等法规，切实加强对旅游开发区的环境管理。

2. 坚持“保护中开发，开发中保护”的原则

树立“保护中开发，开发中保护”的意识。在景区开发中，旅游项目、活动内容、旅游设施的风格、体量等应与自然环境相协调。禁止滥伐树木、开山采石，破坏溶洞、污染水面等破坏性建设行为，防止环境污染，维护生态平衡。

3. 坚持“修旧如旧”、“新建如旧”的文物古迹修复原则

对文物古迹，名人遗迹要明确保护等级，拟定保护环境。对文物古迹要遵循“修旧如旧”的原则。防止随意更改、占用、毁坏文物古迹的破坏性修复行为。

4. 坚持“四个兼顾，四个第一”原则

在旅游开发中要做到保护与开发建设兼顾，保护第一；生态效益和经济效益兼顾，生态效益第一；长远利益与当前利益兼顾，长远利益第一；全局利益与局部利益兼顾，全局利益第一。

二、旅游环境管理措施

1. 加强旅游的规划管理

加强景区的规划管理工作，作好旅游的总体规划、控制性详细规划、修建性详细规划，并严格执行通过的各种规划，在旅游开发建设中，认真履行旅游项目审批制度，坚决执行国务院《建设项目环境保护管理条例》，凡新建、扩建旅游项目在项目审批前必须先取得环境保护行政主管部门的审批同意，执行污染防治设施与主体工程同时设计、同时施工、同时投入使用的“三同时”制度。

2. 加强环境监测工作

旅游部门应配合环境部门，在各旅游功能区游客集中的地方设点，定期进行环境质量监测，建立各功能区环境质量档案，出现环境问题及时发现，及时处理。

3. 科学确定旅游合理的环境容量

1）根据旅游景点的性质、类型、规模，科学合理地确定景区景点的旅游环境。
2）采用分流机制，有效地控制热点景区的客流量，避免环境超载。

4. 加强废弃物、污染物的管理

真正避免垃圾对环境产生破坏的方法就是防止垃圾的生产。防止污染意味着改变进行旅游活动的方式，要杜绝垃圾，不是不容许使用某些材料，而是改变原先那种使用方式，如采用可以多次使用的饮料瓶等。

对垃圾的防治工作促使人们思考如何降低物质消耗的问题，如多次使用的方法、回收再用的方法以及最好避免使用会产生垃圾的材料等。若非要使用某些材料不可，该材料应该可以被就地多次使用为佳。不能被直接再用的材料应该回收。目前被广泛采纳的可以杜绝垃圾产生的策略有：① 使用生产垃圾最少且无毒的产品。② 制肥或氧化处理可以被生物降解的垃圾。③ 就地回收再用，对合适的材料进行收集或进行异地回收。④ 最好选择使用耐用消费品，不能被生物降解的或不能被回收再用的物品不要带入生态旅游区。⑤ 尽可能购买使用当地产品（无须运输、较少贮藏、包装垃圾少）。⑥ 为了进行有效的回收，需要对材料分类，应该设置方便的分类垃圾桶。⑦ 各旅游功能区应修建污水处理系统，污水处理率要达到100%，且应处理达标后方可排放。固体垃圾统一收集，统一处理，不可随意弃倒。⑧ 与消防部门配合，进行严格的消防管理，预防火警发生。⑨ 抓紧绿化与水土保持工作，绿化工作要定期定量，责任到人。

5. 加强生态伦理建设，提高全民生态伦理道德水平

采取各种方式进行全民环保意识宣传，加强生态伦理建设，提高全民生态伦理道德水平，使旅游者能将环境保护的社会要求内化为个人生态伦理要求，而成为一种自觉。自觉保护环境，自觉妥善处理生活垃圾，特别是防止和清除“白色污染”。

6. 确立管理区域

根据保护区内自然资源和文化资源的价值，特别是它们的脆弱性和容量来划分管理区域。一般来说，保护区可分为：① 严格保护的区域，不允许游人进入。② 严格限制使用的区域，可允许游人的进入，但只能是步行入内。③ 中度开发利用的区域，建有配套的、数量有限的且负面影响小的服务设施。④ 旅游开放区域，设施齐备，可接待旅客。⑤ 旅游的目标永远是：保护环境、提高当地居民的生活水平和生活质量，改善旅游产品和旅游服务。保护旅游的旅游活动是产业的要求，应当寻求有利可图的经营方法。那些既亏损又不能给当地带来社会效益和经济效益的企业只能给旅游带来更多的麻烦。所以，管理者的第一要点就是加强管理。首先应该提高质量，而不是去扩大客流量；尽量吸收当地社区内的小规模资金进行投资开发，而不是来自外部奖金的大规模开发项目。若发生冲突，应优先考虑当地居民的利益。

7. 保护文化资源

不同的地区在不同的地域环境和发展历史下，均创造了各自辉煌的传统和文化，也从外界吸收养分，发明了各自的礼仪，不断地进行着自我的重塑。旅游活动在这一自我重塑的过程中起着主要作用。有些文化形态在旅游业的影响下完全弃绝了它们自己的文化之根。很明显，那些在经济上脆弱的、在政治上处于从属地位的文化极容易受到旅游业的影响。所以旅游的发展要注意文化资源的保护，可以采取的保护措施有：① 加强对古建筑的维护和保养。② 在文化遗址上杜绝进行任何建筑、探测和挖掘等工程。③ 开展、举办展览和演示活动，通过演示，对游人、当地居民和职员进行教育和培训。④ 防止文化景区过分商业化、都市

化；⑤ 严禁收购文物、采集标本和对它们的倒卖行为。⑥ 鼓励经常举行当地传统文化、礼仪、祭祀、风俗风情等文化活动，培养民族文化自豪感，以保持该文化的繁荣和持续发展。⑦ 在文化敏感区域内，限制接待游客的数量。⑧ 尽力改善当地居民的生活水平，宣传当地传统文化，提高其政治和经济地位。⑨ 对广大游客和居民进行经常性的环保教育，提高游客与当地居民的环保意识，让全民自发自觉地共同爱护、保护环境。

8. 实施可持续发展的战略

可持续发展的3R原则即减量化（reduce）、可再利用（reuse）、可循环（recycle）。3R原则可应用于旅游的各个方面，如景区能源的利用、景区的交通方式、景区生活等。

（1）能源最小化

主要有三个原则可以减少能源的消耗量及其给环境带来的负面影响：选择能源与技术的最佳组合；将设备的运营时间最小化；将设备的使用效率最大化，即用电量最小化。

（2）废弃物最小化

在旅游要遵循废弃物最小化的原则，减少废弃物量，同时要促进物质的再利用，如为同一目的的再次使用（容器、杯子和厨房用具的再使用）；为不同目的的再次使用（例如，脏水可用来浇灌花园）；物质的再回收，例如玻璃和铝制品、塑料制品、报纸和杂志等。目前，一些景区在景区内设立的垃圾箱中，同时设立三个垃圾箱，标明“可回收”、“可利用”和“有毒有害”的明显标志，一方面有利于垃圾的回收利用，另一方面提醒游客丢弃垃圾时注意垃圾的分类和对游客进行有关的生态教育。

9. 旅游环境保护规划

针对上列旅游开发可能造成的环境影响，在进行旅游开发规划时，通常应进行如下环保规划：① 地方政府应全面落实和贯彻环境保护法、森林保护法、水资源保护法、风景旅游资源保护规定等法规，切实加强对旅游开发区的环境管理。② 地方政府旅游部门应配合环境部门，在各旅游功能区游客集中的地方设点，定期进行环境质量监测，建立各功能区环境质量档案，出现环境问题及时发现，及时处理。旅游区大气质量应达到一级标准，水质应趋近二类标准，浴池、饮用水需100%达标，交通噪声应控制在60分贝以下，等等。③ 各旅游功能区应修建污水处理系统，污水处理率要达到100%，且应处理达标后方可排放。固体垃圾统一收集，统一处理，不可随意弃倒。④ 对各种交通工具的类型、行驶与停放场所进行科学的管理，尽量减少大气污染与噪音污染，切实将大气噪音控制在标准范围之内。⑤ 采用分流机制，有效地控制热点景区的客流量，避免环境超载。⑥ 与消防部门配合，进行严格的消防管理，预防火警发生。⑦ 抓紧绿化与水土保持工作，绿化工作要定期定量，责任到人。⑧ 建立旅游环保规章制度，对个别破坏环境者按章惩罚，做到依法治理环境。⑨ 对广大游客和旅游区居民进行经常性的环保教育，提高游客与当地居民的环保意识，让全民自发自觉地共同爱护、保护环境。

三、创建绿色旅游景区

1. 绿色景区的标准

任何一个旅游景区都应符合下列九个标准：① 宣传积极的环境道德，强化参与者们的受欢迎的行为模式和行为规范。② 不让资源退化，即不使用使自然环境受到侵蚀破坏的消费模式。③ 所有的设施和服务都是为了提供方便，决不能喧宾夺主，自己成为旅游吸引物。④ 以环境而不是以人为中心，即承认并接受环境的现状，不能为了人们的方便而去改变或改造它。⑤ 必须有益于野生动植物和自然环境。这种好处涵盖社会效益、经济效益、科学效益、管理效益和政治效益，至少，自然环境必须要获得净收益，有利于可持续发展和生态系统的有机统一。⑥ 提供和自然环境的直接接触。⑦ 积极鼓励当地社区参与旅游活动并使其受益，从而有利于对环境价值有更好的认识。⑧ 根据提供的教育功能和满意度来对绿色景区进行等级评定，而不是看它的刺激程度或令人兴奋的程度。⑨ 绿色景区对管理者和参与者都有较高的知识要求和知识储备。

可以说，绿色景区就是旅游业现在正致力寻找的一种新型旅游，它不会影响环境，反而有效地支援了对自然的保护，改善了当地人民的生活水平，增强了可持续发展的动力。绿色景区可划分为核心区、缓冲区、旅游服务区和保护区边缘村寨接待区等几个部分。对核心区要严格管理和控制，不允许任何形式的开发利用，在缓冲区可适当进行开发和利用，开展一些对环境影响较小的旅游活动，在旅游服务区设有较多的能为游客提供各种服务的设施如娱乐场所，而景区周边的村寨是游客住宿和餐饮的主要地方。绿色景区还可根据游客可欣赏利用的重要资源类型分为内景区和外景区两部分，在内景区里面，旅游开发利用要适度，可允许建造一些必不可少的基础设施，如道路、天然小径、简朴的营地，也可允许一些参与人数较少的小规模娱乐活动；在外景区内，可设置一些基础设施，提供较全面的旅游服务，例如停车设施、铺设良好的道路、游客中心、商店、较正式的宿营地和过夜住宿设施等。

2. 绿色景区的基本构成

绿色景区的组成部分一般有：① 景区景点：花卉园、果园、花展区、四季花香区、珍稀植物和树种展示区、药草园、植物栽培区、蝴蝶园、鸟园、鹿园、动物园、天然喷泉和瀑布园、登山和远足活动区、岩岫和峡谷控险区、地下水考察观赏区等。② 景区设施：观景塔、小亭子、气象观测台、天然小径、生态小径、探险小径、宿营地、绿色走廊等。③ 景区服务区：大门、售票处、入口标识区、工艺品店、游人可以直接参与的民族博物馆、游客中心、绿色景区教育服务区、停车场等。④ 边缘村寨区：圆形露天剧场、部落村寨和部落建筑、礼仪祭祀场所、部落宅院中的接待设施、工艺品加工店等。

3. 使用绿色技术

绿色景区的创建首先要使用绿色技术，包括：

(1) 使用同时发热发电系统

在发电的过程中把产生的热量收集起来加以利用。

(2) 使用太阳能热水系统

太阳能热水系统是对太阳光能的有效利用。其原理就是利用太阳光能的收集，通过加热器的作用将水加热。

(3) 使用光生电系统

光生电系统就是直接将光能转化为电能的系统，其核心部件是太阳能电池，也叫光电池，其作用就是将太阳光能转换为电能。使用光生电系统的好处是：太阳能电池在发电时无噪音，不排放有害气体，对保护环境有利；这种系统可以就地发电，减少运输费用；这样的系统安装灵活，不易损坏，可以直接安装在屋顶上，不占用地面面积；光生电技术已日趋成熟，而低纯度的硅材料的使用，使成本不断降低，效率却逐渐增加。

(4) 利用风能

风能是一种自然产生的能量流，由太阳辐射的热能引起。人们利用风能已有几千年的历史。过去人们利用风能来推磨碾碎谷物、纺织、推动船只航行以及抽水，如今人们利用风能来发电。例如于湖区风大，可以在湖区的游船上或开展鱼家乐的渔船上使用风力发电。风力发电的好处是：风是一种可再生的能源；风力发电可有效地利用天然的再生能源；风能发电时无噪音，不排放有害气体，对保护环境有利，不污染环境；与太阳能发电相比，风能发电投资少，成本核算低；风能发电易于操作，维修简便。

（5）使用沼气技术

特别是面积较大的景区，景区的辖区内有居民居住，为了解决农民的燃料问题，避免农民砍伐树木、破坏植被，可以在景区内推广沼气使用技术；沼气是利用生物发酵将植物的枝叶、蔬菜、动物的粪便等放入沼气池内，通过发酵产生沼气。沼气可用来作为生活能源，照明、做饭和发电等。沼气作为能源和发电，具有充分利用资源、促进资源的循环利用、噪声小、环境污染小、经济适用等特点。武夷山景区拟于2002年开始在景区内推广沼气使用技术。

（6）美化绿化旅游

对景区进行绿化美化提高绿地覆盖率。

4. 开展景区绿色营销

旅游开展绿色营销从哲学的层次就是要树立一种可持续发展的思想，培养景区的社会责任感和环境生态道德观念、地球道德观，关注社会、关注生态、关注地球。在景区的服务理念上，要建立起面向游客服务的理念，为游客提供使其获得良好旅游经历的各项帮助并体现公平性，如景区的无障碍环境设计等；在旅游产品创新上：①要充分利用野生资源和乡土资源，如喝矿泉水、吃野菜、尝农家饭、住农家屋等，这既是一种资源的深化利用，提高其附加值，又可以普及公众的环保意识。②开展生态教育活动。③绿色景区绿色产品，如环保夏令营、果树认养、菜田认养等，并将生态教育寓于景区的各种活动和景观的建设中。④提供绿色交通方式，如电瓶车、租借自行车、畜力等。⑤提供绿色住宿设施，如乡土风情旅馆、森林小木屋等。

思考题：

1. 人文景观型旅游区的规划设计应达到什么样的环境质量标准？
2. 自然景观型旅游区的规划设计应达到什么样的环境质量标准？
3. 旅游规划设计中应遵循哪些国家环境质量标准？
4. 简述旅游环境容量的概念。
5. 如何计算空间容量？如何理解生态环境容量和社会合理容量？

第十五章　旅游保障体系规划

学习目的：通过本章学习了解旅游发展的管理政策和投资政策，旅游人力资源保障、旅游安全保障和旅游区的绿化变化原则等。

由于旅游业的发展和旅游的开发和规划要涉及土地、交通、水电、通讯、工商、财政、税收、公安、城建、林业、环保、文化及文物等相关部门，旅游业的发展离不开相关部门和产业的支持，必须实施“政府主导型”发展战略，走政府主导、部门参与、社会联动、企业运作、全民支持的大旅游发展道路。

旅游业的发展和旅游规划的实施，必须要有一个强有力的保障体系，这一体系包括发展旅游政策保障、体制保障和行动保障；环境保障、人力资源保障和旅游安全保障等。

第一节　发展旅游的政策保障

发展旅游的政策保障主要包括旅游管理的管理政策、旅游的投资政策、旅游资源保护政策以及管理体制的保障、旅游发展行动的保障，如图 15.1 所示。

一、成立旅游产业领导小组或旅游委员会

1998 年，中央把旅游业确定为国民经济新的增长点，为我国旅游业的大发展提供良好的基础。由于旅游业的发展涉及面广，必须实施“政府主导型”发展战略，实施速度效益型和质量效益型的复合结构发展战略，确立旅游业在区域经济发展中的战略地位，将旅游业作为优势产业来加以扶持和培育，提高政府各部门协同发展意识，健全旅游行业管理机构，强化其综合管理与协调职能。

成立旅游产业领导小组或旅游委员会，实施政府主导型战略，政府调控市场、市场引导企业、企业自主经营。

旅游业既是一个产业关联度大、带动功能强的产业，又是一个在发展初级阶段需要依托多方面共同努力才能大有作为的产业，完善的管理体制是促进旅游产

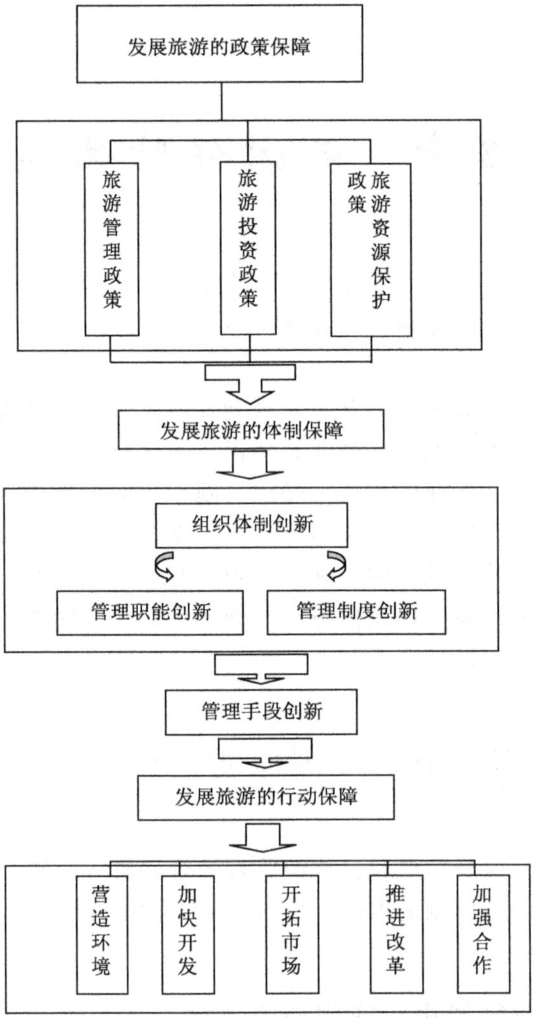

图 15.1　发展旅游的政策措施

业和旅游项目开发良性发展的重要一环。旅游业的发展涉及土地、交通、水电、通讯、工商、财政、税收、公安、城建、林业、环保、文化及文物等相关部门，因此在旅游规划开发时应该建立起一个高效、专业的管理机构，协调各方面的利益和关系，保障全区域旅游业的顺利发展。单靠旅游部门一家，旅游业难以有大发展，必须强化政府的管理与服务功能，加强各部门之间的有机协调与配合。

建立和健全统一、高效、精干、权威的旅游决策、协调和管理体制，是实施政府主导型战略的组织保证。因此，有必要成立旅游协调领导小组，由地方主要行政领导任主任，分管领导任常务副主任、副主任，由计委、建委、财政、交通、文化、文物、税务、宗教、外经、工商、公安、卫生、环保、旅游等有关部门负责人参加；下设办公室，办公室挂靠旅游局，由旅游局局长兼任办公室主任，负责日常工作。旅游协调领导小组的主要职责，是通过例会制度，对本地旅游业发展重大问题进行协调和决策，形成发展旅游业的共识和合力。

目前我国一些省（区）、县（市）大都建立了旅游产业领导小组或旅游委员会，有些旅游委员会还是政府常设的职能部门。上海是我国最早成立旅游委员会的省（市）之一。为了加强对旅游业的统一管理，湖北省赤壁市在市有关职能部门设立旅游科，福建省霞浦县在部分乡镇设立旅游开发办公室。

二、强化旅游局的职能

旅游行政主管部门是旅游行业归口行政管理机构，是地方政府的职能部门。应按照国家旅游局关于行业归口管理的有关规定，强化其管理职能。

应加强和改善地方旅游局的工作，强化和明确其对旅游业的行政管理职能。尤其是新建旅游景区、开发重点旅游项目、兴建星级或涉外宾馆饭店等，都应由旅游行政主管部门参与审批，或先经旅游行政主管部门同意后，再按有关建设项目审批程序报批，防止旅游项目和设施低水平、近距离的重复与雷同。各部门要树立旅游经济的整体观念，积极主动地为旅游业的发展创造良好的条件。

三、成立旅游行业协会

积极成立有关的旅游行业协会，充分发挥旅游行业协会的作用，强化旅游行业协会在旅游咨询、培训方面的功能。通过旅游行业协会加强行业自律，塑造行业形象，提高旅游行业的素质和水平。

四、成立旅游咨询与投诉中心

旅游咨询与投诉中心，主要负责本区域内旅游业的信息咨询、形象推广、监督旅游市场的秩序与服务质量，受理国内外旅游者的投诉，维护旅游者的合法权益和区域整体旅游形象。应在区内旅游景区（点）设立统一的标志，统一的投诉电话。

五、积极推进旅游企业的建设

1）应当大力推进旅游景区（点）和其他旅游经营单位，如定点旅游宾馆、饭店、交通运输公司、旅行社、旅游纪念品商店等的企业化建设，组建各种形式的旅游企业公司（集团），以充分挖掘旅游业的自身价值和附加价值。

2）新筹建的旅游企业要按照《公司法》的要求组建，按新的经营机制运行，使企业一开始就建立起产权清晰、权责分明、管理科学的现代企业制度。

3）实行政企分开的原则，将现有的旅游行政主管部门所属经营单位改造成有限责任公司或股份有限公司，同时进行经营方式上的调整，采取租赁经营、承包经营、委托经营、合资经营、输出等多种方式，使企业不断适应市场，提高经营管理水平和经济效益。对国家没有明令禁止的旅游景区（点），可以将经营权和所有权分开，在同意规划和严格的保护下，允许以合资、独资承包、租赁、股份制等形式，出（转）让给企业法人以及其他经济组织开发、经营。扶持中、小企业向经营专业化、市场专门化方面发展，促进旅游业总体竞争力的提高，推动规划区域旅游事业的快步发展。

4）积极组建旅游企业公司（集团）。①区域内的旅游企业集团：组建区域内旅游企业开发集团及景区开发、旅行社、饭店、商店、交通运输公司等以及旅游商品开发等行业为一体的旅游企业集团，以集中发挥整体的资金、管理和人才优势，最终形成品牌战略。②区域性的大旅游集团——上市旅游公司：打破行业、企业、所有制之间的界限，以规模大、势力强且具有潜力的骨干旅游企业为龙头，以资本为纽带，通过参股、控股、资金联结、联合兼并等方式组建集“吃、住、行、游、购、娱”于一体的大型跨区域的旅游集团，实现企业间的市场互补、资源互补、经营互补和生产要素互补，最终成为具有强劲竞争态势的独立上市旅游公司，或者与周边地区的旅游企业“捆绑”在一起，共同组成一个大的上市旅游公司，从而吸引更多的资金，创造更多的就业机会，使旅游业真正成为区域经济的主导产业，造就区域经济的整体腾飞。

第二节　旅游投资政策

一、旅游开发资金需求分析

旅游开发资金需求按部门可分为公共部门资金需求与企业部门资金需求两大部分。邹统钎（1999年）对这两大部门资金需求的分析，基本适用于旅游开发的情况。

1. 公共部门资金需求

公共部门资金需求主要包括下列几个部分：① 基础设施的建造与维修，如修建公路、铺设供电、供水、下水道、电讯网络等。② 建造与维修旅游景物。③ 发展特种活动项目。④ 交通集散站的建设，如码头、机场等。⑤ 设立和经营旅游组织。⑥ 推销、宣传。⑦ 员工的教育与培训。

公共部门投资相当于公共基础性投资，投资量大，回收周期长。

2. 企业部门资金需求

企业部门资金需求主要包括下列几个部分：① 宾馆、饭店、餐厅、酒吧等的建设。② 旅游经营费用，主要是办公费用、工人工资开支等。③ 各种商店、购物中心、免税商店等的建设。④ 辅助设施（洗染店、加油站等）的建设。

企业部门投资相当于旅游设施专项投资，是用于满足游客食、住、行（旅游区内）、游、娱、购等需求的直接投资，一般资金回收较快。县（市）旅游交通包括公共部门部分与企业部门部分——前者基本上是公共交通性质，后者主要是旅游区内交通，如缆车、景区畜力交通等，其投资相应可分为公共部门投资与企业部门投资两部分。

二、旅游投资政策

旅游投资方面有以下政策：

1）采取国家、地方、集体、部门、个人“五个一起上”的方针，坚持投资主体多元化，“谁投资、谁受益”的原则，不断拓宽投资渠道，按照“统一规划、滚动开发、外引内联、自我发展”的原则多渠道筹集资金，稳步开发。

2）将旅游业纳入地方国民经济发展计划，政府在立项审批和基础设施配套、信贷和税收政策等方面给予重点扶持。地方政府要制定鼓励旅游业发展的各项优惠政策，从财政、税收、融资、交通、土地、水电等方面给予优惠政策，扶持和鼓励旅游企业的发展，支持和鼓励组建旅游集团。对一些旅游企业如星级饭店实行与一般工业企业同等的用水、用电、用气价格，对旅行社创（结）汇实行奖励；对高星级酒店的投资改造，银行给予优先贷款，财政参照技改扶持政策给予相关优惠。对三星级以上酒店实行综合治理，减少检测检查频率，避免多级管理、重复检查；公安、工商、卫生、文化、环保、消防等执法部门要规范执法行为，持证文明执法；严禁向企业乱收费、乱摊派、为企业创造一个宽松的环境。

3）鼓励旅游区内的农民开发家庭旅馆、农家旅馆、餐馆、车船、商店，经营食、住、行、游、购、娱等旅游服务项目，吸纳了社会投资，又引导了旅游区内农民投资，提高了农民的收入，促进了农村产业结构的调整。

4）引进外资和社会资金。通过政策引导，鼓励外资和社会资金参与投资开发经营旅游产业，形成多渠道投入机制。鼓励支持外资、社会资金以合资或独资的形式创办旅游企业，着力发展多种所有制的旅游集团。国有企业要加强改制的步伐，吸引有资质的外资或社会资金的注入。对积极招商引资旅游业的单位和个人参照有关文件或更为优惠的办法实行奖励。

三、旅游开发资金筹措的激励措施

为激励各类投资者，尤其是海外投资者进行旅游开发，各地因地制宜制定了很多激励措施。参照邹统钎（1999 年）的归纳分析，旅游开发资金筹措时，可以考虑采取下列激励措施。

1. 减少投资资金成本

包括：优惠贷款率；利息折扣；政府贷款担保；从宽贷款；援助合资企业；提供投资资金；免税进口建筑材料；政府土地以低于市场销售价出售；政府土地特许；出售产权并同时出租；对外国投资采取特别兑换率；间接补贴（如公共设施建设）。

2. 简化投资程序

可通过提供有关投资条件的信息，以及政府部门提供帮助等方式。

3. 减少经营成本

包括：免税、折扣（尤指所得税）；加速折旧法；免税；减少房地产税；保证税收条件稳定；补贴（保证最低水平利润、使用率）；自由咨询服务；培训补贴；政府主办培训；对一些员工实施工资补贴；免除间接税。

4. 投资担保

可采用保证资本与利润的遣返、利润再投资奖励的方式。

四、旅游开发资金筹措的主要渠道

旅游开发资金筹措渠道主要有三类，即政府投入、企业投资和社会投资。旅游开发地应积极调动社会各方面的积极性，通过“向内挖潜，向上争取，向外引进”等方式，积极筹措旅游开发资金。随着我国社会主义市场经济的不断的完善和成熟以及逐渐与国际接轨，旅游开发与规划的市场意识要不断增强，资金筹措的渠道将主要是以市场筹集为主，具体筹措渠道主要包括：① 政府导向性投入：包括国家、省、市、县、镇各级政府财政投入；政府各种专项资金，如国家文物修复款项、地方旅游发展专项资金等。② 银行商业性贷款。③ 社会集资：本着谁投资谁受益的原则，以债券、股份、旅游彩票等形式吸引社会资金的投入。建立旅游投资基金，可以吸纳社会上中小投资者的资金，实行专业化、规模化经营，促使和支持具有优势的旅游企业通过收购、兼并，实现企业扩张。旅游业发展到一定的规模后，还可以成立旅游投资信托有限公司，优先安排具备条件的旅游企业发行股票。对于经济较为发达、闲散资金较多的地方，完全可以鼓励和支持私人以股份形式集资开发经营旅游业，政府则给予个人减免税收、贷款或设备等方面的支持。

第三节　旅游人力资源规划

一、旅游产业所需人力资源分析

由于旅游产业规模大小不同、不同区域所处的地理背景与旅游资源条件不同，因此，不同的区域在进行旅游规划时，其人力资源规划在人数多寡、专业要求等方面也存在着巨大差异。

1. 旅游宏观管理人员

包括旅游规划建设、企业管理、市场营销、环境保护等科室的专业管理人员，集团公司高层管理人员、规划建设专家、旅游企业管理专家、市场营销专门人员、保安专家、财务与旅游统计专业人员等。

2. 饭店与餐饮管理服务人员

主要包括饭店的总经理级高层管理人员和前厅、客房、餐饮、康乐、财务、公关、销售、人事、保安等各部门的经理、主管、技术人员以及基层员工。

3. 体育、娱乐设施管理服务人员

包括旅游、潜水、游艇、赛艇、帆船、水上降落伞、水上牵引滑水、垂钓、烧烤、登山、探险、狩猎、球类、棋牌等项目的管理人员，教练员、医务人员、服务员及水上运动的救生员等。

4. 旅游景点管理服务人员

包括自然、人文景点的管理人员及训练有素的导游员、讲解员、售货员、保安人员等。

5. 旅行社与旅游代理机构管理人员

主要包括旅行社的高层管理人员，旅行社计划联络部、接待服务部、票务部等业务部门，财务部、人事培训部、宣传公关部、办公室等后勤管理部门的管理人员，以及导游员和服务工作人员。

6. 基础设施管理服务人员

包括交通、通讯、供水供电、医疗保健、托儿教育、金融保险、商业等各类管理人员、技术人员及服务人员。

7. 旅游商品生产营销人员

包括生产各类旅游商品的技术人员，企业管理人员及旅游商品的营销、服务人员。

8. 旅游专业研究人员

主要包括对旅游产业发展战略、旅游市场营销、人员培训等方面进行宏观研究的研究人员和对民俗文化、服饰饮食等进行专门研究的专业研究人员。

二、旅游从业人员需求预测

旅游从业人员需求预测，通常使用的是客房数预测法与旅游营业收入预测法两种。前者由于受旅游地性质、层次和周边地区食宿条件影响较大，掌握起来难度较大，所以，通常以旅游营业收入预测法进行预测。

根据我国目前旅游业发展现状，以旅游营业收入预测法进行从业人员需求量预测时，通常采用的算法是：

$$\text{旅游从业人员需求量}=\frac{\text{旅游年营业收入(万元 / 年)}}{10 \sim 15\text{ 万元 / 人年}}$$

即每10～15万元年旅游营业收入需一名旅游直接从业人员，各地具体取值（10～15万元/人年）可视当地工资水平、经济状况等具体情况而定。

据此，可以预测某区域在不同规划期的旅游从业人员需求量，如表15.1所示。

表 15.1 某区域旅游从业人员数量预测表

规划时期	近期(2005年)	中期(2010年)	远期(2020年)
旅游营业收入预测/万元			
旅游从业人员需求量预测/人			

三、旅游人力资源开发规划

1. 开发原则

(1) 优化结构,健全体系原则

区域旅游开发通常需要如上述八大类数十种旅游专业人员。一支结构优化、体系健全的多专业多层次的旅游从业人员队伍,是搞好旅游开发、保证旅游规划顺利完成的基本前提。

(2) 适度超前,有所储备原则

优秀旅游人才的培养需要一定的周期,因此,应及早物色培养,使旅游人才队伍数量、质量上适度超前,形成一定的人才储备。

(3) 立足本地原则

旅游开发时,人力资源开发立足本地,可以收到人员队伍稳定、企业经济实惠、本地经济得到带动发展的多重效果。当然,少数紧缺专业本地一时没有,从外地引进也是必要的,但这并不与立足本地原则相矛盾。

2. 人力资源开发

由于旅游产业特有的产业特点,我国部分地区旅游从业人员队伍的学历水平还较低。不同的规划区域,可以在对当地旅游从业人员队伍进行调研的基础上,根据本地各规划期的主要旅游产品和发展水平,分别得出各规划期的旅游从业人员队伍学历构成表与专业需求构成表,并规划出各类人员具体需求量,然后,根据上述人力资源开发原则,有的放矢地进行旅游人力资源开发与储备。

我国的旅游教育经过20多年的发展,已具有相当规模,旅游院校总计1187所,旅游院校学生数达到276 429人(2000年)。各规划区域只要科学规划,预先开发,旅游人力资源一定可以得到充分的保证。少数旅游人力资源需求量较大的区域,可以就近与相关旅游院校合作,开设各类专修班,进行定向培养。在培养的过程中要根据本地旅游业发展现状及未来的需求,在培训内容(酒店、餐饮、旅游社景区管理、财务管理等)、层次(中专、职高、大专、高职、本科、研究生)等方面形成合理的结构。

第四节　旅游安全保障

一、我国旅游安全管理法规

安全可分为人身安全、财产安全、名誉安全等。从旅游业运行的环节和旅游活动特点看,旅游安全贯穿于旅游活动的六大环节,可相应分为饮食安全、住宿安全、交通安全、游览安全、购物安全、娱乐安全六大类。本书所讨论的旅游安全主要是指游客在旅游景区的整个活动中的安全问题。近些年来,随着旅游活动的升温,特别是我国实行双休日和延长“五一”、“十一”两个假期所形成的黄金假日周以来,旅游安全问题更加突出。旅游安全不仅给旅游者带来伤害,还给旅游地、旅游企业带来损失,破坏旅游地(旅游景区)的形象,从而给旅游业造成致命的打击。1994 年 3 月浙江“千岛湖事件”曾经严重损害了我国的旅游形象,300 多个预定到杭州或千岛湖的旅游团队因“千岛湖事件”而取消、减员或改道,一度造成浙江旅游业的衰退。所以旅游安全保障工作需要重点解决。

现有旅游安全法规主要有:《旅游安全管理暂行办法》(国家旅游局,1990 年 2 月 20 日发布)、《旅游安全管理暂行办法实施细则》(国家旅游局,1994 年 1 月 22 日)、《重大旅游安全事故报告制度试行办法》(国家旅游局,1993 年 4 月 15 日)、《重大旅游安全事故处理程序试行办法》(国家旅游局,1993 年 4 月 15 日)、《关于加强旅游涉外饭店安全管理,严防恶性案件发生的通知》(国家旅游局、公安部,1993 年 8 月 10 日)、《旅馆业治安管理办法》(国务院 1987 年 9 月 23 日批准,公安部 1987 年 11 月 10 日发布)、《公共娱乐场所消防安全管理规定》(公安部,1995 年 1 月 26 日)、《旅行社办理旅游意外保险暂行规定》(国家旅游局,1997 年 5 月 30 日)、《漂流旅游安全管理暂行办法》(国家旅游局,1998 年 5 月 1 日)、《漂流旅游安全和服务标准》、《旅游汽车、游船管理办法》、《旅游投诉暂行规定》和国标 GB/T 16767-1997《游乐园(场)安全和服务质量》(国家技术监督局,1997)等。各地方旅游局在贯彻执行的同时,也根据本地情况,建立了一些规章制度。这些安全法规几乎涉及旅游业运行的各个方面,大体形成了相对完整的旅游安全管理法规体系。

二、旅游区安全管理规划

旅游区安全管理规划包括如下内容:① 提高旅游景区安全监测的技术水平。

建立旅游景区安全监测网络,提高旅游景区的安全监测的技术含量。例如在森林旅游景区和山岳景区运用全球定位技术进行安全监测等,水域景区建立了望塔和救生站等。② 旅游行政主管部门要协调好公安、交通、医疗、卫生、保险等各部门的关系,消除潜在的隐患,及时解决突发事件。③ 与交通部门联系,加强旅游区境内道路标识牌建设。岔路口的去向,弯道的弯曲状况,景区的位置、距离都需明确显示。④ 与公路运管部门协调,检查过往车辆的车况及载客状况。⑤ 各景区设巡警、便衣警察加强巡查,并设置报警电话,以保证游客的安全。⑥ 配置专业的医疗急救设备和医疗人员,并与本地区各大医院建立长期业务联系,以应付突发事件。⑦ 加强餐饮设备和其他旅游服务设施的卫生管理,预防疾病的传染和流行。⑧ 协调公安部门做好景区流动人员(特别是临时性服务人员)的管理、注册工作。⑨ 协助保险公司,搞好旅游安全保障制度。⑩ 加强果园、森林类景区的管理,应注意定期科学喷药灭虫,预防植物虫害对植物及对游客的伤害,同时预防农药可能造成的对游客的间接伤害。⑪ 加强水域安全管理,定期维护水上游乐设施的安全状况;湖泊及公园游览区周围应该有专门的安全防护措施。⑫ 加强对游客和全体旅游从业人员队伍,特别是交通司乘人员的安全教育,将严格的安全规章制度与细致的思想教育工作相结合。⑬ 定期向全区居民宣传旅游业,全民共创一个良好的旅游氛围,增强游客在本地的安全感和舒适感,提高本地的旅游吸引力。

第五节　旅游区绿化美化原则

绿化美化也是旅游规划的重要内容。我国幅员辽阔,各地水热、土壤条件千差万别,因此,不同的区域绿化美化工作也存在着极大差异。这里仅简要介绍旅游规划时绿化美化的主要原则:① 对规划区域内现有的古树名木,尤其是有重要旅游价值的名树要严加保护,注意修补树洞、防治虫害、预防风吹电击,并建档、挂牌,明确保护责任,切实保护好珍贵的古树名木。② 根据规划区域内的水热条件与土壤情况,选择适宜树种,力争高成活率,尽快达到高度绿化效果。③ 根据各旅游区主题,尽量选择与旅游区主题相关的树种,在绿化方面衬托主题。④ 采用点、线、面相结合的手法,绿化空间序列与建筑物布局相协调,绿化树种选择与景区的文化内涵相呼应。⑤ 乔、灌、草相结合,多层次绿化,突出植物绿化的群体美和植物季相色彩美,园林绿化既是旅游景区的重要组成部分,又是相对独立的重要观赏内容。

思考题:

1.区域旅游规划中如何进行旅游管理体制的创新?

2.旅游开发的资金筹措渠道有哪些，在市场经济条件下如何进行开发资金的筹措？

3.旅游规划中如何进行人力资源规划？

4.如何加强旅游区的安全保障工作？

5.旅游区绿化美化应遵循哪些原则？

参 考 文 献

敖荣军,韦燕生. 2003.旅游开发的外部性及其内化研究. 地域研究与开发,(2)

保继刚,楚义芳.1999. 旅游地理学(修订版). 北京:高等教育出版社

保继刚,钟新民,刘德龄. 2003.发展中国家旅游规划管理. 北京:中国旅游出版社

保继刚等. 2003.旅游规划案例. 广州:旅游规划案例

卞显红,王苏洁.2003. 城市旅游空间规划布局及其生态环境的优化与调控研究. 人文地理,(5)

卞显红. 2003.城市旅游空间规划布局的影响因素分析. 地域研究与开发,(3)

卞显红,张树夫. 2004.我国城市游憩商业区的开发与发展. 经济地理,(2)

蔡伟斌.2003. 从景观生态学的角度看自然风景区旅游资源规划. 国土与自然资源研究,(1)

柴彦威,林涛,刘志林,曹艺民.2003. 旅游中心地研究及其规划应用. 地理科学,(5)

车震宇,唐雪琼.2004. 我国中小型湖泊旅游度假区开发现状分析. 旅游学刊,(2)

陈贵松,黄秀娟. 2003.森林旅游产品的分类、特征及开发研究. 林业经济问题,(3)

陈顺.2003. 经济欠发达地区旅游开发对策的选择. 西南师范大学学报(人文社会科学版),(1)

陈宇科,刘俊. 2003.以模仿为主要手段的旅游地开发. 资源开发与市场,(5)

池进,黄安民. 1997.闽南风景名胜区管理初探. 地理学与国土研究,(2)

崔大树. 2003.风景旅游型都市的空间开发途径——以杭州市为例. 城市问题,(3)

崔庠,王犹青,黄安民. 1994.关于建立吉林省重点旅游区的探讨. 旅游学刊,(2)

崔庠,黄安民. 1995.居民家庭旅游消费行为初探. 人文地理,(10)

戴学锋. 2003.对旅游规划中统计分析的一些看法. 旅游学刊,(3)

邓德胜,祝海波.2003. 资源优势理论对我国旅游资源开发的启示. 中南林学院学报,(3)

邓悦,王铮,刘扬,李山,周嵬. 2003.旅游集散地规划的地计算模型及案例. 地理学报,(5)

丁晓阳,冯建平.2003. 生态伦理学价值取向与开发生态旅游. 城市环境与城市生态,(11)

杜学.1996. 旅游交通概论. 北京:旅游教育出版社

范业正,陶伟,刘锋. 1998.国外旅游规划研究进展及主要思想方法. 地理科学进展,(17)

范业正,胡清平. 2003.中国旅游规划发展历程与研究进展. 旅游学刊,(6)

方创琳.1999. 我国新世纪区域发展规划的基本发展趋向. 地理研究,(18)

方躬勇.2003. 旅游区道路系统规划研究初探. 福建林业科技,(2)

冯淑华.2004. 论旅游资源趋同地的旅游开发战略与途径. 企业经济,(1)

顾培亮. 1998.系统分析与协调. 天津:天津大学出版社

郭伟,方淑芬. 2003.旅游地复合系统开发运行协调机制研究. 中国软科学,(7)

国家旅游局人事劳动教育司.1999.旅游规划原理.北京:旅游教育出版社

侯志强,黄安民.2002. 漳平市旅游形象设计与营销策略. 龙岩师专学报,(63)

侯志强. 2003.旅游资源开发与保护的均衡选择和制度创新. 北京第二外国语学院学报,(1)

后立胜,许学工.2003. 国家地质公园及其旅游开发. 地域研究与开发,(5)

黄安民,崔庠. 1995.论城市远郊旅游地开发. 经济地理,(3)

黄安民. 1995.新形式下吉林旅游业发展战略探讨. 东北亚论坛,(1)

黄安民,王佳红. 1995.长春城市旅游形象的塑造与定位. 东北亚论坛,(4)

黄安民. 1997.泉州市文化旅游资源开发研究. 地域研究与开发,(2)

黄安民,吴必虎. 1997.长春城市游憩者流动行为特征研究. 经济地理,旅游地理专辑

黄安民,郑向敏,李祝舜,黄远水.1999. 南平市延平湖旅游开发探讨. 福建地理,(2)

黄安民,李洪波.2000. 论生态旅游. 桂林旅专学报,(3)

黄安民,赵黎明.2004. 惠东地区民俗文化旅游资源开发研究. 生态经济,(8)

黄秋昊,赵媛.2003. 旅游资源开发中的政府管制. 思想战线,(4)

黄秋昊,赵媛.2003. 试论旅游资源开发中的政府管制. 北京第二外国语学院学报,(3)

霍恩巴克等.2000. 保护区公众使用管理指南. 李文军等译. 北京:科学出版社

黎洁,吕镇. 1996.论旅游目的地的形象与旅游目的地的形象战略. 商业经济与管理,(6)

李洪波,黄安民. 2001.国外生态旅游研究进展综述. 襄樊学院学报,(22)

李蕾蕾.1995. 旅游点形象定位初探. 旅游学刊,(3)

李廷勇. 2004.浅论我国新兴旅游产业——科技旅游的开发. 经济问题,(2)

林越英. 2003.浅论我国旅游规划管理中存在的主要问题及解决对策. 北京第二外国语学院学报,(1)

刘滨谊.2003. 旅游哲学观与规划方法论——旅游·旅游资源·旅游规划. 桂林旅游高等专科学校学报,(3)

陆化普.1998. 交通规划理论与方法. 北京:清华大学出版社

马艳霞,徐蓓兵.2003. 阶段优化反馈网络规划法及其在旅游业发展规划中的运用初探. 西南民族大学学报(自然科学版),(4)

马勇,舒伯阳.1999.区域旅游规划——理论·方法·案例.天津:南开大学出版社

马治鸾,高辉.2003. 我国旅游商品开发存在的问题及对策研究. 成都理工大学学报(社会科学版),(1)

牟红,杨梅. 2004.旅游规划非线性反馈多元解模型设计. 商业研究,(6)

彭华,钟韵.1992. 关于旅游开发与城市建设一体化初探. 经济地理,(19)

曲薇薇,黄安民. 2003.工业旅游时空开发层次分析. 资源产业,(3)

石美玉.2004. 旅游规划失灵与利益主体分析. 思想战线,(2)舒伯阳.2003. 基于消费者行为分析的区域旅游市场规划方法研究. 人文地理,(4)

舒伯阳.2003. 区域旅游开发后续实施中的市场推广问题研究. 江西财经大学学报,(2)

孙九霞.2003. 节日符号在民族旅游开发中的运用及问题. 中南民族大学学报(人文社会科学版),(6)

唐伽拉.2003. 旅游解说系统规划初探——以浏阳道吾山引路松景区为例. 旅游学刊,(3)

陶玉国,张春丽.2004. 旅游地开发时序评价研究在我国的进展. 贵州师范大学学报(自然科学版),(1)

田喜洲. 2004.论古镇旅游开发中的问题与对策. 社会科学家,(2)

王春雷,周霄.2003. 从人类学视角探析区域旅游规划的社区参与. 规划师,(3)

王剑,彭建. 2004.基于旅游环境承载力的旅游开发规划优化设计研究. 地理与地理信息科学,(1)

王剑,彭建.2004. 基于旅游环境承载力的旅游开发规划优化设计研究. 地理与地理信息科学,(1)

王凯. 2004.旅游开发中的"边界共生"现象及其区域整合机制. 开发研究,(1)

王清利,常捷,张吉献.2003. 地质旅游资源分类及开发利用初探. 河南大学学报(自然科学版),(2)

魏小安,刘赵平,张树民.1999. 中国新世纪旅游业发展大趋势. 广州:广东旅游出版社

吴必虎,黄安民,孔强. 1996.长春城市游憩者行为特征研究. 旅游学刊,(2)

吴必虎,唐俊雅,黄安民等.1997. 中国城市居民旅游目的地选择行为研究. 地理学报,(52)

吴必虎,徐斌,邱扶东等. 1999.中国国内旅游客源市场系统研究. 上海:华东师范大学出版社

吴必虎.2000. 地方旅游开发与管理. 北京:科学出版社

吴承照. 1998.现代旅游规划设计原理与方法. 青岛:青岛出版社

吴殿廷,葛全胜,徐继填,陈田,牛亚菲,席建超,李小丽.2003. 西部旅游开发战略模式的探讨.旅游学刊,(1)

吴国琴. 2003.我国民族服饰旅游资源开发. 信阳师范学院学报(自然科学版),(1)
吴人韦. 1999.论旅游规划的性质. 地理学与国土研究,(19)
吴书锋,罗秋菊,蒋文晖.2003. 大型事件旅游的开发与管理研究. 江西财经大学学报,(6)
肖星,刘艳.2004. 现代设施旅游资源及其成功开发的实证分析. 西北师范大学学报(自然科学版),(2)
徐红罡,保继刚. 2003.系统动力学原理和方法在旅游规划中的运用. 经济地理,(5)
徐静,施维克. 2004.论旅游规划中的平衡关系. 规划师,(1)
许春晓. 2003.中国旅游规划的市场研究历程(上)、(下). 旅游学刊,(3)(4)
许春晓.2003. 旅游规划产品设计"双筛法"研究. 旅游学刊,(1)
闫淑君,洪伟,吴承祯.2003. 生态旅游及其规划原则. 江西农业大学学报(自然科学版),(1)
杨丽.2003. 我国博物馆特色旅游开发刍议. 经济地理,(1)
杨林泉,郭山. 2003.基于模糊线性规划测度模型的旅游环境承载力实证分析. 云南地理环境研究,(3)
杨振之.1996. 旅游资源开发. 成都:四川人民出版社
尹泽生. 2003.北京市旅游开发中资源的区域表达程式和内容. 北京联合大学学报,(1)
张广瑞. 2003.旅游规划的理论与实践. 北京:社会科学文献出版社
张海燕.2003. 民族地区旅游资源开发与可持续发展研究——以湘西凤凰县为例. 吉首大学学报(社会科学版),(3)
张红,郭英之,马新辉.2004. 城市游憩项目开发多方案决策模型研究. 西北大学学报(自然科学版),(1)
张红艳. 2003.试论旅游规划的区域经济理论依据. 山西高等学校社会科学学报,(6)
张洪,张燕,倪亦南.2004. 旅游资源适度开发及其度量指标. 人文地理,(1)
张琼霓. 2003.我国世界遗产地旅游开发与保护探讨. 湖南社会科学,(5)
赵黎明. 1993.国际经营概论. 天津:天津人民出版社
赵黎明,张聚华,黄安民.1999.县级旅游发展规划的理论与实践.石家庄:河北教育出版社
赵黎明,王迈.2001. 旅游商品市场中信息不对称的治理研究. 旅游研究与实践,(4)
赵黎明,辛长爽. 2001.旅游商品开发探讨. 北京第二外国语学院学报,(3)
赵黎明,陈皓. 2002.区域旅游形象策划探讨. 北京第二外国语学院学报,(4)
赵黎明,陈皓.2002. 形象塑造——西北地区旅游业发展的新课题. 西北农林科技大学学报,(1)
赵黎明,黄安民,张立明. 2002.旅游景区管理学. 天津:南开大学出版社
郑坚强,李森,黄耀丽.2003. 沙漠旅游资源利用在西部开发中的意义及策略研究. 地域研究与开发,(1)
郑向敏,黄安民.2002. 中国旅游研究 20 年回顾与新世纪旅游研究方法展望. 旅游学刊,(6)
中国科学院地理研究所. 1992.中国旅游资源普查规范(试行稿). 北京:中国旅游出版社
钟泓.2004. 从风景名胜区经营权的转让探讨风景名胜区开发和管理模式. 广西师范学院学报(哲学社会科学版),(1)
周宁,李铮生. 1990.海滨旅游与游憩开发(一). 城市规划汇刊,(2)
周建明. 2003.旅游度假区的发展趋势与规划特点. 国外城市规划,(1)
周玲强,林巧. 2003.湖泊旅游开发模式与 21 世纪发展趋势研究. 经济地理,(1)
邹统钎.1996. 旅游度假区发展规划. 北京: 旅游教育出版社
邹再进,胡传东. 2003.形象导向的城市旅游规划的基本思路. 地域研究与开发,(1)